Johann Peter Weyer

Kölner Alterthümer

unter Mitarbeit von
Ulrich Bock

herausgegeben von
Werner Schäfke

Köln 1993

Gefördert durch die Kölner Kulturstiftung der Kreissparkasse Köln

Nordrhein-Westfalen-Stiftung
Naturschutz, Heimat- und Kulturpflege

ERZBISTUM KÖLN

CIP-Titelaufnahme der Deutschen Bibliothek

Weyer, Johann Peter:
Kölner Alterthümer / Johann Peter Weyer. Unter Mitarb. von Ulrich Bock / hrsg. von Werner Schäfke. [Kölnisches Stadtmuseum]. – Köln : Kölnisches Stadtmuseum.
NE: HST
[Hauptbd.]. – 1993
  ISBN 3–927396–56–7

Redaktion:	Ulrich Bock
Lithos:	HDL, Köln
Papier:	Zanders Ikonorex spezial matt, elfenbein, 135g/qm
Gesamtherstellung:	Druckerei Locher GmbH, Köln

Inhalt

Vorwort	6
Ulrich Bock Johann Peter Weyers Sammlung aquarellierter Zeichnungen	7
J. P. Weyer Geschichtliche Nachrichten über die Kirchen in Cöln (Kommentarband, Bd. 26)	12
Bildliche Darstellung	33
Kirche St. Maria auf dem Capitol in Cöln (Bd. 1)	34
Kirche der heil. Ursula (Bd. 2)	41
Die Stiftskirche St. Caecilien (Bd. 3)	47
Die Kirche St. Johann Baptist (Bd. 4)	50
Die Abteikirche St. Pantaleon (Bd. 5)	55
Die Stiftskirche St. Andreas (Bd. 6)	61
Die Abteikirche St. Martin (Bd. 7)	69
Die Stiftskirche St. Aposteln (Bd. 8)	75
Die Stiftskirche St. Severin (Bd. 9)	82
Die Stiftskirche St. Gereon (Bd. 10)	88
Die Stiftskirche St. Georg (Bd. 11)	95
Die Kirche St. Maria bei Lyskirchen (Bd. 12)	99
Die Kirche St. Mauritius (Bd. 13)	104
Die Stiftskirche St. Kunibert (Bd. 14)	108
Kirche der Minoriten (Bd. 15)	115
Der Dom (Bd. 16)	121
Die Kirche der Antoniter (Bd. 17)	138
Die Pfarrkirche St. Columba (Bd. 18)	143
Die Kirche St. Peter (Bd. 19)	148
Die Kirche St. Maria Himmelfahrt (Bd. 20)	153
Die Pfarrkirche St. Alban (Bd. 21)	160
Kirche St. Maria in der Kupfergasse (Bd. 22)	163
Kirche St. Maria in der Schnurgasse (Bd. 23)	166
Kirche der Ursulerinnen (Bd. 24)	170
Elend Kirche (Bd. 25)	173
Das Haus Overstolz zur Rheingasse genannt Tempelhaus in Cöln (Bd. 27)	177
Zeichnungen von architectonischen Details in Cöln (Bd. 28)	198
Zeichnungen zu kirchlichen Gegenständen in Cöln (Bd. 29)	222
Zeichnungen von alterthümlichen Gegenständen in Cöln (Bd. 30)	236
Zeichnungen von anticken Mobilien in Cöln (Bd. 31)	260
Die Bildlegenden Weyers zu den Bänden 1–25 (vgl. Kommentarband, S. 12ff.)	285

Vorwort

"Kölner Alterthümer" – Ein Band mit diesem Titel dient Johann Peter Weyer noch im Jahre 1862, wie ihn das Frontispiz nach einer Lithographie von Georg Osterwald zeigt, als ablesbares Zeugnis seiner Interessen. Die systematisch angelegte Sammlung aquarellierter Zeichnungen, die der langjährige Stadtbaumeister konzipierte, von Thomas Cranz zeichnen und von Adolph Wegelin aquarellieren ließ, ist heute einer der kostbarsten Bestände der Graphischen Sammlung des Kölnischen Stadtmuseums.

Einzelne Blätter sind immer wieder einmal publiziert worden. Bereits dabei deutet sich der Ertrag an Kenntnissen an, den die Sammlung bietet. Umso mehr war es seit langer Zeit ein Ziel der Arbeit des Museums, die Gesamtheit dieser Sammlung ins öffentliche Bewußtsein zu rücken und die Blätter vollständig und geschlossen zu publizieren. Dieser, allerdings nur erste Schritt, geschieht mit dem hier vorgelegten Band.

Das Format des Bandes ergibt sich aus dem Wunsch, die Blätter weitgehend im Format der Originale vorzustellen. Für die farbige Reproduktion sind die aussagekräftigsten Arbeiten ausgewählt worden. Bei einer Vielzahl der Blätter hat sich Adolph Wegelin aber – im Auftrag Johann Peter Weyers – mit einer differenzierten Abstufung von meist Ockertönen zufrieden gegeben, die sich gut schwarz/weiß reproduzieren, teils sogar verkleinern lassen, ohne an Informationsgehalt zu verlieren.

Ein zweiter Schritt ist geplant und vorbereitet. Bereits Johann Peter Weyer hat einen ausführlichen Kommentar zu den Darstellungen der Kölner Kirchen verfaßt, der hier transkribiert vorgelegt wird. Er verdeutlicht die Ziele Johann Peter Weyers bei der Konzeption seiner Sammlung "Kölner Alterthümer". Als ergänzende Publikation wird ein Kommentarband erscheinen, für den zahlreiche Kölner Kollegen bereits mit der Bearbeitung einzelner Bauten, einzelner Bände oder Themen der Blätter begonnen haben. Damit soll der wissenschaftlichen Nutzung der Sammlung in vielen Bereichen ein Weg gebahnt werden und die große Bedeutung dieser Erfassung Kölns zwischen 1838 und 1841 gewürdigt werden.

Das aufwendige Projekt der Publikation dieser "Kölner Alterthümer" war nur dank vielfältiger Unterstützung zu verwirklichen. Ohne die "Kölner Kulturstiftung der Kreissparkasse Köln", deren Kuratorium unter dem Vorsitz von Oberbürgermeister Norbert Burger auf Vorschlag des Stiftungsvorstandes eine großzügige Förderung gewährte, ohne die Zuwendung eines Druckkostenzuschusses durch die Nordrhein-Westfalen-Stiftung Naturschutz, Heimat- und Kulturpflege und ebenso durch das Erzbistum Köln hätte dieser Band nicht vorgelegt werden können.

Die redaktionelle und wissenschaftliche Betreuung dieses Bandes hat Ulrich Bock zum nun greifbaren, gelungenen Ergebnis geführt. Reiner Dieckhoff, Günter Grosch, Waltraud Jindra und Angelika Rien unterstützten ihn in der Graphischen Sammlung. Claudia Wanninger erarbeitete die Transkription des Kommentars von Johann Peter Weyer. Die umfangreichen Fotoarbeiten führte Rolf Zimmermann im Rheinischen Bildarchiv aus und ermöglichte so die gelungene Wiedergabe der "Kölner Alterthümer".

WERNER SCHÄFKE

Johann Peter Weyers Sammlung aquarellierter Zeichnungen

ULRICH BOCK

Johann Peter Weyer (Köln 19.5.1794 bis 25.8.1864 Köln) bekleidete von 1822 bis 1844 das Amt des Kölner Stadtbaumeisters.[1] Seine Ausbildung hatte er in Paris erfahren, wo er von 1813 bis 1816 u. a. bei Jean Baptiste Dedeban an der Abteilung Architektur der Ecole des Beaux Arts studierte. Während seiner städtischen Amtszeit mußte Weyer eine Vielzahl von Aufgaben bewältigen und Zuständigkeiten wahrnehmen.[2] Er zeichnete für alle öffentlichen Hoch- und Tiefbauarbeiten in Hinblick auf Planung, Ausschreibung und Bauaufsicht verantwortlich, und er hatte – in der Funktion eines städtischen Denkmalpflegers – für die Erhaltung der öffentlichen Bauwerke, profaner wie sakraler, Sorge zu tragen. Zu den öffentlichen Neubauten, die mit seinem Namen verbunden sind, zählen das Justizgebäude am Appellhofplatz (1824–26), das 1883 einem Neubau wich, das Lagerhaus Ahren (1836–38, 1898 abgerissen) und das Bürgerhospital bei St. Cäcilien (Baubeginn 1843, im 2. Weltkrieg zerstört). Als durchaus spektakulär kann sein Einsatz für das Overstolzenhaus (sog. 'Templerhaus') gewertet werden. Das bereits zum Abbruch freigegebene Gebäude konnte Weyer für die Stadt erwerben und durch Sanierungsmaßnahmen retten. Weitere Aktivitäten Weyers bezogen sich z. B. auf die Wiederherstellung des Gürzenichs (1819–24) und Instandsetzungs- bzw. Umbaumaßnahmen am Rathaus (30er Jahre).[3] Als der Stadtbaumeister 1844 sein Amt mit nebenberuflichen Tätigkeiten nicht mehr in Einklang bringen konnte, machte er sich selbständig. Bereits ein Jahr zuvor hatte der Verwaltungsrat der Bonn-Kölner-Eisenbahngesellschaft ihn mit der Leitung verschiedener Bauprojekte betraut. Er beteiligte sich zudem maßgeblich am Ausbau der Innenstadt, wobei er durch Grundstücksspekulationen innerhalb kurzer Zeit ein großes Vermögen erlangte, das er allerdings in den wirtschaftlichen Krisenjahren ab 1846 sukzessive wieder verlor. Sein Ansehen wuchs indes ständig. In den städtischen Gremien für Straßenbau und öffentliche Bauten hatte er Sitz und Stimme, im Christlichen Kunstverein der Erzdiözese, im Erzbischöflichen Diözesanmuseum sowie im Dombauverein war er als Vorstandsmitglied präsent und auch für die Museumskommission des Wallrafianums engagierte er sich.

Weit über Köln hinaus bekannt wurde Weyer durch seine Gemäldesammlung, die Anfang der 60er Jahre an die 600 Werke (vornehmlich niederländische, sodann deutsche und italienische Meister) umfaßte und als die umfangreichste nach der Wallraf'schen galt.[4] Weyer legte einen Teil der aus Grundstücksspekulationen erzielten Gewinne in Gemälden an und ließ für sie in den 40er Jahren ein separates Galeriegebäude im Anschluß an sein Wohnhaus am Rotgerberbach 1 errichten. Diese damals einzige Privatgalerie Kölns stand jedem Kunstinteressierten offen.[5]

Spekulationsverluste zwangen Weyer im Jahre 1862, sein Haus und die Sammlung zu veräußern: "Der Stadt Köln entging durch Weyers Mißgeschick der größte Zuwachs, den das städtische Museum seit seiner Gründung hätte verzeichnen können. Weyer hatte nichts Geringeres vor, als seine ganze Sammlung der Vaterstadt zu hinterlassen."[6] Durch die von der Firma J.M. Heberle im Hause Weyers geleitete Versteigerung wurden die Bilder in alle Winde verstreut. Lediglich vier Werke gelangten noch in den Besitz des Wallraf-Richartz-Museums, das letzte sogar erst 1963.[7]

Neben der 'hohen' Kunst pflegte Weyer ein 'antiquarisches' Interesse an graphischer Dokumentation der Baudenkmäler seiner Heimatstadt. Er edierte 1827 eine "Sammlung von Ansichten öffentlicher Plätze, merkwürdiger Gebäude und Denkmäler in Köln", die 24 von Anton Wünsch (1800–33) lithographierte Blätter enthielt. Allein 21 dieser Ansichten gehen auf Weyer selbst zurück. Die sich noch heute in Familienbesitz befindlichen, überaus feinen und präzisen Zeichnungen belegen eine ausgeprägte künstlerische Begabung des 'Antiquarius'.[8] Im Jahre 1840 erschien im Verlag J.E. Renard eine Folge von sechs zu einem 'Rundgemälde' sich ergänzenden Blättern, die, von G. Böhm lithographiert, von Thomas Cranz und hinwiederum Weyer gezeichnet worden waren. Diese interessante Panoramaschau – möglicherweise mit Hilfe einer Art 'camera obscura' erstellt – erfaßt vom Zeughausturm als Standort aus das städtebauliche Umfeld.[9]

Das quantitativ wie qualitativ herausragende Projekt in diesem Bereich aber stellen die hier erstmals vollständig veröffentlichten knapp 400 aquarellierten Zeichnungen dar, die Weyer zwischen 1838 und 1841 von Thomas Cranz (1786–1853) und Adolph Wegelin (1810–81) ausführen ließ. Im Jahre 1852 ordnete Weyer diese Blätter zu einem systematisierten 31bändigen Sammelwerk, das er mit einem handgeschriebenen 50seitigen Kommentar (Bd. 26) versah. Dieser faßt unter dem Titel "Bildliche Darstellung und Geschichtliche Nachrichten über die Kirchen in Cöln" die ersten 25 Bände zusammen, welche die damals noch erhaltenen 25 Kölner Kirchen in zeitlich-chronologischer Folge (nach zeitgenössischem Erkenntnisstand) vorstellen. In immer gleicher Abfolge reihte Weyer je einen Grundriß, ein bis drei Außenansichten und im übrigen Innenansichten auf, wobei mit Ausnahme des Domes (21 Blätter) den Kirchen je nach Gewichtung vier bis zehn Blätter gewidmet waren. Der Bogen spannt sich von Maria im Kapitol als frühchristlicher Gründung bis zur spätbarocken Elendkirche.

Eine erheblich heterogenere Gruppe bilden die Bände 27 bis 31, die mit Ausnahme weniger Einzelblätter bisher noch unpubliziert sind. Sie thematisieren das Overstolzenhaus (Bd. 27, 71 Bl.), architektonische Detailansichten Kölner Profan- und Sakralbauten (Bd. 28, 36 Bl.), kirchliche Gegenstände, d. h. Kirchenbänke, Chorgestühle, Beichtstühle etc. (Bd. 29, 24 Bl.), altertümliche Gegenstände, das sind Kunstwerke und historische Objekte aus städtischem (z. B. aus der Sammlung Wallraf) sowie privatem Besitz, so römische Grabsteine, mittelalterliche Reliquiare, Minnekästchen, Rüstungen, Keramik (Bd. 30, 39 Bl.) und schließlich 'antike Mobilien' – wertvolle Möbel aus verschiedenen Jahrhunderten, welche die gehobene Wohnkultur der wohlhabenden Kölner dokumentieren mögen (Bd. 31, 40 Bl.). – In der hier vorgelegten Edition wurde die von Weyer festgelegte Reihenfolge beibehalten, lediglich der Kommentarband den Abbildungen vorangestellt.

Die Sammlung aquarellierter Zeichnungen spiegelt Weyers Interesse an der Dokumentation baulicher Ist-Zustände, und sie steht damit in direkter Beziehung zu Weyers beruflichem Selbstverständnis als Stadtbaumeister und Denkmalpfleger. Im Vorwort seines Kommentarbandes beklagt er den Verlust von 109 Kirchen im Stadtgebiet und das Fehlen von "bildlichen Andenken"[10] derselben. Es folgt die aufschlußreiche Begründung für die Erstellung der Sammlung: "Wir sind zur Erkenntniß unsers Verlustes gekommen und müßen denselben um so mehr betrauern, als der Ueberrest uns noch eine Fundgrube der manichfachsten Schönheiten bietet. Damit aber hiervon nicht noch weiter etwas verloren gehe, habe ich mich bemüht von sämtlichen uns verbliebenen 25 Kirchen erschöpfende bildliche Darstellungen und deren geschichtliche Momente zu sammeln."[11] Weyer hat sein Selbstverständnis als 'Antiquarius', der die vom Verfall bedrohten städtischen Denkmäler durch bildliche Dokumentation der Nachwelt sichert, prononciert vertreten. Ein von Georg Osterwald (1803–84) lithographiertes Bildnis (Abb. siehe Frontispiz) zeigt nicht zufällig den Großbürger Weyer, der den angewinkelten rechten Arm auf ein Buch stützt, das den programmatischen Titel trägt: "Kölner Alterthümer".[12]

Auch wenn Weyer die dokumentarische Bedeutung der Blätter richtig einschätzte, so hat ihn dies aber nicht davon abhalten können, sie seiner Vaterstadt vorzuenthalten. Im Jahre 1856 sandte er das gesamte Konvolut der 31 Bände zur Kunstgewerbeausstellung nach Brüssel, wo sie mit einer Goldmedaille ausgezeichnet wurden. Darauf schenkte Weyer die Sammlung dem Musée des Beaux Arts, das großes Interesse an ihr bekundet hatte. Die Ernennung zum Ritter des Leopold-Ordens durch den belgischen König am 18.11.1856 war der offizielle Dank für diese generöse Gabe.[13]

Nach Weyers Tod 1864 gerieten die aquarellierten Zeichnungen in Köln allmählich in Vergessenheit. Merlo erwähnt die Blätter in seiner maßgebenden Künstlerbiographie 1895 bezeichnenderweise nicht, während er im übrigen die mit Weyers Namen in Verbindung stehende Graphik anspricht.[14]

Nach Köln zurück kehrte die Sammlung – mit Ausnahme des letzten Bandes – im Jahre 1905, als die Stadt sie für die stolze Summe von 2000 Mark erwarb. Unter dem mißverständlichen Titel "Zeichnungen des früheren Stadtbaumeisters J.P. Weyer" gliederte man sie dem Bestand des Historischen Museums ein.[15] Von der Forschung wurden die den Kirchen gewidmeten Bände 1 bis 25 schon recht bald genutzt. In den von Hugo Rahtgens bearbeiteten Bänden der "Kunstdenkmäler der Stadt Köln" wurden 1911 bzw. 1916 die Zeichnungen aufgeführt und einzelne Blätter abgelichtet.[16] Damit konnte erstmals ein größeres Publikum von ihnen Kenntnis nehmen. Nur wenigen Eingeweihten ein Begriff blieben indes bis heute die übrigen Bände. Der 31. Band kam sogar erst 1985 in Antwerpen auf den Markt, wo er vom Kölnischen Stadtmuseum erworben werden konnte.[17] Damit waren beinahe 130 Jahre nach der Reise der Sammlung zur Brüsseler Ausstellung alle Bände wieder in Köln vereint.

Im Jahre 1853 stellte Weyer seine Sammlung aquarellierter Zeichnungen auf einer Ausstellung anläßlich des Kölner Architektentages vor.[18] Die 'Illustrierte Zeitung' kommentierte damals: "Außerordentlich belehrend war die Aufnahme der Kirchen Cölns von dem Stadtbaumeister Weyer, meist in inneren perspektivischen Ansichten von verschiedenen Standpunkten, dann seine Sammlung einzelner Details mittelalterlicher Civilarchitectur bis ins 17. Jahrhundert aus Cöln, die jetzt im Originale fast alle verschwunden."[19] Schon damals erkannte man also die außerordentliche dokumentarische Bedeutung der Blätter. Bereits wenige Jahre nach ihrer Entstehung repräsentierten viele der zeichnerischen Momentaufnahmen Bauzustände, Detailansichten und Möblierungen, die unwiederbringlich verloren waren. Spätestens 1860 stellte Band 13 etwa, der fünf Blätter zur romanischen Mauritius-Kirche enthielt, eine dokumentarische Rarität dar, hatte man doch ein Jahr zuvor diesen Sakralbau vollständig abgerissen. Insbesondere gewannen die Innenansichten der Kirchen, auf deren Erfassung Weyer den Schwerpunkt legte, an dokumentarischem Wert. In der Folge der Stilpurifizierung der zweiten Hälfte des 19. Jahrhunderts hatte man die als minderwertig empfundenen Barockausstattungen Kölner Kirchen entfernt und durch neugotische bzw. neuromanische Schöpfungen ersetzt.[20] Dies geschah in den meisten Fällen, bevor bzw. ohne daß eine photographische Erfassung des künstlerischen Verlustes erfolgen konnte. Da die abgebauten Barockausstattungen mitunter sofort zerstört wurden, spätestens aber, auf den Dachböden der Kirchen bzw. Pfarrbauten 'endgelagert', dem 2. Weltkrieg zum Opfer fielen, bieten nicht wenige Blätter die einzigen überlieferten Ansichten eines verschwundenen Inventariums. Für die heutige Forschung erweist sich der Zeitpunkt der zeichnerischen Momentaufnahme (1838/41) als glücklich gewählt: Cranz und Wegelin arbeiteten mit einer Genauigkeit, wie sie die photographische Dokumentation erst Jahre später leisten konnte, von der farblichen Erfassung der Objekte und räumlichen Stimmungswerte gänzlich abgesehen, und sie erfaßten, was nach 1842, dem Beginn des Weiterbaus am Dom, im Zuge einer zunehmend radikaleren puristischen Haltung, gemeinhin als nicht mehr abbildungswürdig galt.

Mit Cranz und Wegelin betraute Weyer zwei Künstler mit der Erfassung der 'Kölner Alterthümer', die sich in hervorragender Weise ergänzten. Thomas Cranz, in Neisse (Schlesien) geboren, lebte als Landschafts- und Architekturzeichner abwechselnd in Aachen und Köln.[21] Er zeichnete zusammen mit Weyer das oben erwähnte 'Rundgemälde von Köln'[22] und trat mit Ansichten von Dom, St. Johann Baptist und Mariä Himmelfahrt hervor. Auf der Ausstellung des Kunstvereins von 1842 war er mit Handzeichnungen vertreten.[23] Als künstlerisch bedeutender ist allerdings Adolph Wegelin einzustufen.[24] Der gebürtige Klever studierte von 1828 bis 1832 an der Düsseldorfer Kunstakademie bei Johann Wilhelm Schirmer. Von der Ausbildung her Landschaftsmaler und Architekturzeichner spezialisierte er sich früh auf die Architekturmalerei, für die ihm gerade Köln ein reiches Betätigungsfeld bot. Zu Ehren gelangte er als Hofmaler Elisabeths von Preußen, der Gemahlin Friedrich Wilhelm IV. Der König hatte 1842 anläßlich der Grundsteinlegung zum Weiterbau des Domes Arbeiten von Wegelin gesehen und ein Album mit Ansichten des Altenberger Domes erworben. Es folgte der Auftrag für die Erstellung einer Aquarellserie zum Thema "Denkmale mittelalterlicher Baukunst in Köln", die bereits Nagler 1852 in seinem Künstler-Lexikon rühmte: "Die malerische Auffassung in strenger Verbindung mit echt archäologischer Bearbeitung (gemeint ist die detailgetreue 'objektive' Wiedergabe der Denkmäler) machen diese Aquarellen zu einer ganz eigentümlichen Erscheinung, auf welche die Kunstgeschichte hinweisen muß."[25] Aufmerksamkeit erregte Wegelin mit einer Folge von 13 Ansichten des Schlosses Brühl bei Köln, die er 1845 in Aquarell und Gouachetechnik für Friedrich Wilhelm IV. ausführte. Der Monarch schenkte sie 1846 Königin Victoria von Großbritannien zur Erinnerung an ihren Brühl-Besuch.[26] Auch 140 Jahre nach ihrer Erstellung lautet das positive Fazit ihrer künstlerischen Beurteilung: "Wie alle Architekturmalereien Wegelins bezeugen auch diese eine glänzende Begabung für die Darstellung des Details, gepaart mit sensiblem Gespür für die Wirkung von Licht und Farbe."[27]

Vom künstlerischen Werdegang her – hier der ausgewiesene Architekturzeichner (Cranz), da der brillante Aquarellist (Wegelin) – bot sich eine sinnvolle Arbeitsteilung bei der Anfertigung der aquarellierten Zeichnungen geradezu an. Daß sie – im Regelfall – auch praktiziert wurde, belegt die Erläuterung Weyers im Vorwort seines Kommentarbandes eindeutig: "Die Zeichnungen sind unter meiner Anleitung durch Herrn Natur=Zeichner Cranz an Ort und Stelle aufgenommen und durch den Herrn Maler Wegelin meiner Aufforderung zufolge, leicht hin in den Effect gestellt."[28] Cranz leistete also die grundlegende Arbeit der zeichnerischen Objekterfassung, Wegelin widmete sich dann der künstlerischen Ausgestaltung, wobei 'in den Effect stellen' mehr umfaßte als bloßes Kolorieren. Hilger fiel auf, daß die bei einigen Innenansichten als Farbakzente eingesetzten Staffagefiguren in gleicher Weise auf Brühl-Aquarellen Wegelins auftauchen[29], und zweifellos tragen auch andere illustrative Elemente – z. B. die Waschkörbe und Bottiche im Band der architektonischen Details (Bd. 28, Bl. 9, 21) – die Handschrift des preußischen Hofmalers. Das künstlerische Engagement des Aquarellisten Wegelin variiert erkennbar von Blatt zu Blatt. Deshalb tritt bei einer Reihe von Blättern das zeichnerische Element stärker hervor, während "auf anderen (...) die Handschrift des Aquarellisten dominiert".[30] So attestierte denn Hilger der vorliegenden Sammlung eine – gemessen an den Brühl-Aquarellen Wegelins – "nach Farbgebung und Zeichnung" geringere Einheitlichkeit.[31] Da ihm aber der von Weyer im bisher unpublizierten Vorwort des Kommentarbandes erwähnte Modus der Arbeitsteilung nicht bekannt war, mußte er eine klärende Begründung noch schuldig bleiben.[32] Es gilt, grundsätzlich zu bedenken, daß bei Bildserien, die über einen längeren Zeitraum hinweg entstanden (hier drei Jahre), nicht die Maßstäbe einer Homogenität angelegt werden dürfen, welche die in kurzer Zeit geschaffenen Brühlblätter auszeichnen. Sicherlich hat Wegelin zudem – und dahingehend läßt sich Hilgers Beobachtung präzisieren – sein Engagement als Aquarellist vom jeweiligen Motiv bzw. den diesbezüglichen Wünschen des Auftraggebers abhängig gemacht. Es ist zu beobachten, daß vor allem die Außenansichten der Kirchen eine malerische Akzentuierung erfahren, während die Innenansichten überwiegend (Ausnahmen bilden die farbig sehr differenziert gestalteten Raumblicke von Dom, St. Gereon und Mariä Himmelfahrt) in einer engen Farbskala mit dominierenden Braun- und Ockertönen gehalten sind. Bei letzteren rückt deshalb zwangsläufig die architektonische Struktur und damit das zeichnerische Element stärker in das Blickfeld.

Cranz alleine zuzuschreiben sind die 25 Grundrisse, die den Kirchenbänden jeweils vorangestellt sind. Sie lassen sich in zwei Gruppen unterteilen: eine kleinere, die auf Vorlagen von Sulpiz Boisserée fußt (Grundrisse von Dom, Maria im Kapitol, Groß St. Martin, St. Aposteln und St. Gereon)[33] und eine größere, die, schematischer in der Ausführung, wohl auf Cranz selbst zurückgeht. Diese zweite Gruppe unterscheidet sich von der ersten auch durch die zeichnerische Berücksichtigung von Möblierungen.[34] Nebenaltäre, Chorgestühl, Beichtstühle, ja, sogar die Lage der Kirchenbänke zeichnete Cranz in Grundlinien ein, was – bei aller Schematisierung – doch zu einer erheblichen Komplizierung führte.

Auf die Gestaltung der Blätter hat schließlich auch Weyer als Auftraggeber in nicht unerheblicher Weise eingewirkt. Im Vorwort erwähnt er, daß Cranz die Zeichnungen an Ort und Stelle "unter seiner Anleitung" aufgenommen habe, was wohl meint, daß er den jeweiligen Betrachterblickwinkel für die Dokumentation der Kirchen festgelegt und die Auswahl der ihm wichtig erscheinenden Details sowie 'Mobilien', d. h. beweglicher Kunstwerke, getroffen hat. Auch das anschließend "in den Effect stellen" durch Wegelin geschah seiner "Anforderung zufolge", wie der Stadtbaumeister a. D. schreibt. Diese Formulierung läßt sich vor allem anhand der letzten vier Bände (Bde. 28–31) präzisieren: Sowohl architektonische Details als auch sakrale und profane Gegenstände wurden wiederholt in kunstvollen Arrangements zusammengefaßt, die einerseits inhaltlich-formalen (Bd. 28, Bl. 2, 4, 14–17, 31; Bd. 29, Bl. 3, 21; Bd. 30, Bl. 33–39), andererseits geschmacklichen Gesichtspunkten (Bd. 28, Bl. 10; Bd. 29, Bl. 20) folgen. Diese mitunter recht auffälligen 'Collagen' sind ohne Weyers Direktiven nicht denkbar.

Das strukturbildende Merkmal der Blätter ist die Schrägansicht, mit der vorrangig die Sakralbauten, aber auch die Details und 'Mobilien' erfaßt werden. Bei den Außenansichten der Kirchen etwa hat man bevorzugt Betrachterstandpunkte ausgewählt, die den jeweiligen Bau leicht aus der Achse versetzt (Bd. 2, Bl. 2; Bd. 3, Bl. 2; Bd. 8, Bl. 3; Bd. 10, Bl. 3; Bd. 14, Bl. 2; Bd. 15, Bl. 2; Bd. 16, Bl. 3; Bd. 19, Bl. 2; Bd. 20, Bl. 2; Bd. 24, Bl. 2) oder auch im exakten Diagonalblickwinkel (Bd. 6, Bl. 2; Bd. 9, Bl. 2) zeigen. Im Innern richtet sich der Blick – von wenigen axial erfaßten Choransichten abgesehen (Bd. 17, Bl. 3; Bd. 19, Bl. 4; Bd. 20, Bl. 6) – zumeist aus Seitenschiffen, Vorhallen und Umgängen auf größere Raumausschnitte. In Schrägansicht werden die Wandgliederungen und häufig bildbestimmend die Arkaden erfaßt. Dabei läßt sich in Einzelfällen ein raffiniertes Spiel gegenläufiger Diagonalen konstatieren: Den Schrägblick des Betrachters kreuzt die eigentliche Bildperspektive, die von den im Gegenlauf fluchtenden Arkaden determiniert wird (Bd. 9, Bl. 7). Anstelle stereotyper Mittelachsenausrichtungen erscheinen also asymmetrische Bildausschnitte, die als kühne Perspektivkonstruktionen ausgeführt sein können. Hilger hat in diesem Zusammenhang auf Bl. 10 des ersten Bandes verwiesen, das einen interessanten Blick in den Dreikonchenchor von Maria im Kapitol gewährt: eine leicht aus der Mittelachse verschobene Durchsicht aus dem Umgang der Südkonche nach Nordosten, die er mit der berühmten Pantheonansicht aus Piranesis 'Veduten' vergleicht.[35]

Die durch Asymmetrie erzielte räumliche Tiefenwirkung wird durch den artistischen Einsatz malerischer Mittel noch gesteigert. Feine Farbnuancen, mit denen z. B. an den Wänden reflektierte Lichtbahnen visualisiert werden (Bd. 14, Bl. 8; Bd. 16, Bl. 6) oder der Wechsel von Hell- und Dunkelzonen auf der Grundlage genauer Beobachtung nicht nur kontrastreich hart, sondern durchgängig auch in dezenten Abstufungen veranschaulicht wird[36], tragen zur authentischen Erfassung einer räumlichen, durch den Lichteinfall auch tageszeitlich zu bestimmenden Situation bei. Auf diese Weise werden räumlich-atmosphärische Stimmungswerte auch da erzeugt, wo eine Dominanz des Zeichnerischen die Architektur in den Vordergrund rückt. Malerische Effekte, die durch Staffagefiguren (Bd. 6, Bl. 3; Bd. 15, Bl. 13; Bd. 16, Bl. 6–8; 19, 20; Bd. 18, Bl. 3), Barockaltäre (Bd. 9, Bl. 8; Bd. 25, Bl. 3), Tafelbilder (Bd. 9, Bl. 8; Bd. 14, Bl. 7; Bd. 19, Bl. 4), Glasgemälde (Bd. 16, Bl. 7, 19, 20; Bd. 17, Bl. 4), Fenstern und Wänden vorgehängte Stoffbahnen (Bd. 10, Bl. 6; Bd. 14, Bl. 5; Bd. 17, Bl. 13, 14) sowie durch Kolorierung bemalter Architekturglieder wie Säulen, Pfeiler und Dienste (Bd. 10, Bl. 4–6; Bd. 15, Bl. 5; Bd. 20, Bl. 3, 6) hervorgerufen werden, pointieren diesen stimmungshaften Eindruck der Innenansichten und veranschaulichen par excellence Wegelins sensibles Gespür für die Wirkung von Licht und Farbe.

Die künstlerischen Qualitäten der Blätter definieren ihren Rang als unverwechselbare Zeugnisse der Architekturdarstellung, in deren Geschichte sie sich recht konkret einordnen lassen. Den Diagonalblick konnten Cranz, Wegelin und Weyer schon im Finckenbaum'schen Skizzenbuch von 1660/65 studieren, in dessen Besitz Weyer nachweislich war.[37] Sie stehen hiermit in einer formalen Tradition, die jedoch nicht über die grundverschiedenen Intentionen hinwegtäuschen darf. Finckenbaums (= Justus Vinckeboom) Interesse galt der Darstellung von Alter und Verfall, an die seit der Antikenrezeption der italienischen Renaissance ästhetische Wertmaßstäbe gelegt wurden. Seine Bilder gründen auf einer Auffassung, die im konkreten Architekturmotiv ein Mittel zur Vergegenwärtigung ideeller Zusammenhänge sah. Bei den aquarellierten Zeichnungen der Sammlung Weyer hingegen sind die Motive, die vom Alter gezeichneten und vom Verfall bedrohten Denkmäler, selbst Ziel der Darstellung. Ihre objektive Erfassung dient der zumindest dokumentarischen Sicherung des Ist-Zustandes. Durch diese Zielsetzung gewinnen gerade Innen- und Detailansichten Bedeutung, die in der Architekturdarstellung des 17./18. Jahrhunderts kaum eine Rolle spielen.

Mit der möglichst authentischen Wiedergabe der Bauwerke wird zugleich einer zeitgenössischen Architekturauffassung Ausdruck verliehen, die Weyer als Stadtbaumeister vertreten hat. Für Weyer und z. B. den preußischen Staatskonservator von Quast waren Bauwerke in ihrer gesamten Erscheinung, d. h. ohne stilhistorische Wertung und Differenzierung von Bauteilen nach ihrem künstlerischen Rang, erhaltenswert.[38] Ihr Denkmalschutzverständnis schloß beispielsweise auch angrenzende Nebengebäude mit ein. Die Gegenposition, die sich im Zuge des Dombaus in der zweiten Hälfte des 19. Jahrhunderts durchsetzte, vertrat vor allem Sulpiz Boisserée. Seine 'normative' Vorstellung zielte auf die Ausmerzung all jener Bauteile, die nicht als stilkongruent im Sinne einer einmal erkannten Stilreinheit galten. Korrigierende Eingriffe in die Bausubstanz, mit denen Stilharmonie und Symmetrie wiederhergestellt werden sollten, hat er in seinen Architekturdarstellungen vorweggenommen. Die etwa zeitgleich mit den aquarellierten Zeichnungen der Sammlung Weyer entstandenen Publikationen Boisserées[39] zeigen folglich auch bereinigte Bauzeichnungen der Denkmäler. Diese zumeist auf Risse und Schnitte beschränkten, im puristischen Sinne genormten Blätter bilden einen denkwürdigen Kontrast zu den auch im Malerischen der Authentizität verpflichteten aquarellierten Zeichnungen. Ohne Zweifel kommen letztere unserem Erkenntnisinteresse eher entgegen, repräsentieren sie doch auch ein Denkmalverständnis, das dem heutigen relativ nahe steht.

1 Zur Biographie siehe K.J. Bollenbeck: Der Kölner Stadtbaumeister Johann Peter Weyer. Diss. Aachen 1969, S. 1 ff. Eine umfassende Würdigung seiner Person erscheint im 2. Band (Kommentarband). Ich danke dem Autor, Herrn Konrad Adenauer, für die freundlich gewährte Einsichtnahme in das Manuskript.

2 Vgl. Bollenbeck (Anm. 1), S. 4. Bollenbeck führt die in 13 Paragraphen zusammengefaßten "Instruktionen an den Stadtbaumeister" vom 8.2.1822 auf. Sie dokumentieren, mit welcher Vielzahl von Aufgaben Weyer auseinanderzusetzen hatte, "die heute von einem ganzen Heer von Beamten und Angestellten verwaltet werden".

3 Zur Fülle seiner Bautätigkeiten siehe Bollenbeck (Anm. 1), S. 36–152. Weyers Engagement betraf sakrale (Pfarrkirchen, Klostergebäude, Stifte und Abteien) wie profane Bauwerke (Denkmäler, Schulen, Pfarrhäuser, Städtische Großbauten und Privathäuser).

4 Zu Weyers Gemäldesammlung siehe H. Vey: Johann Peter Weyer. Seine Gemäldesammlung und seine Kunstliebe, in: Wallraf-Richartz-Jahrbuch Bd. XXVIII, 1966, S. 159 ff.; des weiteren O.H. Förster: Kölner Kunstsammler vom Mittelalter bis zum Ende des bürgerlichen Zeitalters. Berlin 1931, S. 118 ff.

5 Über den Bestand informierten zwei Kataloge, die Weyer 1852 und 1859 herausgab. Vgl. Vey (Anm. 4), S. 159.

6 Vey (Anm. 4), S. 160.

7 Es sind dies: Die Hl. Familie mit Elisabeth und Johannes dem Täufer, von P.P. Rubens, Inv.-Nr. 1038 [vgl. Vey (Anm. 4), S. 164 f. und 229, Abb. 159 sowie: Wallraf-Richartz-Museum Köln. Vollständiges Verzeichnis der Gemäldesammlung. Köln 1986, S. 75, Abb. 394], ein Fürbittebild des Meisters der Hl. Sippe, Inv.-Nr. 154, zur Zeit der Versteigerung Israel von Meckenheim zugeschrieben [vgl. Vey (Anm. 4), S. 165 sowie: WRM Köln, 1986, S. 56, Abb. 137] und ein Portrait des Kartäusermönchs Laurentius Surius, von Bartholomäus Bruyn d.J., Inv.-Nr. 292, als Dauerleihgabe im Kölnischen Stadtmuseum [vgl. Vey (Anm. 4), S. 165, bes. Anm. 30 sowie: WRM Köln, 1986, S. 18]. Im Jahre 1963 erwarb das Wallraf-Richartz-Museum: Maria mit dem Kind und die Hll. Katharina und Barbara, Deutsch, Anfang 16. Jh. (?), Inv.-Nr. 3162 [vgl. Vey (Anm. 4), S. 211, Abb. 63 sowie: WRM Köln, 1986, S. 24, Abb. 57].

8 Sammlung von Ansichten öffentlicher Plätze, merkwürdiger Gebäude und Denkmäler in Köln, hrsg. von J.P. Weyer, Köln 1827. Ein Exemplar im Kölnischen Stadtmuseum, Inv.-Nr. R 16. Zu den zeichnerischen Vorlagen Weyers siehe H. Vey: Köln zur Zeit der Romantik. Unbekannte Aquarelle aus dem Besitz der Familie Weyer, in: Museen in Köln, Bulletin, 6. Jg., Heft 1, 1967, S. 530 f.

9 Rundgemälde von Köln I-VI. Panorama de Cologne. Jedes bezeichnet: gez. v. Cranz u. J.P. Weyer, Lith. v. G. Böhm. Graphische Sammlung des Kölnischen Stadtmuseums, Inv.-Nr. A I 2/203 und RM 1940/639 (Bl. V). Vgl. schon J.J. Merlo: Kölnische Künstler in alter und neuer Zeit. Düsseldorf 1895, Sp. 943. Zum Aspekt 'camera obscura' siehe W. Schäfke (Bearb.): Köln in Vogelschauansichten. Die Bestände der Graphischen Sammlung des Kölnischen Stadtmuseums. Köln 1992, Kat.-Nr. 22, S. 35.

10 Siehe S. 12.

11 Ebenda.

12 Vgl. Vey (Anm. 4), S. 190, Anm. 48. Zwei Abzüge der Lithographie in der Graphischen Sammlung des Kölnischen Stadtmuseums, Inv.-Nr. HM 227/1907.

13 Siehe hierzu demnächst: Adenauer (Anm. 1).

14 Merlo (Anm. 9), Sp. 943.

15 Inv.-Nr. HM 1905, 27-56. Auf der Inventarkarte des HM ist sogar ein Ankaufspreis von 4000 Mark vermerkt, während im "Bericht über den Stand und die Verwaltung der Gemeinde=Angelegenheiten der Stadt Cöln für das Etatsjahr 1905" (Cöln 1907, S. 158) von einer "auf Grund besonderer Bewilligung (2000 M) in Brüssel" erworbenen, "für die ältere cölnische Bau= und Kunstgeschichte äußerst wertvolle Sammlung..." die Rede ist.

16 Zur wissenschaftlichen Rezeption siehe H.P. Hilger: Die Sammlung Johann Peter Weyer, in: Stadtspuren, Bd. 1. Die romanischen Kirchen. Köln 1984, S. 602 und 615, Anm. 1–3. Die den romanischen Kirchen gewidmeten Blätter der Sammlung wurden zuletzt veröffentlicht in: Kölns romanische Kirchen. Gemälde – Grafik – Fotos – Modelle. Ausst.-Kat. des Kölnischen Stadtmuseums, bearb. von M. Euler-Schmidt. Köln 1985.

17 Inv.-Nr. KSM 1985/18.

18 Vey (Anm. 4), S. 176, mutmaßte, bei den ausgestellten Arbeiten könne es sich um eine 'verschollene' antiquarische Sammlung handeln. Ohne Frage waren es aber die aquarellierten Zeichnungen, die Weyer auf dem Architektentag präsentierte. Sie hatte er ein Jahr zuvor – vielleicht in Hinblick auf die Ausstellung – einbinden lassen.

19 Illustrierte Zeitung vom 22.10.1853 (Nr. 538), 262. Zitiert nach Vey (Anm. 4), S. 176.

20 Siehe hierzu E. Renard: Wiederaufstellung von abgebauten Barockaltären, in: Jahrbuch der rheinischen Denkmalpflege, III. Jg., 1927, S. 66 sowie H.P. Hilger in: Robert Grosche. Der Kölner Altarbau im 17. und 18. Jahrhundert. Köln 1978, S. 105 ff.

21 Cranz starb 67jährig am 24.6.1853 im Bürgerhospital zu Köln; vgl. Merlo (Anm. 9), Sp. 177, des weiteren U. Thieme (Hrsg.): Allgemeines Lexikon der bildenden Künstler, 8. Bd. Leipzig 1913, S. 63 f.

22 Siehe oben S. 7.

23 Vgl. Merlo und Thieme (Anm. 21), ebda.

24 Zu Wegelin siehe G.K. Nagler (Bearb.): Neues allgemeines Künstler-Lexikon. Leipzig 1852, S. 31 f.; Allgemeine Deutsche Biographie, 41. Bd. Berlin 1896, Neudruck 1971, S. 422 f.; Merlo (Anm. 9), Sp. 920 f.; H. Vollmer (Hrsg.): Allgemeines Lexikon der bildenden Künstler, 35. Bd. Leipzig 1942, S. 249. Wegelin ließ sich 1837 in Köln nieder und starb hier am 18.1.1881.

25 Nagler (Anm. 24), S. 31. Diese schließlich 114 Blätter umfassende Sammlung befindet sich noch heute in der Aquarellsammlung in Potsdam-Sanssouci. Siehe H.-J. Giersberg, in: Schinkel im Rheinland. Ausst.-Kat. des Stadtmuseums Düsseldorf. Düsseldorf 1991, S. 123. Dort (S. 124 ff.) Farbabbildungen der berühmten Ansichten des Doms in antizipierter Vollendung, die schon Nagler (ebda) hervorhob.

26 Heute in der Royal Library, Windsor Castle. Zur kunsthistorischen Würdigung der Blätter siehe W. Hansmann: Die Brühl-Aquarelle Adolph Wegelins für Königin Victoria, in: Jahrbuch Rheinische Denkmalpflege 30/31, 1985, S. 101–122.

27 Hansmann (Anm. 26), S. 119 f. Zum künstlerischen Oeuvre insgesamt siehe Merlo (Anm. 9), Sp. 920 ff.

28 Siehe S. 12.

29 Hilger (Anm. 16), S. 614.

30 Hilger (Anm. 16), S. 609.

31 Ebenda.

32 Hilger (ebda) schreibt: "Ob dies der doppelten Autorschaft oder dem Anteil des Architekturzeichners Cranz anzulasten ist, bedarf der eingehenden Analyse und muß hier offenbleiben."

33 Als Vorlagen dienten einmal S. Boisserée (Hrsg.): Denkmale der Baukunst vom 7. bis zum 13. Jahrhundert am Nieder-Rhein. München 1833, sodann ders.: Der Dom zu Köln. Ansichten, Risse und einzelne Theile des Doms von Köln, mit Ergänzungen nach dem Entwurf des Meisters, nebst geschichtlichen Untersuchungen und einer Beschreibung des Gebäudes von Sulpiz Boisserée. München ² 1842. Cranz hat die Boisserée'schen Grundrisse der romanischen Kirchen bis auf geringfügige Detailänderungen wörtlich übernommen, sogar die Maßstäbe sind identisch. Für Maria im Kapitol und St. Gereon vgl. auch Hilger (Anm. 16), S. 605 und 605 f. Modifiziert hingegen wurde der Domgrundriß: Während Boisserée ihn idealtypisch in antizipierter Vollendung wiedergab, hat Cranz den Ist-Zustand in einer vereinfachten Version dokumentiert.

34 Ausnahmen bilden die Grundrisse von St. Ursula und St. Mauritius, auf denen kein Kirchenmobiliar eingezeichnet ist. Bei St. Pantaleon und Mariä Himmelfahrt wurde lediglich das Chorgestühl markiert.

35 Hilger (Anm. 16), S. 613 f.

36 Charakteristisch ist der Blick aus dunkleren Seitenschiffen in die durch Obergadenfenster hell erleuchteten Mittelschiffe.

37 Hilger (Anm. 16), S. 603. Siehe auch G. Binding: Köln- und Niederrhein-Ansichten im Finckenbaum-Skizzenbuch. 1660–1685. Köln 1980.

38 Siehe hierzu Bollenbeck (Anm. 1), S. 28 f. und Hilger (Anm. 16), S. 605.

39 Vgl. Anm. 33.

Bildliche Darstellung und Geschichtliche Nachrichten über die Kirchen in Cöln

von

J.P. Weyer

Stadtbaumeister in Cöln

(Kommentarband, Bd. XXVI)*

Vorwort

Die Stadt Cöln auf der Grundfläche von 1307 Morgen, 38 Ruthen Cölner Maaß mit Mauern eingeschloßen hatte zur Zeit der Eroberung durch die Franzosen im Jahr 1794 noch 11 Stifts= und 19 Pfarrkirchen, 49 Kapellen, 19 Mönchs= und 39 Nonnenklöster, also überhaupt 137 Kirchen.

Während der französischen Occupation, wurden in Folge der 1802 ausgesprochenen Aufhebung der Klöster und der Confiscation der geistlichen Güter, nur beibehalten 4 Haupt= und 15 Succursal=Pfarrkirchen, 9 Oratorien und Kapellen; außerdem wurde aber auch eine Kirche für den Evangelischen GottesDienst eingeräumt; die übrigen 109 Kirchen sind sämtlich verschwunden und von der Mehrzahl derselben sind uns nicht einmal bildliche Andenken zurückgeblieben, ein Beweis wie sehr das Intereße für monumentale Baukunst geschwunden war! Die Zeiten sind indeßen anders geworden. Wir sind zur Erkentniß unsers Verlustes gekommen und müßen denselben um so mehr betrauren, als der Ueberrest uns noch eine Fundgrube der manichfachsten Schönheiten bietet. Damit aber hiervon nicht noch weiter etwas verloren gehe, habe ich mich bemüht von sämtlichen uns verbliebenen 25 Kirchen erschöpfende bildliche Darstellungen und deren geschichtliche Momente zu sammeln. Die Zeichnungen sind nach dem Zustande der Kirchen in dem Zeitraum von 1838-1841 gefertigt. Auf genaue Vermeßungen und geometrische Riße habe ich verzichten müßen, als über mein Vorhaben hinausgehend; dagegen habe ich der bildlichen Darstellungen, von jeder der 25 Kirchen, so viele gesammelt als die Befriedigung des Intereße für eine jede es forderte.

Die Zeichnungen sind unter meiner Anleitung durch Herrn Natur=Zeichner Cranz an Ort und Stelle aufgenommen und durch den Herrn Maler Wegelin meiner Anforderung zufolge, leicht hin in den Effect gestellt.

Die Ansichten von einer jeden Kirche sind zusammengeheftet, und die Hefte nach dem Zeitalter der Kirchen nummerirt und es bildet das ganze Werk also inclusive der Sammlung geschichtlicher Nachrichten 26 Hefte.

Da in meinen Nachrichten über die einzelnen Kirchen, oft von Haupt und Hülfs=Pfarren die Rede ist, so muß ich bemerken, daß in dieser Benennung keine wesentliche kirchliche Verschiedenheit, zu finden ist. Beide Gattungen von Pfarren haben die nämlichen Pflichten und stehen von einander unabhängig in ihrem Kirchen Dienste. Der Unterschied in der Benennung (eine französische Erfindung) hat einzig dazu dienen sollen, nach dem man allen Pfarreien ihre Güter und Stiftspfründen abgenommen hatte, die meisten mit fr. 500.jährlicher Einkünfte, abzuspeisen und nur an Vieren ein anständiges Auskommen von frs 1500.- zu zahlen. Eine gehäßige Ungleichheit bei gleichen standesmäßigen Bedürfnißen und Pflichten!

Cöln den 23. Februar 1852

J. P. Weyer

---

*Anmerkung der Redaktion:

Der im folgenden transkribierte, von Weyer handschriftlich verfaßte Kommentarband weist einige, zumeist orthographische Flüchtigkeitsfehler auf. Sie wurden – ebenso wie die recht willkürliche Handhabung der Zeichensetzung – aus Gründen der Authentizität belassen. Man muß sich immer vor Augen führen, daß Weyer jeweils nach einem anstrengenden Arbeitstag die 'Geschichtlichen Nachrichten' zu Papier brachte.

1 Kirche St. Maria auf dem Capitol in Cöln

Die Baustelle befindet sich in dem Süd=Oestlichen Ecke der alten Römerstadt, (welche von Marcus Agrippa in viereckiger Form mit Mauern eingeschloßen wurde) bildet einen Hügel an deßen Fuße ein Arm des Rheines floß, weshalb die Römer an dieser schönen Stelle ihr Capitol erbaut und bis zu Ende des 7ten Jahrhunderts erhalten hatten.

Um die Zeit des Jahres 695, war Plectrudis, Tochter von Hugobert aus dem Hause der Bayerischen Herzoge der Aligofinger, Gemalin des Pipin von Herristal; Bei vorgerücktem Alter wurde dieselbe ihrem Gemahl überdrüßig, während Alpais, die ihm einen Sohn Carl Martel geboren hatte, wie eine Fürstin herrschte. Als nun im Jahr 696 der Bischof Lambertus von Lüttich, weil er den Pipin des Ehebruchs beschuldigte, umgebracht wurde, und auch die fromme Begga, Mutter Pipins verstorben war, verzweifelte Plectrudis an dem Heile ihres Ehegatten, und um den Nachstellungen der Alpais zu entgehen, verließ sie mit den Schätzen, welche sie gesammelt hatte den Hof und faßte den Entschluß ein Gotteshaus zu erbauen, um durch Fürbitten anderer zu erreichen daß die Schuld ihres Gemals bei Gott versöhnt werde. Pipin wurde später durch die Vorstellungen des Bischof Hubertus dem Nachfolger des Lambertus, auch so gerührt, daß er seine Gemalin Plectrudis in ihre Würde als Ehegattin wieder einsetzte und die Alpais in ein Kloster schickte. Daher kommt es daß die meisten frommen Stiftungen, welche Plectrudis während der Trennung errichtet hatte dem Pipin mit zugeschrieben werden.

Als Gemahlin des mächtigen Pipin ließ sie das baufällig gewordene Capitol wegräumen, und Anno 701 mit dem gewonnenen Material zur Ehre der heil. Maria eine Kirche erbauen und stiftete ein Collegium für adelige Frauen, unter welchen sie auch lebte.

Nach dem Tode Pipins wurde deßen mit Alpais erzeugter Sohn Carl Martel, deßen Nachfolger und verfolgte die Plectrudis und deren Tochter Pilitrud, welche Gemahlin des Bayerischen Herzoges Theobald ward und Anno 725 von Carl Martel nach Besiegung der Bayern gefangen und nach Italien in die Verbannung verwiesen ward, und auch daselbst verstarb. Die Plectrudis war um dieselbe Zeit in Paßau gestorben, wurde aber ihrem Willen gemäß nach Cöln gebracht und in der von ihr erbauten Kirche beigesetz.

Im eilften Jahrhundert, war Ida die Tochter des rheinischen Pfalzgrafen Ezo, Abtißin des Stiftes.

Das Stift welches früher nach den Regeln des heil. Benedictus lebte, wurde später ein Stift für adelige Damen, die wenn es Gelegenheit dazu gab, die Praebende verlaßen und heirathen durften. Im Jahr 1057 versetzte Erzbischof Anno aus Dortmund ein Stift von Chorherren in die nämliche Capitolskirche nach Cöln. Beide Stifte wurden Anno 1802 durch die Franzosen aufgehoben.

Obschon das Capitol verschwunden war, so wurde um das Andenken daran zu erhalten bis zur französischen Eroberung Anno 1794 alle Jahre bei dem Burgermeister=Wechsel im Mitt=Sommer am St. Johannistage, ein feierlicher Zug des Senats mit den Consuln von dem Rathhause nach der Maria Kirche gehalten, um dem Gottesdienste beizuwohnen; nach deßen Beendigung dann der förmliche Regierungswechsel statt fand indem vor dem Heimgange nach dem Rathhause, die beiden ältern Consuln den neuen den Vortritt einräumten und die Abtißinn des Stifts mit ihrer Krone und fürstlichen Mantel geschmückt, den zwei Letzteren jedem einen Blumenstrauss überreichte.

Das Stift der Damen bewohnte früher ein Gebäude gemeinschaftlich, welches aber später dahin geändert wurde daß jede Dame ihre eigene Wohnung hatte, welche Ausgänge in den Kreutzgang besaßen.

Bei der allgemeinen Kloster=Aufhebung wurde eine neue Eintheilung der Pfarreien in der Stadt vorgenommen, dabei die in der Nähe von St. Maria stehende Pfarrkirche, klein St. Martin, welche ein dumpfes Gebäude war, für den Abbruch bestimmt und die St. Maria auf dem Capitol zur Pfarrkirche und zwar zu einer der vier Hauptpfarrkirchen auserlesen.

Das Kirchen Gebäude ist von hoher Bedeutung und eines derjenigen wenigen welche in dem Character des Baustyls aus der Zeit der Erbauung am wenigsten beeinträchtigt worden sind.

Der Einfluß der Basiliken und der runden Kirchen Gebäude in Rom und Ravenna aus dem 4ten und 5ten Jahrhundert ist unverkennbar.

Die Rundung des Chors, die Stellung der Halb=Kuppeln auf frei stehenden Säulen und das Kuppelgewölbe über dem Kreutze sind offenbar den römischen Rundgebäuden und Basilicken entlehnt. Dagegen entwickelt sich eine neue Idee in der Verlängerung des Chors und Wiederholung der halbkreisförmigen Abrundung an den Enden beider Querschiffe.

Das Langschiff wird ursprünglich nicht überwölbt gewesen sein, weil die dermaligen Gewölbe in der Spitzbogen Form gehalten und wahrscheilich zu Ende des 14ten Jahrhunderts erbaut worden sind.

Die Säulen in der oberen Rundung des Chors welche gekuppelt und arabeskenartig verziert sind scheinen durch Reparaturen aus der Zeit des 11ten oder 12ten Jahrhunderts entstanden zu sein und die Einfassung des Chors nach Spitzbogenform sind natürlich Erzeugniße aus der letzten Zeit der spitzbogigen Bauart.

Der große Thurm ist 1637 eingestürzt, und zwischen den beiden kleineren achteckigen erhalten gebliebenen Thürmchen, in der jetzigen Gestalt mit Ziegelsteinen erneuert worden.

Der oben an der äußeren Chorrundung vorhandene Säulengang, ist ein Zusatz aus dem 11ten oder 12ten Jahrhundert, ebenso wie die äußerlich am Chor angebrachten Strebebogen, deren auch an den Rundungen des Kreutzes keine vorkommen, welches doch hätte sein müßen, wenn sie aus der organischen Bildung des Plans entstanden wären.

Unter dem Chor ist eine geräumige Gruft mit einer doppelten Säulenstellung und entsprechenden Wandpilastern, und zwei Seiten=Kapellen und einem Altar, an welchem zum Gedächtniß der Verstorbenen zu gewißen Zeiten Gottesdienst abgehalten wurde. An den Gewölben finden sich noch Spuren von alten Freskomalereien.

Äußerlich an der Chorrundung ist das Bild der Plectrudis lebensgroß in Stein gehauen eingemauert. Es diente dasselbe unzweifelhaft früher als Verschluß der Grabstätte im Inneren der Kirche, ist aber nach der Aufschrift "S. Plectrudis Regina" zu urtheilen, erst zur Zeit angefertigt worden, als Plectrudis als Selige verehrt wurde und man vergeßen hatte, daß sie nicht Königin war wenn schon ihr herzoglicher Gemahl die königliche Macht ausgeübt hatte. Die Ausführung mag dem 10ten oder 11ten Jahrhundert angehören, in welch nämlicher Zeit auch die reich geschnitzten Kirchenthüren ausgeführt sein werden.

Am Ende des Langschiffes stehen die Sarkophagen welche die Gebeine der Stifterin Plectrudis und der Äbtißin

Ida enthalten, an der nämlichen Stelle wo früher der Chor der Stiftsdamen bestand. Die alten Bildhauer Arbeiten dieses Chorabschlußes sind rund um an den Wänden aufgestellt.

Neben dem Chor an der linken Seite des Kreutzes, befindet sich eine Kapelle angebaut in welcher der Taufstein aufgestellt ist. An der entgegengesetzten Seite der Kirche findet sich eine von den Voreltern des Burgemeister Johann Hardenrath und Sibilla Schlosschen 1446 erbaute Kapelle, wo die Ehen eingesegnet werden, mit merkwürdigen Wandgemälden verziert. Die Familie Hardenrath hatte in dieser Kapelle eine tägliche musikalische Meße gestiftet, und war für die Aufstellung der Musick ein schwebendes Gewölbe, mit einer Windetreppe angebracht. Unter der französischen Herrschaft ging die Stiftung verloren.

Sie Sacristei ist nördlich neben dem Chor hinter der Kapelle in der nordwestlichen Kehle des Kreutzes in späterer Zeit angebaut worden, weshalb dieselbe ebenso wie die vorerwähnten beiden Kapellen als außer dem ursprünglichen Plane liegend, in dem vorgelegten Grundriße weggelaßen worden sind, eben so die vor den beiderseitigen Kreutzarmen stehenden Vorhallen, durch welche die Kirchenbesucher über große Freitreppen in die Kirche gelangen. Unter dem großen Thurme her, durch den westlich neben der Kirche stehenden Kreutzgang, besteht der dritte Eingang.

In dem von Sulpiz Boißerée im Jahr 1833 herausgegebenen Werke über die Denkmale der Baukunst vom 7ten bis 13ten Jahrhundert, sind die geometrisch bearbeiteten Pläne aufgenommen.

Die Kirche ist ursprünglich von Werk und Tufsteinen erbaut, und nur bei späteren Reparaturbauten, sind Ziegelsteine angewendet worden.

Inhalt des Heftes der Zeichnungen

1te Tafel: Grundriß. 2te Tafel: Aeußere Ansicht von der Nordost Seite. 3te Tafel: Innere Ansicht des Kirchenschiffs in der Richtung nach Osten. 4te Tafel: Innere Ansicht in dem nördlichen Seitengange neben dem Chor in der Richtung nach Westen. 5te Tafel: Innere Ansicht in dem südlichen Kreutzflügel in der Richtung nach Westen. 6te Tafel: Innere Ansicht in dem nördlichen Kreutzflügel in der Richtung nach Osten. 7te Tafel: Innere Ansicht in dem Seitengange des nördlichen Kreutzflügels in der Richtung nach Süd Osten. 8te Tafel: Innere Ansicht in dem südlichen Seitengange neben dem Chor, in der Richtung nach Süd Ost. 9te Tafel: Innere Ansicht an dem Westlichen Ende des Kirchenschiffs in der Richtung nach Nord West.

II Kirche der heil. Ursula

Bei keiner Geschichte der Heiligen ist der fromme Glaube unserer Vorfahren so sehr bespöttelt worden als bei jener der eilf Tausend Jungfrauen. Indeßen ist es in der neueren Zeit etwas gewöhnliches, die ehrwürdigen Sagen der Alten für Märchen zu erklären weil man den Geist der früheren Zeit nicht kennt, während man bei genauer Nachforschung in jenen Sagen, die sich von Geschlecht zu Geschlecht, wenn schon mit Abänderungen und Zusätzen, fortpflanzen, die sichersten Geschichtsquellen entdeckt.

Nach dem Brevier der Benedictiner Ordensgeistlichen, der ältesten und bewährtesten Geschichtsforscher, besitzen wir folgende Nachricht:

"Als unter dem Kaiser Gratian, ein christlicher Kaiser, Sohn des Valentinian, welcher nach seines Vaters Tode vom Jahre 378 bis 383 regierte, Flavius Clemens Maximus, Anführer des römischen Heeres in Britanien, sich zum Selbstherscher aufgeworfen hatte, wurde er von dem Kriegsvolke zum Kaiser ausgerufen. Seine Truppen die er nach Gallien sandte, wurden von den dem Gratian feindseligen Legionen gut aufgenommen, und Maximus befestigte dadurch seine Macht. Er vertrieb die früheren Bewohner von Gallien (Bretagne) und vertheilte die fruchtbaren Ländereien unter seine brittischen Kriegsleute.

Um sich dieses Land zu sichern, bedurfte es aber eines Ersatzes der vertriebenen Bevölkerung, weshalb Konanus ein brittischer Häuptling und Sohn eines brittischen Königs welcher noch nicht das Christenthum bekannte und Anführer des Heeres von Maximus war, darauf antrug daß eine Gesandtschaft nach Brittanien geschickt würde um für die neu angesiedelten Kriegsleute Jungfrauen zur ehelichen Verbindung zu fordern. Den brittischen Häuptlingen schien diese Forderung nicht ungeziemend. Sie erwogen daß sie sich durch Gewährung der Forderung die Gunst des neuen Kaisers erwarben, ihre Töchter auch an Landsleute, und zwar an solche, die durch Schenkungen in der neuen Provinz reich geworden waren, auf das anständigste anbringen würden. Es wurden also eilf Tausend Jungfrauen ausgewählt und eine Tochter des Dionocus Königs von Kornubia (jetz Herzogthum Kornwall) mit Namen Ursula dem Kanonus [sic!] verlobt. Man versammelte die Jungfrauen in London und brachte sie wider ihren Willen zu Schiff. Bei der Ueberfahrt wurden sie durch einen grausamen Sturm an das deutsche Ufer verschlagen und fuhren um den dort angelangten von Gratian berufenen und zur Bekriegung des Maximus bestimmten Hunnen zu entgehen den Rhein herauf bis Cöln, woselbst die Hunnen sie anfielen und sich zueignen wollten. Da aber die Jungfrauen auf Ermahen der Ursula lieber dem Tode entgegen gehen wollten, als den Verlust der jungfräulichen Schamhaftigkeit zu dulden, geriethen die Hunnen in eine Wuth der Grausamkeit und ermordeten sie alle. Eine der Jungfrauen Namens Cordula, welche einzig aus der Gesellschaft der heiligen Ursula durch der anderen Mord erschrocken, sich in Cöln verborgen hatte, stellte sich am andern Morgen auch noch freiwillig um ebenfalls die Martyrer Krone zu erringen.

Die Cölner haben die Leichname der heiligen Jungfrauen mit großter Ehre begraben und die christliche Welt feiert das Andenken derselben am 12 November

Wäre die Geschichte immer so rein und so einfach erzählt worden, so würde es niemand eingefallen sein, Zweifel gegen die Wahrheit derselben zu erheben.

Der Britte Galfried von Monmouth der um das Jahr 1130 die Geschichte Brittaniens schrieb und gewiß keine Martyrer Geschichte schreiben wollte, sagt im Wesentlichen das nämliche, nur noch weitläufiger

Der Anger Ursulanus, wo der Erzbischof Aquilinus II (der 418, also nur 35 Jahre nach dem Maryrerthum der heil. Ursula und ihrer Gesellschaft Bischof wurde) eine Kirche erbauen ließ, lag in einer der Vorstadten an der Nordwestseite der Stadt, wo derzeit ein Hafenbaßin bestanden haben muß. Von diesem Anger wurden von Zeit zu Zeit, im Jahr 700 durch Plectrudis für das Capitolium, im Jahr 1009 durch Heribert von Rodenburg für die Kapelle des heil. Stephan, 1121 durch den heil. Norbertus für die Kirche zu Prämonstraat und Floreff und endlich 1155 von den Bürgern Cölns der ganze Anger umgewühlt um die Gebeine der heil. Jungfrauen zu sammeln, wodurch denn die Reliquien in alle Gegenden gekommen sind.

Nachdem die erste Kirche durch Kriegschicksale und Brand in Verfall gerathen war, lief ein edler Bürger mit Namen Clematius, dieselbe Anno 461 erneuern, zu welcher Zeit unter Erzbischof Solinus die Stadt um so weit vergrößert wurde daß die Kirche in den Bereich der Stadt kam.

Da die Gebeine der Heiligen ohne besondere Bezeichnung unter einander beerdigt worden waren, so war das Grab der heil. Ursula verloren gegangen. Als der Erzbischof Cunibert einst Anno 644 in der Ursula Kirche Meße laß, entdeckte er das Grab worin der Körper der h. Ursula sich befand.

Im Jahr 987 wurde die Kirche abermals erneuert und späterhin unter verschiedenen Zeiten erweitert, und umgebaut.

Anno 1680 schlug der Blitz in den Glockenthurm wodurch die Kirche großentheils zerstört, aber bald wieder hergestellt wurde.

Die jetzige Kirche besteht aus einem Hauptschiff an dessen Westende der Glockenthurm steht und an der Ost Seite vermittelst eines jünger angebauten Chores verlängert ist. An den beiden Seitenschiffen bestehen Emporkirchen, welche ohne Verbindung mit dem Hauptschiff für sich abgeschloßen sind und besondere Kappellen bilden. Am Ende dieser Seitenschiffe sind jüngere Kreutzschiffe angebaut, welche durch Wegräumung von Mauerpfeilern und dadurch bewirkten großen Bogenöffnungen, mit dem Hautschiffe verbunden worden sind. An der Südseite ist endlich noch ein viertes Seitenschiff angebaut worden.

Der älteste Theil der Kirche bildet die westliche Hälfte des Hauptschiffes mit beiden Seitenschiffen, sodann folgen die Kreutzschiffe, das Chor und zuletzt das südliche Seitenschiff.

In der Kirche finden sich folgende Denkmäler:
1. das Grabmal der heil. Ursula in dem linken Kreutzschiffe in dem Jahr 1659 aus schönem weißem und schwarzen Marmor ausgearbeitet. Das Bildniß der heil. Jungfrau in weißem Marmor mit einer Taube zu ihren Füßen giebt Zeugniß von vollendeter Kunst und ist von Bildhauer Lentz gefertigt.
2. Nicht weit von dem Grabmale der heil. Ursula, finden sich die, bei jüngeren Verschönerungen der Kirche, aus den in der Mitte gestandenen Särgen weggenommenen Gebeine in einem Sargophag. Unten in der Mitte der Kirche finden sich noch drei sehr maßive Särge und mehrere andere stehen an den Wänden der Kirche umher.
3. An einem Pfeiler unten in der Kirche steht ein kleines Grabmal des Kindes Vincentius, deßen Leiche auf dem Anger ursulanus begraben, aber mehrmalen ausgeworfen sein soll.

Zu der St. Ursula Kirche gehörte früher die nicht weit davon auf einer Anhöhe zwischen dem Hunnenrücken dem Kattenbug und dem alten Graben bestandene Pfarrkirche Maria Ablaß genannt. Sie soll früher die Kirche der heil. Jungfrau in Vallo, oder vielmehr im Walde geheissen haben. Es war nämlich früher in dieser Gegend der Wuppernwald, später Ipernwald genannt. Der Kirchhof war Begräbnißplatz für die Stiftsdamen von St. Ursula und die Abtißin und das Capitel hatte die Pfarrstelle zu vergeben.

Kaiser Heinrich der Hinkende später der heilige genannt, der im Jahr 1002 Kaiser wurde, soll diese Kirche erbaut haben, welche aber 1804 abgebrochen wurde. Die daneben gestandene Capelle ist aber noch bis jetzt erhalten worden und wird noch täglich besucht.

Das vorligende Heft enthält:

1. den Grundriß. 2. Aeußere Ansicht von der Nord=Ost-Seite 3. Aeußere Ansicht von der Nord=West Seite. 4. Innere Ansicht in dem äußersten südlichen Seitenschiff bei dem Haupt Eingange. 5. Innere Ansicht in dem Hauptschiffe, 6. Innere Ansicht in dem südlichen Kreutzschiffe. 7. Innere Ansicht in dem Hauptschiffe von dem Chor aus.

III Die Stiftskirche St. Caecilien

Die Caecilien Kirche ist eine der ältesten unserer Stadt und soll von Maternus, welcher als Schüler der Aposteln Anno 94 nach Cöln gekommen ist, und erster Bischof wurde gegründet worden sein.

Anno 312 wurde in Cöln den Christen die freie Religions Uebung gestattet und zu dieser Zeit die Caecilien Kirche, die erste und Hauptpfarrkirche (Dom) erbaut und verblieb als solche bis zur Zeit als Erzbischof Hildebold mit Genehmigung Kaiser Carl des Großen an der Nordöstlichen Seite der Stadt einen neuen Dom erbauen ließ. Anno 475 gerieth Cöln in französchische Haende und blieb unter deren Herschaft bis zum Jahr 912.

Zur Zeit von 833 also noch unter französischer Herrschaft, wurde bei St. Caecilien ein Collegiatstift für Jungfrauen gestiftet in welches im 14ten Jahrhundert die Jungfrauen des früher vor der Stadt am Weyerkäulchen vor dem jetzigen Weyerthor, bestandenen Klosters, eintraten. Von dem Stifte bildeten 16 adeliche Canoneßen und 5 Canonici das Capitel. Das Stift wurde 1802 wie alle übrigen aufgehoben und die alten Gebäulichkeiten dem städtischen Armenfond überwiesen. Die Verwaltung deiser Fonds benutzte diese Gebäude als Bürgerhospital und ließ dieselben in der allerjüngsten Zeit mit einem Kosten=Aufwande von 1/2 Million Thaler nach den Plänen der Stadtbaumeister Weyer und Harperath, ganz erneuern, wonach Räumlichkeiten für 800 Betten genommen worden sind. Die Caecilien Kirche wurde Hospitalskirche und für diesen Zweck restaurirt und ergänzt.

Von der älteren Kirche besteht nur noch die am westlichen Ende der jetzigen Kirche, jetzt beinahe unterirdisch stehende sogenannte Capelle des heil. Maternus, welche wohl aus der Zeit des 8ten Jahrhunderts herstammen mag.

Da der heil. Maternus aber am Ende des 1ten Jahrhunderts schon nach Cöln kam und im 2ten Jahrhundert daselbst lebte, so kann diese alte Capelle natürlich nicht von diesem heil. Marternus erbaut, sondern nur seinem Andenken und zu seiner Verehrung gewidmet gewesen sein.

Die jetzige Kirche ist im östlichen Theile Anno 876 und übrigens im Jahr 941 gegründet, besteht aus einem langen Schiff mit abgerundeten Chor und zwei kurzen Seitenschiffen. Der westliche Theil des Schiffes ist für sich abgeschloßen und diente früher als Chor für die Stiftsfräulein. Die Sacristei ist an der Nordseite neben dem Chor angebaut. An dem Kreutzgewölbe vor dem Chor und an dem Gewölbe des Chors welche aus der älteren Zeit herrühren sind alte fresco Malereien erhalten. Die Wölbungen des übrigen Theils des Schiffes sind aus jüngerer Zeit.

An der Kirchenthür der Nordseite befindet sich eine Bildhauerarbeit aus der ältesten christlichen Zeit

Inhalt des Heftes der Zeichnungen

1te Tafel: Grundriß. 2te Tafel: Aeusere Ansicht von der Nord=Ost Seite. 3te Tafel: Innere Ansicht in dem nördlichen Seitengange in der Richtung nach Osten. 4te Tafel: Innere Ansicht des Chor. 5te Tafel: Innere Ansicht im Kirchenschiff in der Richtung nach Westen. 6te Tafel: Innere Ansicht in dem südlichen Seitengange in der Richtung nach Osten.

IV Die Kirche St. Johann Baptist.

Als die Stadt sich südlich nur bis zur Hochpforte erstreckte, lag die dem heil. Johannes des Täufers gewiedmete Kirche außerhalb dem Bereiche der Stadt, etwa halben Weeges nach der Severins Kirche welcher sie untergeordnet war. Das Alter der Kirche ist nicht bekannt und es kann deren Gründung in das Jahr 948 gesetzt werden, weil in einem Diplom aus diesem Jahre von dem Erzbischof Wichfried, ihrer Erwähnung geschieht.

Als im Jahr 1181 Erzbischof Philipp I die Stadt nach Süden hin erweitern ließ, wurde die Kirche in die Stadt gezogen, und kam an den Wall zu liegen, welcher von dem Catharinengraben begrenzt wurde. Zu dieser Zeit ist die Kirche vergrößert worden, und wurde von Erzbischof Philipp I von neuem eingeweiht. Im Jahr 1209 wurde eine nochmalige Erweiterung vorgenommen und von Erzbischof Diederich I nochmals eingeweiht.

Die Kirche besteht aus fünf Schiffen, an deßen mittleren östlich, ein halbkreisförmig=abgerundetes vorspingendes Chor und an der entgegengesetzten Seite der viereckige Thurm angebracht sind, deßen unterste Räumlichkeit als ein Theil des Kirchenraumes benutzt wird.

Der älteste Theil der Kirche besteht in dem Hauptschiffe mit den beiderseitigen Nebenschiffen, jedoch nur in der Ausdehnung bis zum Chor; das nördliche Seitenschiff rührt aus der ersten Erweiterung vom Jahr 1181 und der Chor und das südliche Seitenschiff aus der letzten Erweiterung vom Jahr 1209 her.

Da der innere Raum durch die wenig breiten Bogenöffnungen in den Scheidemauern der Schiffe dunkel und düster war, so sind einige Mauerpfeiler weggebrochen und dadurch je zwei Bogenöffnungen zu einer größeren umgestaltet worden. An dem westlichen Ende der drei mittleren Schiffe sind Emporkirchen mit maßiver Unterwölbung angebracht. Die älteren Theile der Kirche sind im Rundbogenstyl, die neueren aber im Spitzbogenstyl ausgeführt gewähren aber keinerlei Architectorisches Intereße. Eine früher an der Westseite bestandene geräumig Vorhalle ist in jüngster Zeit weggeräumt worden. Das Sacristei=Gebäude steht an der Südost Ecke.

<u>Das vorliegende Heft liefert:</u>

1. Grundriß. 2. Aeußere Ansicht von der südost Seite. 3. Innere Ansicht des Hauptkirchenschiffs beim Haupt=Eingange. 4. Innere Ansicht aus dem südlichen Seitenschiff. 5. Innere Ansicht aus dem ersten Seitenschiffe an der Südseite des Hauptschiffes. 6. Innere Ansicht aus dem nördlichen Seitenschiff bei dem Seiten=Eingang.

V Die Abteikirche St. Pantaleon.

Vor dem Südwestlichen Eck der alten Römerstadt in der Gegend welche noch gegenwärtig "Vor den sieben Burgen" genannt wird, steht auf dem höchsten Punkt des Bereiches von Cöln, die Kirche, welche dem Andenken und zur Verehrung der heil. drei Aerzte Pantaleon, Cosmas und Damian gewiedmet ist. Diese drei Heiligen waren nicht Einheimische, oder solche die hier gelebt haben, sondern sie lebten in Nicomedien zu den Zeiten der Kaiser Maximian und Diocletian, zu Ende des dritten Jahrhunderts. Von diesen Kaisern erzählt die Geschichte, daß sie die letzte, aber auch die grausamste Verfolgung der Christen angestellt hätten; So sollen in Egypten über 14400 des Christlichen Glaubens wegen gemartert, zu Rom binnen einem Monate 17000, und zu Nicomedien an einem Tage viele Tausend Christen unter welchen die obengenannten drei Heiligen waren, dem Martyrer Tod unterworfen worden sein.

Die Ursache weshalb diesen drei Fremden Märtyrern zu Ehren in Cöln eine Kirche gestiftet wurde, fand sich in der Gewinnung und Ueberlieferung der Reliquien die in verschiedenen Zeiten nach Cöln gebracht wurden, erstens bei dem Bau der alten Kirche; zweitens soll Hadamar, Abt von Fuld als er dem Erzbischof Bruno das Pallium von Rom brachte, auch von den Reliquien des heil. Pantaleons mitgebracht haben; drittens soll die Congregation von St. Veit in Lothringen dergleichen Reliquien der Abtei Pantaleon übersandt haben. Endlich brachte Heinrich Almen der sich im Jahr 1205 unter den Kreutzfahrern befand, als diese Constantinopel einnahmen aus der dortigen Sophienkirche, das Haup des heil. Pantaleon mit nach Cöln.

Die Zeit der Erbauung der ersten Kirche, ist nicht genau bekannt; doch geschieht ihrer in mehreren alten Urkunden, namentlich von den Jahren 670 und 758 schon Erwähnung und soll in letzterem Jahre der Bau der Abtei fertig geworden sein.

Als diese ältere Kirche baulos geworden, gründete der Erzbischof Bruno die Abtei durch 13 Benedictiner von Corvei als Colonisten nach Cöln berufen; ernannte 964 den ersten Abt mit Namen Chrisian, erbaute in dem Jahren 966 und 968 die gegenwärtige neue Kirche, und ließ dabei das Material von der zerstörten Reinbrücke benutzen. Der Bau wurde 980 vollendet und von Erzbischof Warin consecrirt. Da spaeterhin Erweiterungen vorgenommen waren, so wurde Anno 1216 die Kirche abermals consecrirt. Im Jahr 1622 ließ der Abt Heinrich Spieckernagel das Schiff der Kirche, welches bis dahin wie die Basilica eine Holzdecke hatte, massiv überwölben und den Hauptthurm neu überdachen. Anno 1757 wurden von dem Abte Felten die beiden kleineren Thürme angebaut und im Jahr 1766 der große Thurm nochmals verbeßert.

Von den Merkwürdigkeiten welche die Kirche enthält sind beachtenswerth, drei Grabsteine mit ausgehauenen Figuren. Der Stein welcher in der Mitte vor dem Chor liegt ist jener des Erzbischofs Bruno; der zweite rechts im Chor neben dem Altar trägt die Aufschrift: Theophania Ottonis 2di conjux; der dritte links neben dem Altar hat die Aufschrift: Hermann Comes Zütphaniae abbas hujus monast. frater beatae Irmgardis (welcher Abt mit seiner Schwester besondere Wohlthäter des Kirchenbaues waren; Hermann starb 1121.

Im Jahr 990 starb in Nymwegen die Kaiserin Theophania Wittwe Ottonis II welcher sie im Jahr 970 in Rom geheirathet, hatte. Es wurde diese orientalische griechische Prinzeßin nach ihrer Disposition in der Kirche St. Pantaleon in Cöln beerdigt. Diese Kaiserin brachte die Reliquien des heil. Albinus, bestehend aus dem Haupte und dem Obercörper von Rom mit und übergab dieselben den Mönchen von St. Pantaleon und legte ihre Krone auf das Haupt des heiligen nieder. Im Jahre 1820 als die Pantaleonskirche Garnisonkirche ward, sind die Reliquien nach der stellvertretenden St. Maria Kirche in der Schnurgasse überbracht worden.

In der Zeit von 1673 bis 1679 wohnte Maximilian Heinrich Churfürst von Cöln in der Abtei von St. Pantaleon um den Schutz der Bürger gegen den Wilhelm Egon von Fürstenberg, zu genießen.

Es hat sich die Sage erhalten daß der heil. Reinhold, eins der vier Heymonus Kinder, Verwandter und Zeitgenoße Carls des Großen, in St. Pantaleons Abtei Mönch gewesen und bei Gelegenheit, daß er als Bauaufseher die Handwerker ernstlich zur fleissigen Arbeit anhalten wollte, von den Mauern in den Stadtgraben gestürzt und getödtet worden sei. Seinen Leichnam schenkte Erzbischof Anno 1067 der Kirche zu Dortmund, wo sein Bildniss jenem des grossen Roland gegenüber aufgestellt ist. Bis zum Jahr 1805 stand noch ein ihm zu Ehren errichtetes Kapellchen allhier an Marsilstein

Das Kirchengebäude besteht aus einem Schiff und drei seitigen vorspringendem Chore, zwei Seiten=Capellen mit ebenfalls halb rund vorspringenden Chörchen, zwei dahin ausmundenden Seitenschiffen, einem Hauptthurme an der Westseite, welcher als Vorhalle dient, mit zwei Seitenkapellen und zwei vorspringenden kleineren Thürmen. Die Bogenstellung des Schiffes und die Mauern der Seitenschiffe bilden den ältesten Theil des Gebäudes, und rühren aus dem 10ten Jahrhundert, Danach folgt die südöstliche Kapelle aus dem 12ten Jahrhundert; sodann das Chor aus dem 13ten Jahrhundert und das Kirchengewölbe aus dem 17ten Jahrhundert. Die nordöstliche Kapelle hat die Holzdecke behalten und an den Mauern der nordwestlichen Kapelle, sind noch Fensterwölbungen von Tuffsteinen und Ziegelplatten aus der Carolingischen Zeit sichtbar.

<u>Das vorliegende Werk liefert:</u>

1. Grundriss. 2. Aeussere Ansicht an der Westseite bei dem Haupteingange. 3. Innere Ansicht bei dem Eintritt 4. Innere Ansicht aus dem nordlichen Seitenschiff. 5. Innere Ansicht aus demselben Seitenschiff. 6. Innere Ansicht von dem Chor nach dem Haupt=Eingang zur Kirche.

VI Die Stifskirche St. Andreas.

Als zu Ende des ersten Jahrhunderts, nämlich gegen das Jahr 94, ein Schüler der Apostel, nämlich der heil. Mathäus nach Cöln kam, und nicht, wie es Gebrauch war, vor dem Eingange der Stadt den Götzen opfern wollte, siedelte er sich vor der Stadt an und errichtete eine Kapelle. Diese Kapelle neben dem Stadtgraben welcher an der Stelle der jetzigen Comödienstrasse lag, wurde "St. Mathäus im alten Graben" geheißen, und als zur Zeit des Bischofs Solinus im Jahr 463 die Stadt an der Nordseite nach der Richtung vom Würfelthore bis über den Entenpfuhl und Krahnenbäumen erweitert wurde, kam auch ein neuer Graben zu Stande, welcher, nachdem zur Zeit des Hanseatischen Bundes die Stadt abermals und bis um den Eichelstein erweitert wurde, in die Benennung "alter Graben" vorrückte, und bis in unsere Zeit behalten hat, während der uralte Graben dem Andenken verstorben war.

Wie lange die Kapelle die Bennung "Mathäus Kirche" behalten hat, ist nicht zu ermitteln.

Unter dem Erzbischof Wilibertus oder Wildprecht, der im Jahr 873 Erzbischof wurde, kam die Stiftung eines Nonnenklosters und Neubau einer Kirche zu Stande; das Kloster wurde aber im Jahr 953 unter Erzbischof Bruno aufgehoben und die Nonnen in das von Carl dem Großen gestiftete Kloster zu Königsdorf versetzt. Derselbe Erzbischof Bruno erhob die Kirche zu einem Collegiatstifte, welches zum heil. Andreas genannt wurde und 24 Stiftsherren und 24 Vicarien zählte. Zu dieser neuen Bestimmung erhielt die Kirche eine Erweiterung oder Abänderung und wurde erst am 7 Mai 974 vom Erzbischof Gero eingeweiht.

Am Vorabend von St. Mathäus, den 23 Febr 1220 traf ein Blitzstrahl den großen Thurm und wurde vom himmlischen Feuer verzehrt. Unter der damaligen Regierung des heil. Engelbertus wurde derselbe aber wieder erneuert.

Im Jahr 1414 ließ der Erzbischof Theoderich die alte Gruft abbrechen und den neuen Chor erbauen. Das jetzige Kirchengebäude gehört also drei Zeitepochen an, nämlich 1^{tens} der Zeit von 873 bis 974, sodann 2^{tens} der Zeit von 1220 bis 1230 und 3^{tens} der Zeit von 1414 bis 1424. Zur ersten Epoche gehört das Kirchenschiff mit seinen Seitenschiffen und dem westlichen Kreutzgiebel mit Vorhalle; zur Zweiten der Thurm mit dem östlichen Kreutze und zur Dritten der Chor.

Das Stift hatte 1802 das allgemeine Schicksal der übrigen geislichen Stiftungen und wurde nun eine unter St. Columba stehende Hülfspfarrkirche.

An der Westseite der Kirche bestand der Kreutzgang mit den übrigen Räumlichkeiten des Stiftes welche erst in jüngster Zeit wegen Baulößigkeit haben abgebrochen werden müßen. Das Terrain ist für die Anlage einer Communications-Strasse, für die Freistellung der Kirche und für den Neubau der Elementar=Schule, benutzt worden.

Der grosse Thurm steht wie bei der Kirche gross St. Martin auf dem Centrum des Kreutzes, gebildet durch die beiden Querschiffen und den Chor.

<u>Inhalt des Heftes der Zeichnungen</u>

1te Tafel: Grundriß. 2te Tafel: Aeussere Ansicht an der Nordwestseite, 3te Tafel: Innere Ansicht der Vorhalle ander Westseite. 4 Tafel Innere Ansicht im Kirchenschiff in der Richtung nach Osten. 5te Tafel: Innere Ansicht in dem Kirchenschiff in der Richtung nach Nord Ost. 6te Tafel: Innere Ansicht in dem nördlichen Seitengange in der Richtung nach Osten. 7 Tafel: Innere Ansicht in dem nördlichen Kreutzflügel. 8te Tafel: Innere Ansicht in dem südlichen Kreutzflügel. 9te Tafel: Innere Ansicht in dem Chor in der Richtung nach Westen.

VII Die Abteikirche St. Martin

Zur Zeit der Römerherschaft in Cöln, lag vor der Stadt in dem Rheinstrome eine Insel und die Spuren von der Größe dieser Insel findet man noch wenn man das alte westliche Ufer um Lyskirchen her, auf der Höhe verfolgt. Dieses Ufer liegt längs dem alten Capitol, an Obenmauren längs der

Marspforte und dem Rathhause vorbei und erstreckt sich bis an die Ostseite des Doms. Denken wir uns diese Insel wie die Sage geht, und auch wahrscheinlich ist, mit hohen Bäumen besetzt: so war sie vollkommen zu einem altdeutschen Haine geeignet. Und daß entweder die Eburonen, oder doch die nachherigen Ubier hier eine Ara gehabt haben müßen, davon zeugt die auf der südlichen Hälfte der Insel gelegene Straße bis jetzt noch "Ar" genannt. Kaum war das Christenthum eingeführt, so erstand anstatt der Ara eine christliche Kapelle auf der Insel, die, wie Gelenius glaubt von einem Dacischen Einsiedler, nach der Legende aber, welche die Kirche aufbewahrt, von einem Schotten Telmo oder Tillmann erbaut worden ist.

Es soll nämlich zur Zeit des Jahres 690 ein Ordensgeistlicher Namens Willibrad mit eilf Gesellen an den Niederrhein und an die Niedermaas gekommen sein. Sie vertheilten sich hier nach den verschiedenen Richtungen um das Evangelium zu verkündigen. Unter diesen Mißionarien waren die vorzüglichsten Suibertus dem die Gegend, des jetzigen Herzogthums Berg zu Theil wurde. Er war 647 in Northumberland geboren, wurde Erzbischof von Cöln und starb 714 in dem von ihm erbauten Münster Werden, jetzt Kaiserswerth genannt, im Rufe der Heiligkeit. Dann die Gebrüder Ewaldi, welche in Dortmund predigten. Telmo, ein Schotte, war ein Freund dieser Ewaldi und erhielt von Pipin und Plectrudis eine Wohnung auf dem nördlichen Theile der grossen Rheininsel, welche als ein Gasthaus für Schottische Mißionarien eingerichtet wurde. Unter den hier einkehrenden grossen Männern waren unter andern, die später als Heilige verehrten Bischofe Wiro und Blechhelm mit ihrem Diacon Ottger. Aus der Kappelle welche anfänglich dem heil. Benedictus gewiedmet war und welche an der Stelle neben dem nördlichen Kreutzflügel der jetzigen Kirche stand und in jüngster Zeit wieder hergestellt worden ist, wurde durch die Unterstützungen von Pipin, von Heristall und seiner Gemahlin Plectrudis, ein Kloster dem heil. Martinus gewiedmet, woher die Kirche den Namen St. Martin auf der Insel führte.

Als die Insel später durch Ausfüllung des diesseitigen Stromes mit dem Festlande der Stadt verbunden wurde, erhielt die Kirche den Namen Gross St. Martin, um solche von einer dem nämlichen Heiligen gewiedmeten, am Ufer Oben Mauren erbauten Pfarrkirche "klein St. Martin" genannt, zu unterscheiden.

Erzbischof Bruno I der um das Jahr 954 lebte, schenkte der Kirche den Körper des h. Eliphius. Erzbischof Warinus oder Walramus ließ Anno 976 die Kirche und das Kloster vergrössern, zur Sühne seiner Mißethat, daß er seinen Vorgänger Erzbischof Gero, welcher in eine Epilepsi verfallen war, hatte lebendig begraben laßen. Es bestimmte Warinus das Kloster zu ewigen Zeiten für geborne Schottländer und nachdem er die erzbischöfliche Würde abgelegt hatte trat er selbst als Mönch in das Kloster und starb auch in demselben.

Unter den berühmten Männern welche in dieser Abtei gelebt haben, zählt Gelenius den Schotten Mimborinus, der zwölf Jahre Abt gewesen und Anno 975 voller Heiligkeit verstorben ist. Dann den Chronikschreiber Marianus Scotus, der in seiner Chronik bei dem Jahr 1056 von sich selbst schreibt: "Ich (Marianus) ein Fremdling habe für das himmlische Reich mein Vaterland verlaßen und bin am 28. Julius in Cöln Mönch worden"

Anno 1448 trat die Abtei der Reformation des Benedictiner Ordens bei, und nahm die sogenannte Klausur an, und hat also bis Anno 1802 fortbestanden, wo die französischen Machthaber die Auflösung aller geistlichen Stiftungen verordneten.

Die Klostergebäude welche nördlich neben der Kirche standen, wurden später als Kaserne zugerichtet und benutzt und nachdem dieselben ganz abständig geworden, abgerißen und die Grundfläche zur Anlage der jetzigen Zollstrasse benutzt und übrigens als Baustellen für neu zu erbauenden Häuser verkauft. Dem Kirchengebäude wurde dadurch der Gewinn, daß daselbe von der lästigen Umgebung befreit an der Nordseite freigestellt wurde, und also freien Zugang erhielt

Erzbischof Warinus ließ südlich neben der Kirche eine Kapelle zur Verehrung der h. Brigitta einer schottischen Jungfrau, welche Anno 518 verstorben war, erbauen. Diese Kapelle wurde im zwölften Jahrhundert zur Pfarrkirche erhoben und der Pfarr=Gottesdienst aus der Abteikirche in dieselbe übertragen. Diese Pfarrkirche ist in jüngster Zeit abgebrochen und die Baustelle für den Neubau der Schulhäuser benutzt worden. Die Abteikirche wurde wieder Hülfspfarre unter der Hauptpfarre des Domes.

Wenn schon das erste Chörchen=Gebäude aus der Zeit Pipins stammte so mußte dasselbe im 10ten Jahrhundert schon sehr baufällig gewesen sein, weil Erzbischof Bruno dasselbe Anno 959 ausbessern ließ. Anno 977 aber ließ Erzbischof Warinus die Kirche ganz niederreißen und an deren Stelle die jetzige Kirche aufführen. Dieser Neubau begreift aber nur das Chor mit beiden Queerschiffen, den Hauptthurm mit seinen vier Nebenthürmen.

Dieser Kirchenbau bezeugt den Einfluß des Kirchenbaustyls von Maria auf dem Capitol; die Rundung des Chors und die halbkreisförmige Abrundung, an den Enden der beiden Querschiffe sind Wiederholungen. Dagegen der Aufbau des massiven Thurmes mit den vier kleinen Eckthürmchen oberhalb dem Kuppelgewölbe auf dem Centrum des Kreutzes eine ebenso neue als kühne Idée. Die Vollendung des Thurmes muß langsam vorgeschritten sein, weil erst Anno 1072 die beiden Nebenthürmchen an der Ostseite von Erzbischof Anno ausgeführt worden sind.

Die Kirche muß später manchen Schaden und Abaenderungen erlitten haben, weil die spitzbogige Bauart des Langschiffes mit seinen Nebenschiffen unter den beiden westlichen Nebenthürmchen her, dem Ende des 12ten oder dem Anfang des 13ten Jahrhunderts angehören, und augenscheinlich Anhängsel zur Gewinnung größeren Raums, sind. Besonders auffallend ist der jetzige Mangel einer selbständigen Fundamentirung der beiden westlichen Thurmchen, wodurch deren späterer Ruin die Folge war.

Anno 1378 auf St. Bernhards Tag, brandte der Helm des großen Thurmes ab, und wurden dadurch die Glocken zerstört und ein Theil der östlich stehenden Nachbarshäuser eingeäschert. Der Thurm blieb hiernach während beinahe hundert Jahr verstümmelt bis er 1459 durch ein Vermächtniß des cölnischen Kaufherrn Ewald von Bacherach wieder hergestellt würde.

Zu den merkwürdigen Denkmälern dieser Kirche gehört der Taufstein, ein aus dem nämlichen gelblichen Marmor wie der Königstuhl im Münster zu Aachen ausgehauener, beinahe viereckiger Sarg mit Löwenköpfen auf den Ecken, und großen auf allen vier Seiten ausgehauenen Rosetten verziert

Papst Leo III Freund Carl des Großen, der die Hofkirche in Aachen eingeweiht hat, soll auch diesen Taufstein im

Jahr 803 geweiht und Carl solchen der Kirche St. Martin geschenkt haben.

Die neuesten Verzierungen im Inneren der Kirche sind nach dem Plane und Anordnung unsers verewigten Profeßors Wallraf ausgeführt worden, beweißt aber wie dieser sonst gelehrte Mann, es nicht verstand, die neuere Ausschmückung dem Baustyl der Kirche anzupaßen. Wünschenswerth ist es, daß alle diese modernen fremdartigen Verzierungen weggeschaft würden.

Am 21. Mai 1826 entzündete ein Wetterstrahl abermals den Helm der grossen Kirchthurms. Die unerschrockene Hülfeleistung der städtischen Feuerlöschmannschaft ist es zu danken, daß nur die Spitze abbrandte welche auf städtische Kosten bald wieder erneuert wurde

In dem Werke von S. Boißerée vom Jahr 1833 sind die geometrichen Pläne aufgenommen.

Inhalt des Heftes der Zeichnungen:

1te Tafel: Grundriss. 2te Tafel: Aeussere Ansicht an der Nordost Seite 3te Tafel: Innere Ansicht in dem nördlichen Seitengange 4te Tafel: Innere Ansicht in dem südlichen Kreutzflügel. 5te Tafel: Innere Ansicht in dem Schiffe in der Richtung nach Westen. 6te Tafel: Innere Ansicht in dem südlichen Seitengange in der Richtung nach Westen. 7te Tafel: Innere Ansicht in dem südlichen Seitengange in der Richtung nach Nordosten. 8te Tafel: Bruchstück des alten Kreutzganges vom Kloster, welches bei dem Abbruch der Gebäude aufgefunden worden ist.

VIII Die Stiftskirche St. Aposteln

Als im Jahr 965 Erzbischof Bruno, Bruder Kaisers Otto des Grossen zu Rheims in Frankreich gestorben war, wurde deßen Leib nach Cöln gebracht und in eine westlich vor der Stadt stehende kleine den heil. Aposteln gewiedmete Kappelle niedergesetz. An die Stelle dieser Kapelle gründete Erzbischof Heribert ein Stift für Chorherren mit der gegenwärtigen Kirche, welche aber erst unter der Regierung seines Nachfolgers Peligrinus im Jahr 1035 vollendet wurde. Von diesem Bau besteht der grösste Theil dermalen noch unabgeändert in dem Chore, dem östlichen Kreutze mit der Kuppel über dem Mittelpunkte, die neben dem Chore stehenden kleinen Thürmchen und der Hauptthurm. Daß hiebei die Baupläne der Kirchen Groß St. Martin und St. Maria auf dem Capitol als Vorbilder gedient haben ist unläugbar, weil nur die Anlage der Kuppel auf dem Mittelpunkte des Kreutzes eine neuere Anordnung bildet. Das Langschiff mit beiden Seitenschiffen, sind spätere Erneuerungen, da die Kirche in den Jahren 1098 und 1199 durch Feuersbrünste bedeutend gelitten hatten. Das westliche Kreutz rührt aus dem Anfang des 13ten Jahrhunderts her und im Jahr 1467 wurde die Kirche nochmals durch das Feuer, welcher ein Wetterstrahl entzündete, beschädigt. Der zuletzt im Jahr 1822 am 19. März niedergefahrne Wetterstrahl, hat die Kirche nicht entzündet und nur erschüttert und zwei Menschen in der Kirche getödtet.

Bei Gelegenheit der nach dem Brande von 1199 erfolgten Wiedererbauung, erzählt Gelenius einen den Geist der damaligen Zeit andeutenden besonderen Umstand. Ein reicher und mächtiger Burgmann in Cöln, der hörte daß die Aposteln ihn einst richten, seine guten und bösen Werke in die Waagschale legen würden dachte bei sich: Die Sünde ist eine schwere Sache, aber Ankersteine wiegen auch schwer. Ich will also solche Steine zu dem Bau der Apostelnkirche kaufen, damit die Aposteln selbige in die Wagschale meiner guten Werke legen und solche das Uebergewicht erhalten. Er kaufte wirklich ein Schiff voll Steine, ließ selbige an die Kirche fahren und überließ dieselben den Stiftsherren für die Baureparaturen an der Kirche.

Der Kreutzgang des Stifts stand an der Südseite der Kirche. Das Stift zählte ursprünglich 40 Chorherren, welche durch eine Bulle des Papstes Gregorius XIII im Jahr 1572 um zehn vermindert wurden.

Das Mauerwerk an der Kirche besteht wie bei allen älteren Kirchen Cölns aus Tuffsteine und nur die Hauptglieder, als Sockel, Säulen, Bogen und Säulchen und Tragsteine, sind von grauen Sandsteinen. Die Mauerspiegel unter den Säulengängen an den Chorrundungen sind mit Schieferplatten ausgelegt. Die Dächer waren mit Blei gedeckt, wie dieses ehemals bei allen Kirchen und großen Gebäuden Cölns der Fall war, daher denn auch der Cardinal Aeneas Sylvius, später Papst Pius II im Jahr 1457 unter andern rühmlichen Dingen von Cöln sagte, daß die Gebäude derselben mit Blei gedeckt wären. Man bezog das Metall aus den nahe gelegenen Bergwerken der Eifel.

Im Jahr 1165 begannen die Burger Cölns der Stadt eine grössere Ausdehnung durch die Anlegung der neuen Stadtmauern zu geben und als dieselben im Jahr 1180 vollendet waren wurde die Stiftskirche von St. Aposteln als zur Stadt gehörig betrachtet. Die alte Römermauer östlich vor der Kirche ist aber erst in unserer Zeit gänzlich vernichtet worden. Anno 1036 also ein Jahr nach der Vollendung der Kirche, wurde der Erzbischof Piligrinus in der Kirche begraben.

Die alten Denkmäler, deren Gelenius noch im Jahr 1645 erwähnt, sind hier wie in den meisten Kirchen gänzlich verschwunden. Eins dieser Denkmäler war zur Warnung gegen das zu schnelle Begraben der Todten merkwürdig. Es stellte einen Todtengräber vor, der erschrocken vor einer im Sarge sich erhebenden Leiche entfloh. Gelenius erzählt davon folgendes was er in den geschriebenen Analen der Familie von Lyskirchen gefunden hat: Als im Jahr 1357 die Pest in Cöln wüthete und unzählige Menschen wegraffte, glaubte man Frau Richmodis geborne von Lyskirchen mit Mengius vermählt, sei auch an diesem Uebel gestorben. Bei der allgemeinen Angst gegen die Krankheit suchte man die Körper so bald wie möglich aus dem Hause zu schaffen und setzte denselben in einem offenen Sarge in die Vorhalle der Kirche um andern Tages eingesenkt zu werden. Aus Scheu vor der Pest hatte man unterlassen den Trauring von dem Finger der Richmodis zu streifen und als der Todtengräber sich in der Nacht zu ihr schlich um die Ringe von den Finger zu streifen, wurde sie dadurch aus ihrem Todes=Schlummer aufgeweckt; der Todtengräber entfloh erschrocken und seine Leuchte zurücklaßend, welche die Erwachte ergriff und damit zu ihrem am Neumarkt gelegenen Hause wandert. Nicht nur das Hausgesinde, sondern auch der Ehemann selbst hält es für eine Täuschung, als die Hausfrau sich an der Thüre meldet, und erst die dringende Bitte er möchte die ihm ergebene Seele, die wunderbar durch Gottes Gnade errettet worden, nicht vor Mattigkeit und Kälte der Nacht, umkommen laßen, konnte ihn bewegen, die Thüre zu öffnen. Dankbar gegen Gott feierten sie neue Hochzeitsfeste. Richmodis wurde nachher noch Mutter von 3 Kindern und lebte mehrere Jahre in vergnügter Ehe, bis sie endlich wirklich vom Schicksale abgerufen, in ihr früheres Grab gelegt und dieses mit der erwähnten Gedächtnißtafel bezeichnet wurde.

Schließlich wird noch bemerkt daß das Langschiff der Kirche ursprünglich nicht überwölbt war, wie dieses die längs den Mauerflächen unter dem Dache noch wirklich sichtbaren gemalten Leisten beweisen. Deshalb vermochten die schwachen Mauern für die Dauer dem Drucke der späteren Ueberwölbung nicht zu widerstehen, und mußten diese maßiven Wölbungen weggenommen werden und sind durch hölzerne ersetzt worden. Die Fresko Malereien an den Chorwölbungen sind im Jahr 1762 ausgeführt worden. Das Stift ist 1802 mit allen übrigen in Cöln aufgehoben und die Kirche als Hülfsparre bestim̅t worden.

In dem Werke von S. Boißere vom Jahr 1833 sind die geometrischen Pläne aufgenommen.

Inhalt des Hefts der Zeichnungen

1te Tafel: Grundriß. 2te Tafel: Äussere Ansicht an der Nordost Seite. 3te Tafel: Äußere Ansicht an der Südwest Seite. 4te Tafel: Innere Ansicht in dem Südwestlichen Kreutzflügel, in der Richtung nach Osten. 5te Tafel: Innere Ansicht in dem Hauptschiffe in der Richtung nach Osten. 6te Tafel: Innere Ansicht in dem Nordwestlichen Flügel, in der Richtung nach Süden. 7te Tafel: Innere Ansicht in dem nördlichen Seitengange, in der Richtung nach Südwesten. 8te Tafel: Innere Ansicht in dem nördlichen Seitengange in der Richtung nach Südosten. 9te Tafel: Innere Ansicht in dem Südöstlichen Kreutzflügel in der Richtung nach Nordosten. 10te Tafel: Innere Ansicht in dem Südöstlichen Kreutzflügel, in der Richtung nach Nordwest.

IX Die Stifts Kirche St. Severin

Severin der heilige soll von 355 bis 403 Erzbischof von Cöln gewesen sein. Im Jahr 378 baute derselbe, damals ausserhalb der Stadt in bedeutender Entfernung von der Hochpforte, eine Kirche und stiftete dabei ein Kloster zu Ehren der heiligen Cornelius und Cyprianus, welche Kirche aber später und bis jetzt den Namen des Erbauers und Stifters Severinus führte.

Wie bedeutend die Güter gewesen die der Erbauer zu seiner Stiftung gebraucht hat, und welche später Wohlthäter vermehrt haben, läßt sich daraus entnehmen, daß in einer vom Bischofe Wichfried im Jahr 948 errichteten Beschreibung der zum Stifte gehörigen Güter, angeführt wird, dass die Grundgüter des Stiftes an dem Stadtthore, welches man die Hochpforte genannt, angefangen, sich der Straße entlang bis an die St. Johannskirche und nun weiter über viele Maierhöfe und dazu gehörigen Bauerngüter bis an den Rhein erstreckt haben.

Von der älteren Kirche welche der h. Severinus hatte erbauen laßen, ist nichts mehr vorhanden. Das jetzige Gebäude wurde Anno 940 durch Bischof Wichfried begonnen und mit Hülfe des Erzbischofs Piligrinus der vom Jahr 1022 bis 1033 Bischof war, von dem damaligen Probste Siegebold erbaut und von dem Erzbischof Herimann, Nachfolger des Piligrinus im Jahr 1043 vollendet. Der Thurmbau wurde im Jahr 1349 angefangen, und durch Freigebigkeiten des Herzogs Wilhelm I von Berg, befördert aber erst im Jahr 1411 beendigt.

Die Kirche besteht aus einem langen Schiff, deßen Oestlicher Theil mit einer Kripta unterbaut und mit einem Chore in Form eines halben Achtecks zwischen zwei schlanken Thürmen eingeschloßen ist. Am westlichen Anfange steht der große Glockenthurm, deßen unterer Theil als Vorhalle zur Kirche dient. Zu beiden Seiten des Schiffes sind Seitenschiffe angebracht welche jedoch nur die Länge von etwa 2/3 des Hauptschiffes erreichen. Nördlich neben der Kirche standen die Gebäulichkeiten des Stiftes, wovon der schöne Kreutzgang, welcher dem 15ten Jahrhundert angehört noch vorhanden ist, aber leider jetzt in Besitz von Privaten übergegangen ist.

Die Kirche zählte 30 Stiftsherren und 10 Vicarien und war zugleich eine Pfarrkirche, was sie denn auch nachdem das Stift 1802 von den Franzosen aufgehoben wurde, noch wirklich, und zwar eine unter der Hauptpfarre St. Maria im Capitolio stehende Hülfspfarrkirche, ist.

Die merkwürdigsten Denkmäler der Kirche sind 1^{tens} der Kasten worinn die Gebeine des heil. Severinus aufbewahrt werden. Diese Gebeine wurden in dem Jahre 408 von Bordeaux in Frankreich wohin Severinus sich wegen dem Einfalle der Vandalen und Alanen geflüchtet hatte, und dort verstorben war, von seinem Nachfolger dem Bischof Evergistus nach Cöln zurückgebracht, bei welcher Gelegenheit nach einer dreijährigen Dürre der erste fruchtbare Platzregen gefallen sein soll, weshalb noch jetzt bei anhaltender Trockenheit der sogenannte Severinus Kasten zur Verehrung des Heiligen heraus genommen wird. 2^{tens} unter dem Kirchenschiff liegt in dem Boden ein marmornes Denkmal, welches einen gehörnten Mann vorstellt, den ein anderer mit dem Degen niederstößt. Gelenius meint daß dies die Geschichte des Sylvanus Bonitius eines Franken vorstelle, der als er frühe Morgens um den Kirchendienst zu verrichten, in ein christliches Gotteshaus sich begab, daselbst in der Mitte des 4ten Jahrhunderts umgebracht worden sei.

Außerdem sind noch merkwürdig das schöne Kelchförmige Taufbecken und die hölzernen Chorsitze.

Inhalt des Hefts der Zeichnungen.

1. Grundriß. 2. Aeussere Ansicht von der Südost Seite. 3. Innere Ansicht des Hauptschiffs in der ganzen Länge nach dem Chore hin. 4. Innere Ansicht in dem südlichen Seitenschiffe nach Osten hin. 5. Innere Ansicht in demselben südlichen Seitenschiff nach Westen hin. 6. Innere Ansicht in dem Oestlichen Theile des nördlichen Seitenschiffes, in der Richtung nach (nach) Südost. 7. Innere Ansicht in demselben östlichen Theile des nördlichen Seitenschiffes, in der Richtung nach Westen 8. Innere Ansicht von dem erhöhten östlichen Theile des Kirchenschiffes nach dem Hochaltare hin 9. Innere Ansicht des ganzen Schiffes von dem Chor aus nach der west Seite oder nach dem Haupt Kirchen=Eingange hin. 10. Ansicht im Inneren des Kreutzganges an der Südost Ecke.

X Die Stiftskirche St. Gereon

Als Kaiser Maximilian, der mit Diocletian im Jahre 284 regierte, von allen im römischen Heere stehenden Truppen forderte, daß sie bei Todesstrafe dem Christenthume entsagen und den Götzen opfern sollten, fanden sich die beiden Hauptleute Gereon mit 318 seiner Landsleute aus Theben und Georgius ein Maure mit 360 Mann seiner Nation, im römischen Solde zu Cöln. Ihre Weigerung jenem Befehle zu genügen, hatte zur Folge daß sie mit ihren Leuten ermordet wurden.

Helena Mutter Contantins des Großen, eine Brittin von Geburt, die ihren Sohn bewogen hatte den Christlichen Glauben anzunehmen, ließ am Anfange des 4ten Jahrhunderts die Gebeine der heil. Märtyrer sammeln, und baute zu deren Verehrung eine Kirche und ein Kloster, welches für Mönche, die sie aus dem Oriente hierher berufen hatte, bestimmt war. Später wurde die Kirche unter dem Namen von St. Gereon ein Collegiatstift, welches aus 15 Adligen und 12 Stiftsherren bürgerlichen Standes, dann aus 22 Vicarien, Sängern und Kirchendienern bestand, bis solches 1802 von der französischen Regierung aufgehoben und die Kirche zu einer Hülfspfarre der Hauptpfarre St. Columba bestimmt wurde.

Die von Helena gestiftete Kirche, wahrscheinlich eine Rotunde, stand an der Stelle der jetzigen zehneckigen großen Kirchenhalle, wurde von Helena, wie der heil. Paulinus im eilften Briefe an Servas schreibt, nachdem der Schatz zu heiligen Werken eröffnet und ganz dazu verbraucht worden mit außerordentlicher Pracht ausgestattet und sogar die Kuppel ganz vergoldet. Es war das Gebäude mit Mosaickgemälden auf Goldgrund und mit Säulen aus rother orientalischer Mosaick verziert und deshalb von den Einwohnern Cölns "Zu den goldnen Heiligen – ad sanctos aureos – genannt.

Die in der jetzigen zehneckigen Kirchenhalle, neben dem Eingange, in einer angebrachten Mauervertiefung gestandene Säule, wie auch diejenigen am Münster in Aachen, waren Ueberbleibsel welche von den Franzoßen weggenommen und nach Paris gebracht worden sind.

Zur Zeit Carl des Großen war das Werk der Helena schon im Verfall, und es unternahm Erzbischof Anno im Jahr 1066 den Anbau des Chores mit den beiden Seitenthürmen. Da dieser Anbau auf dem Platze statt fand wo der heil. Gereon mit seinen Thebanern und der heil. Gregor mit seinen Mauren umgekommen und begraben waren, so war es natürlich, daß Gebeine und Sargophage aufgefunden wurden, ohne diejenigen zu rechnen welche in dem alten Gebäude bereits deponirt waren. Man fand vielerlei Gebeine, unter welchen sich der Körper des heil. Gregor Anführer der Maurischen Kriegsschaar, noch mit einem purpurnen goldgesäumten Waffenrocke befand, diesen legte der Erzbischof in einen silbernen Sarg, jene aber sammelte er in das große Grabmal, welches am westlichen Ende der Gruft unter der Stelle angebracht ist, wo oben in der Kirche der Haup=Altar steht. Der ganze Chor ist mit einer Gruft unterbaut, deren Unterwölbung durch 18 Säulen getragen wird und mit 2 Kapellen unter den beiden Thürmen und mit 2 Kapellen an den Seiten des westlichen Endes und einem Grabgewölbe an dem westlichen Ende in Verbindung steht. Die lichte Höhe dieser Gruft hat zwei Abtheilungen und wird höher in dem Verhältniß wie das Chor ansteigt. Die Säulen haben würfelförmige Capitale. Der Fußboden ist mit den Ueberbleibsel der Mosaickböden aus dem Kirchengebäude der Helene belegt. Am westlichen Ende der Gruft und in den östlichen Kapellen stehen Altäre. Die westlichen Kapellen wurden Anno 1067 und die östlichen Kapellen Anno 1068 und der Hauptaltar in der Gruft Anno 1069 geweiht.

Da der Fußboden der Gruft kaum ein Paar Stufen tiefer als der Fußboden der Rotunde liegt, so müßte das Chor selbst natürlich sehr hoch liegen. Zu diesem Ende ist eine große Freitreppe angelegt, in deren halben Höhe, auf dem Poteste der Hauptaltar steht und von hier aus sich in 2 Arme theilt.

Der Chor ist mit Kreutzgewölben welche auf Wandsäulen ruhen gedeckt; das östliche Ende ist halbkreisförmig abgerundet, wie bei den Kirchen St. Aposeln, St. Martin etc. und die Räume in den beiden Thurmen bilden Kuppeln.

Nachdem das oben beschriebene Chor vollendet war ist nun auch die von der Zeit der Helena herstammende Rotunde, total erneuert worden, und an deren Stelle das jetzt bestehende Zehn=Eck entstanden. Aus der Aufschrift der steinernen Sarcophagen worauf der Hauptaltar ruht entnehmen wir daß die Zeit der Erbauung auf das Jahr 1212 fällt.

Die Einweihung der Kirche ist von Erzbischof Adolph vollzogen worden, welcher in den Jahren 1194 bis 1205 und nachdem noch von 1212 bis 1214 der Kirche in Cöln vorstand.

Die jetzige in einem länglichen Zehneck geformte Kuppel hat ohne die Kapellen die Breite von 53 Fuß Pr. Mß. und eine Länge von 60 Fuß im Lichten zum Durchmeßer, und es ist in Europa von dem 6ten bis zum 15ten Jahrhundert keine Kuppel von so weiter Spannung gebaut worden. Die Kuppel in Aachen aus dem 9ten Jahrhundert hat nur 45 Fuß, diejenige zu Pisa aus dem 11ten Jahrhundert 37 Fuß in der Breite und 50 Fuß in der Länge und die zu Siena aus dem 13ten Jahrhundert nur 50 Fuß.

Die Kuppel von St. Gereon zeigt die Eigenthümlichkeit, dass sie nach Art der Spitzbogigen Gewölbe mit Rippen versehen und außerhalb von Strebebogen als Wiederhalter gestüzt ist. Die Rippen mit dem Schlußsteine sind vergoldet, die Gewölbeschilder auf blauen Grunde mit goldenen Sternen besäet. Die Säulen mit ihren Capitalen, Bandleisten und Wandflächen waren bemalt, wie man im 13ten Jahrhundert das Innere der Kirchen in dem architectonischen Theilen mit Vergoldungen und Malereien zu schmücken pflegte, wozu denn auch noch die bunten Glasfenster kamen.

Die Bogenöffnungen an den Kapellen, wie diejenige zum Anschluß an das Chor sind halbkreisförmig. Die übrigen Bogen an der Emporkirche über den Kapellen und der oberen Fenster sind spitzbogig. Die obersten Fenster sind je nach den schmalen und breiten Seiten des Zehnecks mit einem oder zwei Pfeilerchen in zwei oder drei Abtheilungen getheilt und oben zwischen den Bogen mit einer Kleeblattartigen Oeffnung verziert. Die Fenster oberhalb der Emporkirche haben die Form von drei viertel Rosetten. Die Abdachung hat eine zehneckige Piramidenform mit einer Hebestange in der Mitte. Die Emporkirche ist gegen die Mauern des Kuppelgebäudes abgedacht, und an letzterem ist unter dem Hauptgesimse, wie an der Abrundung des Chores, äußerlich ein Umgang mit leichter kleiner Bogenstellung angebracht.

Die beiden viereckigen Thürme sind über das Chor hinaus mit je drei Etagen erhöht, sind an jeder der vier Seiten mit doppelten Frontons und Regenschirm förmiger Abdachung versehen.

Die Dächer auf dem Kuppelgebäude den Abhängen über der Emporkirche und der Thüren, sind mit Blei abgedeckt, die übrigen sonst ebenso abgedekten Dächer, sind jetzt mit Schiefersteinen gedeckt.

Die Vorhalle ist mit der Kirche gleichzeitig erbaut, und hat an der Westseite unten drei Spitzbogenförmige Oeffnungen, durch welche früher die Aussicht in den Hof des Kreutzganges sattfand, welche aber nunmehr für Fensteröffnungen zugerichtet sind. Die oberen drei Fenster sind aber rundbogig geschloßen.

Die Taufkapelle an der Südseite des Kuppelgebäudes ist ein gleichzeitiges Anhängsel, welches früher durch ein Gebäude verdeckt war, welches als bedeckter Gang von dem Gereonsplatze nach der Vorhalle führte. In diesem bedeckten Gange bestand der Haupteingang zur Kapelle welche auch mit einer Thüre in der dritten von den südlichen Kapellen mit dem Kuppelgebäude in Verbindung stand. Der Baumeister hat die unregelmäßige Form, welche ihm der gegebene Raum darbot, auf geschickte Weise zur Bildung eines länglichen Achtecks, benutzt, an deßen Pfeiler leichte, zum Theile freistehende Säulchen von schwazem Marmor angebracht sind. welche die Rippen des Gewölbes tragen. Hier steht ein kostbarer Taufbrunnen von Porphyr, in Gestalt eines achteckigen Kelches.

Die an das Chor südlich angebaute schöne Sakristei im reinen Spitzbogenstyl und ihren noch schön erhaltenen Glasmalereien ist ein Werk des IV Jahrhunderts.

Wenn die beiden vorderen Gewölbe des Chors mit ihren Fenstern dem eigentlichen Spitzbogenstyle angehören, so mag dieses einer späteren Reparatur beizumeßen sein welche in Folge des grossen Sturmwindes vom Jahr 1434 statt finden mußte, weil ein Gewölbe eingestürzt war und sogar den Probst Gerhard von Mander erschlagen hatte. Der Kreutzgang des Stiftes mit dazu gehörigen Gebäuden stand an der Westseite des Kuppelgebäudes und ist erst im Laufe des gegenwärtigen Jahrhunderts und unter französischer Regierung, abgebrochen, und an deßen Stelle der Platz Gereonskloster geschaffen worden.

Gelenius erzählt: Carl der Große habe der Kirche des heil. Gereon bedeutende Güter geschenkt, theils aus Verehrung gegen die Thebaischen Märtyrer, theils damit er aus den Gründen des Stifts am Dorfe Kreil den Marmor brechen könne, den er zur Verzierung seiner Kirche in Aachen nöthig hatte. Die Sage daß in dem eine halbe Stunde westlich von Cöln belegenen Dorfe Kreil Marmorbrüche bestanden, ist irrig; es lagen dieselben vielmehr auf der andern Seite des Rheines nach Bensberg hin, welche Brüche zu den Gütern von Kreil gehörten. Dass indeß der bei Bensberg liegende Marmor ein Porphir von solcher Kostbarkeit wie an den Säulen in Aachen, gewesen sein sollte, ist unglaublich.

In dem von Herrn S. Boißerée im Jahr 1833 herausgegebenen Werke ist das Kirchengebäude in geometrischen Zeichnungen aufgenommen.

<u>Inhalt des Heftes der Zeichnungen.</u>

1te Tafel: Grundriß. 2te Tafel: Aeussere Ansicht an der Südwestseite. 3te Tafel Aeussere Ansicht an der Nordost Seite. 4te Tafel: Innere Ansicht in dem Kuppelgebäude in der Richtung nach Osten. 5te Tafel Innere Ansicht in dem Kuppelgebäude an der Nordseite. 6 Tafel: Innere Ansicht des Chors, in der Richtung nach Westen. 7 Tafel: Innere Ansicht in dem oberen Bogengange des Kuppelgebäudes, an der Südseite, 8 Tafel: Innere Ansicht der Sacristei.

XI Die Stifskirche St. Georg.

Im Jahr 1072 gründete der Erzbischof Anno, ein mächtiger Mann und Regent, während der Minderjährigkeit Kaiser Heinrich IV das Stift St. Georg und die damit verbundene Kirche. Die Kirche ist nicht sehr bedeutend, hat an jeder Seite eine Säulenstellung mit Würfelcapitälern und halbkreisförmigen Ueberwölbungen. Der Chor ist ähnlich jenem von St. Gereon, jedoch kleiner und niedriger, liegt viel höher als das Schiff, und ist mit einer Gruft unterbaut; Der Chor ist beim Schluß halb kreisförmig abgerundet. Die Kirche war ursprünglich nicht überwölbt wie dieses die friesförmigen Wandmalereien über den dermaligen Gewölben beweisen, welche unter dem Dache noch sichtbar sind. Für die Anlage der Wölbung in Kreutzform haben Mauerpfeiler angebracht werden müssen, welche die Säulenstellung unangenehm unterbrechen und dem Bau die organische Harmonie rauben. Der Thurmbau an dem westlichen Ende, ist außerordentlich maßiv von Werksteinen begonnen, ist nur im unteren Theile fertig geworden und zeigt im Inneren die schönsten architectonischen Verhältniße des 11ten Jahrhunderts. Durch den ausserordentlich massiven Unterbau dieses Thurmes an der Heerstraße nach Bonn, dicht vor der Stadt, schöpften die Bürger von Cöln den Verdacht der Erzbischof dürfte diesen Thurm zu einer Feste gegen die Stadt benutzen wollen. Als der Erzbischof im Jahr 1074 die Kirche einweihte, entsand ein drei tägiger Aufruhr, aus welchem er sich mit großer Mühe durch die Flucht rettete. An dem Thurme wurde seit dem nicht weiter gebaut und der fertige Theil wurde als Vergrößerung der Kirche und als Taufkapelle benutzt und blieb bis in die spätesten Zeiten mit dem Krahn bedeckt, wovon jedoch der Schnabel später verschwunden und der Rest als Dach zugerichtet worden ist.

Das Stift war dem heiligen Ritter Georg gewiedmet deßen in der Pantaleonskirche aufbewahrt gewesener Leichnam der Erzbischof Anno zur Georgskirche überbringen ließ. Das Stift war nicht so bedeutend wie die anderen cölnischen Collegiatstifte, und zählte nur 19 Stiftsherren und 8 Vicarien. Der Stifter erklärte schon in der Urkunde vom Jahr 1067, daß er nur so viel Güter anweise, als das Bedürfniß zur Zeit erfordere und sein Vermögen nicht übermäßig zu vermindern scheine. Im Jahr 1600 wurde deshalb auch die Probstei eingezogen und die Einkünfte derselben zur Verbeßerung der übrigen Pfründen verwendet.

Nachdem die nahe bestandene St. Jacobskirche welche sehr unansehnlich und klein war aufgehört hatte Pfarrkirche zu sein, wurde die Kirche St. Georg Pfarrkirche, weshalb jetzt die Kirche zum heil. Jacob in St. Georg benannt wird.

Unter den merkwürdigen Personen die sich in Cöln ausgezeichnet haben, nennt der Geschichtsschreiber Caecarius von Heisterbach den Everhard, Pfarrer von St. Jacob, welcher um das Jahr 1188 gelebt hat. Er nennt ihn einen Gelehrten, demüthigen, enthaltsamen, angenehmen Mann, einen Vater der Armen, Gott angenehm, bei der ganzen Stadt beliebt, gerecht, fromm, und wegen seiner Heiligkeit ehrwürdig.

Das Taufbecken in der Kirche gehört zu den Merkwürdigkeiten, zeigt eine auf Halbsäulen ruhende Bogenstellung und gehört gleichzeitiger Bauart der Kirche an.

In dem von Herrn S Boißerée im Jahr 1833 herausgegebenen Werke, ist der große Thurmbau in geometrischen Zeichnungen aufgenommen.

<u>Inhalt des Hefts der Zeichnungen</u>

1 Tafel: Grundriß. 2te Tafel: Aeussere Ansicht an der Südost=Seite. 3te Tafel: Innere Ansicht des Chors. 4te Tafel: Innere Ansicht in dem südlichen Seitengange in der Richtung nach Nordwest. 5 Tafel: Innere Ansicht in dem südli-

chen Seitengange, in der Richtung nach Südwesten. 6.te Tafel: Innere Ansicht des Schiffs aus dem Thurmbau, in der Richtung nach Osten.

XII Die Kirche St. Maria bei Lyskirchen

Die Benennung "Lys", rührt von Lysii, wodurch die Alten alle Gottheiten bezeichneten bei welchen durch Sühnopfer, Befreiung von Schuld und Abwendung von Uebel erlangt werden konnte. Wenn wir erwägen dass die Gegenwart, im Volksthümlichen, besonders in Kirchensachen, sich an das Vergangene anschließt, und sehen wie noch jährlich, während der Zeit vom 13. bis 29. Sept. Wallfahrten aus allen Gegenden nach der hier in Rede stehenden Kirche gemacht werden, um von der Krankheit der rothen Ruhr befreit zu werden, so dürfen wir daraus schließen dass auch schon im hohen Alter, die Menschen, um Uebel abzuwenden zu dieser Kirche ihre Zuflucht genommen und sie zu dergleichen Zwecken erbaut haben.

Bedeutend und ganz in dem Sinne, wie wir oben angeführt haben, ist der alte Name, der sich in der Stiftungsurkunde von St. Georg 1067 befindet "St. Maria in Noithusen, in der Vorstadt Cölns am Rheinufer gelegen" –

Dass Maternus dem es bei seiner Sendung nach Cöln nicht gestattet wurde seine Andachtsübungen in dem Oppidum zu halten, die Vorstadt wählen mußte, ist bekannt, und es hat derselbe wahrscheinlich die erste Kirche gestiftet, und wird noch die Gruft unter der Kirche ":Maternusstelle" geheißen. An dieser Stelle soll die Leiche des Heiligen beigesetzt, seine Eingeweide aber eine halbe Stunde oberhalb Cöln, in Rodenkirchen begraben worden sein.

Die jetzige Kirche ist Anno 1067 gegründet, hat ein Hauptschiff mit an der Ostseite vorspringenden halbkreisförmigem Chor und zwei Seitenschiffen mit Emporkirchen. Nördlich neben dem Chor steht der viereckige Glockenthurm deßen unterster Raum für das Chor des nördlichen Seitenschiffes zugerichtet ist. Dieser Thurm und die Hauptkirchenthüre, bezeugen noch den reinen Rundbogenstyl wogegen die übrigen Theile der Kirche durch jüngere bauliche Einrichtungen, dem Spitzbogenstyle zugewendet sind. Die Kirche ist bei der neuen Eintheilung eine Pfarrkirche geblieben und zwar eine Hülfspfarre unter der Hauptpfarre St. Maria in Capitolio

Das vorgelegte Heft enthält

1. Grundriß. 2. Aeussere Ansicht von der Nordwestseite 3. Aeussere Ansicht von der Nordostseite 4. Innere Ansicht in dem Hauptschiff bei dem Eingang 5. Innere Ansicht in dem Nördlichen Seitenschiffe vor dem Eingange zum Chore auf welchem der Thurm steht. 6 Innere Ansicht in dem Hauptschiff nach der Richtung von Südwest 7. Innere Ansicht in dem Südlichen Seitenschiff bei dem Nebeneingang.

XIII Die Kirche St. Mauritius

Bei dem Gebäude der Kirche St. Mauritius bestand ein Benedictiner Nonnenkloster und die Kirche war zugleich eine Pfarrkirche. Die Nonnen sollen früher mit den Mönchen in St. Pantaleon zusammen gewohnt haben, worüber aber keine ganz zuverläßige Nachrichten bestehen. Dass die Pfarre aber mit der Abtei, von den ältesten Zeiten her vereinigt gewesen sei, läßt sich aus mehreren Umständen, beweisen. Als nämlich Hermann aus der Famile Stave und seine Ehefrau Eva unter dem Erzbischofe Arnold I welcher vom Jahr 1138 bis zum Jahre 1148 regierte die jetzige Mauritius Kirche erbauen ließ, entstand zwischen ihm und dem Abte von St. Pantaleon Streit. Dieser wurde durch die Kirchen=Prälaten, in der Art zum Vortheil der Abtei entschieden, dass diese einen Geitlichen für den Dienst der Mauritiuskirche stellen und dieser den Pfarrdienst versehen solle.

Im Jahr 1144 ließ der obengedachte Erzbischof Arnold, die Benedictiner Nonnen, deren Kloster Erzbischof Friedrich I im Jahr 1120 auf der Insel Rolandswerth gestiftet hatte nach Mauritius versetzen. Das Nonnenkloster wurde 1802 aufgehoben und verkauft, wobei die Kirche aber als Pfarrkirche ausgeschlossen und reservirt blieb. Das Klostergebäude welches längere Zeit für eine Fabrick benutzt worden, ward in jüngster Zeit von der städtischen Armenverwaltung für die Alexianer Brüdergemeinde erkauft und wird von derselben als Kloster benutzt.

Das jetzt vorhandene Kirchengebäude ist noch das ursprüngliche hat aber vor einigen Jahrzehnten seinen grossen Thurm verloren, welcher baulos geworden und abgebrochen werden mußte. Da die ganze Kirche alt und baulos, auch für den Pfarrbezirk zu klein geworden ist, so steht ein gänzlich neuer Kirchenbau in Aussicht, und es ist auch deshalb anstatt des massiven grossen Glockenthurms ein hölzernes Thürmchen errichtet worden.

Die Kirche steht ausserhalb der alten Römerstadt, und wurde kurz nach deren Erbauung in der Zeit von 1165 bis 1180 durch die Vergrößerung der Stadt und Errichtung der neuen Stadtmauer in das Bereich der Stadt gezogen. Der Pfarrbezirk war aber nur sehr gering bewohnt, und wurde deshalb bis über die Stadtgrenzen hinaus gedehnt.

Das Kirchengebäude besteht aus einem Langschiff mit zwei Seitenschiffen, welche alle drei mit vorspringenden halbkreisförmigen Chor=Nischen geschloßen sind. Zwischen diesen drei abgerundeten Chornischen stehen zwei kleine Thürmchen, und der viereckige Hauptthurm stand an dem Westlichen Ende und diente als Erweiterung der Kirche. An der Westseite ist ein Theil der drei Schiffe, von dem übrigen Kirchenthurme abgeschlossen und diente zum Aufenthalt für die Klostergeistlichen. An der Nord und Südseite sind jüngere Anbauten für die Erweiterung der Kirche angebracht wie denn auch die Sacristei an der Nordseite, angebaut worden ist.

Das vorliegende Werk liefert:

1. Den Grundriß. 2. Aeussere Ansicht von der Südostseite 3. Innere Ansicht aus dem südlichen Seitenschiffe, 4 Innere Ansicht in dem Hauptschiffe nach der Seite des Hochaltar. 5. Innere Ansicht in dem Hauptschiff von dem Chor nach dem Hauptthurme.

XIV Die Stiftskirche St. Kunibert

Diese Kirche hat mit jener des heil. Severins gleiches Loos, dass sie nicht den Namen der Heiligen führen zu deren Verehrung sie erbaut wurden, sondern die Namen der Erbauer.

Zur Zeit der römischen Herrschaft, befand sich der Hafen von Cöln an der nördlichen Seite der Stadt, in der Gegend der jetzigen Straße von Krahnenbäumen, den dieser Name deutet auf die hier gestandenen, zum Ausladen der Schiffe dienenden Krahnen oder Hebebäumen. Als König Dajobert regierte und Kunibertus aus dem Geschlechte der Herzoge von Austrasien, welche ihre Besitzungen an der Mosel hatten, in der Reihe der Cölnischen Beschöfe, der erste Bischof war, sah man bei dem Hafen ein Kirchlein dem heil Clemens, dem Schutzheiligen der Schiffer geweiht. Kunibert errichtete statt deßen, etwa um das Jahr 633, ein größeres Gebäude mit einem Chorherrenstifte, welches bis zum 13ten Jahrhundert die Kirche des heil Clemens hieß. Um die Baustelle für diesen größeren Bau zu gewinnen, mußte der Strom zurückgedrängt werden und Gelenius sagt: "Die Vornehmen der Stadt hätten so vieles Halsgeschmeide und Ohrgehänge zur Gabe gebracht, daß man den Fluß zum Weichen habe zwingen können" Die von Kunibertus erbaute Kirche, wurde aber auch abständig, weshalb die Bürger Cölns um die Zeit von 1060-1073 mit dem Neubau der jetzigen Kirche begannen. Aus dieser Zeit stammen noch das Schiff mit seinen Nebengängen und dem Chor mit seinen beiden Thürmen in den drei unteren Etagen. Als späterhin die Kirche reparaturbedürftig geworden, begann der Bischof Conrad von Hochsteden, während seiner Regierung in dem Jahre 1238 eine Erweiterung und weihte sie im Jahr 1248 dem unter die Zahl der Heiligen aufgenommenen Stifter Kunibert. Die Erweiterungsbauten aus dieser Zeit, bestehen in dem westlichen Kreutze mit dem Hauptthurme in der Mitte, und in der Erhöhung der beiden Chorthürmen um eine Etage. Bei diesen letzteren Bauten tritt der Spitzbogenstyl auf, und als im Jahr 1376 der grosse Thurm abgebrandt war und in der Zeit von 1378 bis 1388 durch die Freigebigkeit Wichbolds, Bischofs von Culm, welcher zu Cöln und Altenberg im Exil lebte, wieder aufgebaut wurde, fand der Spitzbogenstyl in seiner vollen Entwickelung in dem erneuerten oberen Theile des Thurmes seine Anwendung. Wenn wir nun die Zeiten in welcher der Bau begonnen und die verschiedenen Epochen unter welchen derselbe ergänzt worden ist berücksichtigen so kann es nicht auffallen dass die ältere Kunstweise zur Zeit der Einweihung von Konrad von Hoesteden Anno 1248 an der Cunibert Kirche noch vorherrschend war, während in dem nämlichen Jahr der Grundstein zum Dom gelegt wurde, welches Gebäude die höchste Entwicklung des Spitzbogenstyls bezeugt.

In dem gegenwärtigen Jahrhundert hat die Kirche wieder mancherlei Schicksale erfahren; Es mußten zuerst die schlanken spitzen Thurmbedachungen, wegen deren Abständigkeit abgenommen werden, und konnten bei dem Mangel an Baufonds nur durch niedere pyramidenförmige Dächer ersetzt werden. Es zeigte sich sodann dass dem grossen massiven Thurme, welcher nördlich, östlich und südlich auf grossen weit gesprengten Bogen stand, westlich das nöthige feste Widerlager fehlte, dass die dafür eingelegten Ankerbalken äußerlich anscheinend noch fest, dennoch im Inneren ganz verfault waren. Um der drohenden Gefahr vorzukommen, wurde der Thurm unter den Bogen unterstützt, konnte dadurch dem im Jahr 1830 erfolgten Einsturze aber nicht entzogen werden. Mit dem Einsturze wurden die anstoßenden Gewölben des Kreutzes und des Schiffes zerstört. Der Thurm ist nach der zuletzt vor dem Einsturz bestandenen Form wieder aufgebaut worden, hat aber an der Nord und Südseite in der Mitte Unterstützungspfeiler erhalten, welche mit den Wandpfeilern der beiden Kreutzflügel in Harmonie stehen.

Die unteren Räume der beiden viereckigen Thürme neben dem Chor, stehen in der Höhe des Kirchschiffs durch weit gesprengte Bogen in innigster Verbindung mit dem Schiffe und Chor und bilden somit das zweite Querschiff. Diese Anordnung von zwei Querschiffen und drei Thürme ist eben so wichtig als intereßant. Die Abrundung des Chors ist eine Wiederholung derjenigen bei den Kirchen von groß St. Martin, St. Gereon und Aposteln.

In dem Centrum des oberen Querschiffes steht ein Brunnen, an welchen sich manche Sagen knüpfen. An der östlichen Mauerseite des Brunnen in der Tiefe von etwa 12 Fuß, besteht eine Oeffnung als Eingang zu der kleinen unter dem Chore vorfindlichen Gruft, welche aber auch äußerlich eine vermauerte Thüre zeigt. Der Brunnen enthält reines trinkbares Waßer und die Kinder Märchen erzählen daß die kleinen Kindlein aus dem Brunnen geschöpft würden.

Von Glasmalereien besitzt die Kunibert Kirche in den drei oberen Fenstern des Chores wahre Pracht=Exemplare und auch noch welche in den meisten unteren Fenstern dieses Theils und des östlichen Kreutzes. Alle diese Glasmalereien sind von der älteren Art wie sie seit dem 12ten Jahrhundert üblich waren, wo man anfieng dergleichen Malereien allgemein zum Schmuck der Kirchen anzuwenden Die Malerei trägt ganz das Gepräge der nahen Verwandschaft mit der byzantinischen Kunstweise wie es bis in das 13ten und 14te Jahrhundert mehr oder weniger in allen Europäischen Ländern in Mosaiken, Pergament=Bildern u.s.w. vorkommt. Erst in jüngster Zeit hat man unter der Abblätterung der Kalktünche an den Kirchenwänden intereßante Wandmalereien aus dem 13 & 14 Jahrhundert aufgefunden.

Die Gebeine des heil. Kunibertus sind das wichtigste Denkmal dieser Kirche. Auch der Taufstein, ein achteckiger Sarg aus Sandstein an deßen zum Theil abgeschliffenem Fuße man sieht daß er aus den Zeiten des h. Kunibertus stammt, ist merkwurdig.

Die Zahl der Stiftsherren war 24, und 13 Vicarien. Bis 1802 Zeitpunkt der allgemeinen Aufhebung der Stifte und Klöster, hat sich dieses Stift erhalten, und die Kirche wurde nun zu einer Hülfspfarre für die Dompfarre bestimmt.

Der h. Kunibertus hatte schon den untern Theil der Kirche zum Pfarr Gottesdienste bestim̄t und derselbe wurde von einem der Chorherren besorgt. Später hatte der Dechant und ein Kaplan die Seelsorge, bis endlich ein eigener, und zwar in der Person von Caspar Ulenberg, als erster Pfarrer von dem Dechanten und Stifte, ernannt wurde, welches Patronatsrecht auch bis zur Aufhebung des Stifts, bei demselben verblieben ist.

In dem von S. Boißerée im Jahr 1833 herausgegebenen Werke, ist der ganze Kirchenbau mit geometrischen Zeichnungen aufgenommen.

Inhalt des Hefts der Zeichnungen

1te Tafel: Grundriß. 2te Tafel: Aeusse Ansicht an der Südost Seite 3te Tafel: Innere Ansicht des Kirchenschiffs in der Richtung nach Osten. 4te Tafel: Innere Ansicht in dem nördlichen Seitengange in der Richtung nach Südost 5te Tafel: Innere Ansicht in dem Schiffe vor dem östlichen Kreutzflügel 6te Tafel: Innere Ansicht in dem nördlichen Seitengange in der Richtung nach Südost. 7te Tafel: Innere Ansicht in dem südlichen Seitengange, in der Richtung nach Nord Osten. 8te Tafel: Innere Ansicht in dem südlichen Seitengange, in der Richtung nach Norden.

XV Kirche der Minoriten

Bei Lebzeiten des heil. Francisci Seraphici im Jahr 1219, sind die Arme und barfüßer Minderbrüder nach Cöln gekommen, und nahmen ihre Wohnung bei dem Kloster Sion. Der Clerus und die vornehmen Bewohner der Stadt sahen sie ungern, söhnten sich aber mit denselben aus, wonach dieselben im Jahr 1239 den Pallast des Bischofs Robert von Lüttich mit dessen ganzen Zubehör erwarben. Diese Besitzung bestand in dem Terrain welches begrenzt wird durch die Drususgasse, die Strasse an der Rechtschule, Hohestrasse und Minoritenstrasse. Das Terrain zunächst der Hohestrasse wurde an Private verkauft und der Rest Behufs Erbauung des Klosters und Kirche benutzt. Vermittels frommer Almosen, wurde im Jahr 1250 der Kirchenbau begonnen und 1260 durch den Bischof Heinrich Graf von Montfort (de monte forte) eingeweiht. Es sollten in der Kirche nur rittermäßige beerdigt werden.

Das Kirchen Gebäude besteht noch in seiner ursprünglichen Gestalt, hat ein Langschiff mit fünfseitig abgerundeten Chor und großer Fensteröffnung, an der westlichen Giebelseite. Die beiden Seitenschiffe sind an der Ostseite um zwei Gewölbe=Längen kürzer als wie das Hauptschiff und sind mit über die Bedachung hinaus ragenden, gegen das Hauptschiff gerichteten Strebebogen überbaut. Der Baustyl zeigt die organische Entwickelung der Spitzbogen, und hat nur fremdartige Zusätze in dem modernen Unterbau der Orgel und der Vorhalle erhalten, weshalb diese Kirche als eine der intereßantesten der Stadt zu betrachten ist.

Nördlich neben der Kirche, sehen die Klostergebäulichkeiten, wovon der Kreutzgang noch vollständig erhalten ist und Zeugniß von der Reinheit des deutschen Baustyls aus dem 13ten Jahrhundert giebt.

Bei der Aufhebung der Klöster wurde die Kirche nebst den Klostergebäulichkeiten dem Armen Unterstützungsfonds zugewiesen, dann laengere Zeit für die, der Verwaltung der Armenfonds erforderlichen Localien; zuletzt aber während der Zeit des Umbaues des Bürgerspitals bei St. Caecilien, als provisorisches Hospital benutzt, und demnächst der Stadt als theilweiser Ersatz für die Zuschüße zum Neubau des Hospitals zum Eigenthum überwiesen. Die Kirche ist erst jüngst dem hochwürdigen Domcapitel als Hülfskirche zum Eigenthum überwiesen worden

Das vorliegende Heft liefert:

1. Den Grundriß. 2.: Aeußere Ansicht von der Nordwest-Seite. 3. Innere Ansicht bei dem Haupt=Eingang. 4 Innere Ausicht aus dem südlichen Seitenschiffe. 5. Innere Ansicht aus dem nördlichen Seitenschiffe 6. Innere Ansicht in dem Hauptschiff von dem Chor aus, in der Richtung nach dem Haupt=Eingange. 7. Innere Ansicht aus dem Kreutzgang an der Nordwestseite.

XVI Der Dom.

Mit dem Worte "Dom" hat sich seit den ältesten Zeiten der Begriff einer Mutter oder Oberkirche verpaart.

Im Jahr 833 hat Erzbischof Hildebold mit Genehmigung Kaiser Carl des Grossen an der Nordwestlichen Seite der Stadt auf der Stelle wo früher das römische Prätorium gewesen ist, den ersten Dom gründen lassen, welcher im Jahre 873 am 27 September von Erzbischof Willibert eingeweiht wurde. Dieses neue Domgebäude, hatte viele Schicksale. Die Normannen welche in der Zeit von 851-882 vom deutschen Meere her das Land überschwemmten, verbrandten einen Theil der Stadt und der Domkirche.

Im Jahre 1080 wurde der östliche Theil dieser Kirche abermals in Asche gelegt.

Im Jahre 1164 am 23 Juli überbrachte der Erzbischof Rainold, die ihm vom Kaiser Friederich I Barbaroßa (oder Rothbart) in Mailand geschenkten Reliquien der heil. drei Könige, welche unter grossem Pomp in den Dom beigesetzt wurden. Durch den Besitz dieser Reliquien, wurde Cöln das Ziel zahlreicher Wallfahrten wuchs an Ansehen und Reichthum, und infolge davon faßte Erzbischof Engelbert I Graf von Berg im Jahre 1216 den Vorsatz, zur Verherrlichung dieser werthvollen Reliquien und zur Verehrung des Apostelfürsten des heil. Petrus, einen neuen Dom, so reich und herrlich aufbauen zu lassen, daß er das non plus ultra bilden solle. Die Nachfolger des Erzbischofs Engelbert verfolgten das nämliche Vorhaben, Die Erfindung des Planes bedurfte aber natürlich längere Zeit, und der Neubau würde noch sobald nicht begonnen worden sein, wenn der im Jahre 1248 entsandene Abbrandt des alten Domes nicht die unabweisliche Nothwendigkeit dazu geboten hätte.

In dem nämlichen Jahre 1248 am 14ten August legte Erzbischof Conrad von Hochstetten schon den esten Stein zu dem Neubau unter festlichem Gepränge und in Anwesenheit des Kaiser Wilhelm, der Herzoge Heinz von Braband und Walter von Limburg, der Grafen Otto von Geldern, Adolph von Berg, Dirk von Cleve, Johann von Arennes von Hennegau, des päpstlichen Legaten Peter Capuccie, des Bischofs von Lüttich, nebst mehreren anderen Bischöfen, Aebten und Herren.

Der Plan des alten Domes ist verschwunden. Es stand derselbe aber hinter dem hohen Chore des jetzigen Domes, woselbst bei dem im Jahr 1817 vollzogenen Abbruch der Kirche ad Gradus, noch mehrere Säulen von rothen Sandsteinen aufgefunden wurden.

Das jetzige Gebäude zu beschreiben, wie es ein Riese gegen alle übrigen Gebäude der Stadt, sich schon aus weiter Ferne, zeigt, so wie der kühnen unübertroffenen schönen Bauart zu erwähnen, ist überflüssig, weil anderweitig viel und ausführlich darüber geschrieben und von den Herren Gebrüder Boißerée ein allgemein bekannt gewordenes Prachtwerk darüber herausgegeben worden ist. Wir beschränken uns daher auf folgende Bemerkungen

Die Grundform des Dom bildet ein Kreutz deßen Staab 455 Fuß 2" lang und deßen Flügel zusammen 288 Fuß breit sind. Der Staab des Kreutzes bildet das Hauptschiff, welches ebenso wie die beiden Kreutzflügel die Höhe von 150 Fuß hat. Diese Höhe ist in zwei Bogenstellungen mit einer kleineren Gallerie in der Mitte abgetheilt. Die Oberste dieser Bogenstellungen bildet die Fenster, und die Unteren die Verbindung des Schiffs mit den Seitengängen welche 65 Fuß hoch sind. Die Seitengänge sind längs dem Staab des Kreutzes an jeder Seite doppelt, an den beiden Seiten der Kreutzflügel aber, nur einfach durchgeführt. Der obere Theil am Kreutz ist mit den doppelten Seitengängen halbkreisförmig abgerundet, wobei der äußerste Seitengang einen Kranz von sieben Stück fünfseitigen Kapellen bildet. Die beiden Kreutzflügel sind rechtwinkelich abgeschloßen, und an denselben die Seitenzugänge und grösseren Fensteröffnungen angebracht.

Am Fuß des Kreutzes an der Westseite, besteht der Haupteingang, mit den beiden Hauptthürmen wovon der südliche zum Glockenthurme dient. Diese beiden Thürme welche die Vorhallen zu den vier Seitengängen bilden sollen planmässig 300 Fuß hoch werden; es ist davon aber nur der südliche Thurm bis zur Hohe von 170 Fuß gebracht und der nördliche Thurm kaum 27 Fuß hoch aufgeführt. Die hohen Mauern des Kirchenschiffs der Kreutzflügel und des Chores, werden vermittelst zweifach in der Höhe gegen die als Pyramiden erhöhten Pfeilern gesprengten Strebebogen unterstützt.

Derjenige Theil der Kirche oberhalb den Kreutzflügeln, welcher für das Chor bestimmt war, wurde vorzugsweise der beschleunigten Vollendung, zugeführt, und auch schon im Jahr 1322 am 27 Sept vom Erzbischof Heinrich von Virneburg unter Aßistenz der Bischöffe von Münster, Osnabrück, Utrecht, Lüttich, Minden, eingeweiht. Gleichzeitig wurden die Leiber der heil. drei Könige, in den neuen Dom versetzt.

Der Bau gieng unaufhaltsam fort. Im Jahr 1356 ließ Erzbischof Wilhelm den Hauptaltar errichten wovon dermalen aber nur der Tisch übrig geblieben ist, welcher von schwarzem Marmor von Namür, mit den Bildnißen der Zwölf Apostln, und den die heil. Mutter Maria krönenden Christus aus weißem Marmor ausgeführt ist.

Im Jahr 1437 wurden die Glocken in dem südlichen Thurme aufgehängt und 1438 die beiden größten Glocken die eine 115 Centner und die andere 225 Centner schwer, neu gegossen.

In der Zeit von 1507 bis 1509 wurden die Nordwestlichen Seitengänge überwölbt und die Glasgemälde in die Fenster daselbst eingesetzt. Bald darauf im Jahr 1517 wegen Beginn der Reformation durch Luther, hörte, der Bau gänzlich auf. Es waren nur vollendet der Chor mit seinen Seitengängen und die sieben Kapellen. Es wurden späterhin um den Kirchenraum ungestört benutzen zu können, die nur in der unteren Abtheilung bis zur Höhe von etwa 42 Fuß fertig gewordenen Theile der Kirche, nämlich die Kreutzflügel, der westliche Theil des Hauptschiffes mit den Seitengängen überdacht und diese Dächer in der Zeit von 1748 bis 1751 mit Gewölbe=Rüstungen und Bretterverschaalungen unterbaut. Der südliche Thurm wurde an seinem Krahnengerüste gedeckt, und dabei der Schnabel erhalten. Ein Theil des nördlichen Flügels wurde Behufs Zurichtung einer Kapelle für den Pfarr Gottesdienst mit Mauern abgeschloßen

Merkwürdig und in der Geschichte der Baukunst unerhört ist es, dass an dem südlichen Kreutzflügel die westliche Hälfte der Fundamentirung zum Portal unvollendet geblieben ist, woran vielleicht Local=Hinderniße schuld waren. Der Abschluß dieses Kreutzflügels wurde in der Richtung der beiden vorletzten Pfeiler, mit einer provisorischen Mauer geschloßen. In der Mitte des Kreutzes sollte nach uns überkommenen Nachrichten aus der Zeit der Vollendung des Chores, den Gebeinen der drei Könige, diesem Fundamente des kirchlichen Ansehens des Domes, ein prachtvolles Grabmal errichtet werden, ohne Zweifel eine Kapelle mit Wölbungen auf Säulen, ein Dom im Dome, dem gegen die Gemeinde gewendeten Priester, wie der gegen den Hochaltar sich hinwendenden Menge von allen Seiten sichtbar.

Vorläufig wurden die heiligen Häupter in die Kapelle hinter den Hochaltar aufgestellt und diese Kapelle durch ein schönes vergoldetes Gitter abgeschloßen. Erzbischof Max Heinrich von Bayern ließ um 1660 das Gitter wegnehmen und statt deßen die geschmacklose den Dom verunstaltende und die schönen Glasfenster verbergende Kapelle nach dem Plane des Domcapitular Heinrich von Mering I erbauen. Die Erkenntniß des Werthes des reinen Baustyls war verloren gegangen, durch den mächtigen Einfluß den Frankreich während den Regierungen Ludwigs XIV & XV auf den Kunstgeschmack ausübte.

In die Jahre von 1766-1770 unter der Regierung Maximilian Friedrichs, fallen die groben Versündigungen an der ursprünglichen Schönheit des hohen Chores und seiner nächsten Umgebungen. Es wurden nämlich damals nicht etwa nur die Gemälde auf den Chorwänden übertüncht, sondern auch die werthvollen farbigen Verglasungen des Bogenganges unter den oberen Fenstern und in den unteren Seiten=Kapellen herausgebrochen, und an ihrer Stelle der größeren Helligkeit wegen, weißes Glas eingesetzt. Die 18 Fuß hohe Wand, welche den Haupttheil des Chores, des Presbyteriums von den Seitengängen trennte und mit reichem Staab- und Bogenwerk durchbrochen, verziert war, wurde beseitigt und durch ein Eisengitterwerk, von sogenanntem Sprengwerk ersetzt. Der in gothischer Bauart aufgethurmte Hochaltar, wurde bis auf den Tisch abgetragen und durch den noch jetzt vorhandenen fremdartigen Tempelbau, ersetzt; Vier große Bronze=Leuchter, mit den Kerzen tragenden Engeln wurden entfernt und gegen Tausendpfündige neue Candelabern, vertauscht; damit jedoch die Barbarei des damaligen Kunstgeschmacks ihren höchsten Triumpf feiere, wurde das Sacramenthaus oder Tabernakel, das schönste welches je in seiner Art im 14ten Jahrhundert dem Meisel entsprungen ist, mit dem Hammer zerschlagen und die Trümmer in den Rhein gefahren. An der Nordseite des Altars erhob es sich dort, wo jetzt der Herr Erzbischof seinen Sitz hat, bis zur Höhe von 60 Fuß in einer auf das kunstreichste aus Stein geformten Kegelgruppe von Säulen, Bogen, Heiligenbilder in Nischen Planzenbildungen und Thürmen.

Im Jahr 1794 als Cöln von den Franzoßen und Jourdan in Besitz genommen ward, und das Domcapitel mit dem Schatz und den Gebeinen der drei Könige in ihrem kunst und werthvollen Sarge nach Arensberg geflüchtet waren, wurde das Gebäude noch mehr erniedrigt und in den Jahren 1796 & 1797 zum Fourage=Magazin benutzt. Im Jahre 1802 wurde das Erzbisthum und Kurfürstenthum Cöln aufgelößt der Dom als Pfarrkirche bestimmt und damit dessen Unterhaltung dem schwachen Gemeinde=Vermögen überlaßen.

Im Jahr 1804 wurden die Gebeine der drei Könige auf Verwendung hochgestellter Manner von Cöln, zurückgebracht; die Capelle neu ausgestattet und im Jahr 1808 am 8 Januar wieder eingeweiht. Nicht nur erhielt der Dom auf diese Weise seine alte Zierde wieder, sondern wurde auch bald nachher, mit dem berühmten Altar=Gemälde des Maler Stephan, welches ebenfalls den Verschleppungen der Franzoßen entzogen geblieben, geschmückt und wurde dieses im Jahr 1410 gefertigte Bild in der Agnes Kapelle aufgestellt.

Noch unter französischer Herschaft im Jahr 1808 begannen die Herren Gebrüder Boißerée, geborne Cölner von reinem Kunstgefühl entbrandt, durch die Ausarbeitung ihres großen Werkes, die Aufmerksamkeit aller Gebildeten auf den cölner Dom zu lenken und es wurden auf Kosten der Stadt die unabweislichen Reparaturen vorgenommen. Im Jahr 1814 am 31 März verließen die Franzosen Cöln und in demselben Jahre wurde bei dem zu Wien abgehaltenen Fürsten=Congreße Cöln an das Herz Friedrich Wilhelms III gelegt und seitdem eine der angesehensten Städte der preußischen Monarchie. Der Dom in Cöln ward als dasjenige Denkmal bezeichnet, deßen Vollendung dazu dienen werde dem Auslande gegenüber ein weithinschauendes Zeichen für die wiedererrungene Freiheit und für die Einigkeit Deutschlands zu sein, und was von der höchsten Bedeutung war, es hatte der Dom vor Allem in des nun verstorbenen Königs Majestät und an Friedrich Wilhelm den Kronprinzen und der ganzen königlichen Familie, eben so kunstsinnige als mächtige Beschützer gefunden.

Im Jahr 1816 wurde auf Kosten der provincial Regierungs=Casse die stark angefaulte Dachrüstung auf dem Chor verbeßert, sodann 1819 vermittelst freiwilliger Spende, der 55 Fuß lange Schnabel des Krahnen erneuert, und im Jahr 1822 unter der Leitung des nun verstorbenen Bauinspectors Ahlert der Reparaturbau des Steinwerks der Umfassungsmauern und die Erneuerung, vieler schadhafter Strebebogen begonnen.

Zugleich trat jetzt ein Ereigniß ein, welches der Fortsetzung des begonnenen Werkes im hohen Grade günstig war. Im Jahr 1825 wurde in Folge des zwischen dem Papste und der preußischen Regierung geschloßenen Vertrages das Erzbisthum Cöln wieder hergestellt, und durch den neu erwählten Erzbischof Ferdinand August Spiegel, Graf zum Desenberg und Canstein am 20 Mai übernommen; am 26 Mai wurde das Domcapitel eingesetzt und am 11 Juni 1825 der Herr Erzbischof mit allem Glanz des katholischen Kultus geweiht. Dieser Erzbischof zeichnete sich durch weise Auffassung der kirchlichen Verhältnisse, aus, führte die Cathedralsteuer wieder ein und war kräftiger Fürsprecher für die Fortsetung der Reparaturarbeiten

Anno 1833 starb der Bauinspector Ahlert, nachdem er die Bauhütte angerichtet und überhaupt die Anleitung zum Fortbau gegeben hatte, weshalb sein Nachfolger der Bauinspector Zwirner mit diesen Vorarbeiten gerüstet, sich leichter der Vervollständigung aller Feinheiten der ursprünglichen Muster widmen konnte

Unter dem Erzbischofe Clemens August Freiherr von Droste Vischering, welcher im Jahr 1836 den Erzbischöflichen Stuhl bestieg, aber schon im folgenden Jahre 1837 am 20 Nov. wegen der ihm unmöglich geschienenen Folgsamkeit gegen die Vorschriften der preußischen Regierung, entfernt werden mußte; und in dem hell erleuchteten Erzbischof Johannes von Geißel einen Coadjutor mit dem Rechte der Nachfolge, erhielt, wurde mit den Reparatur=Arbeiten, unausgesetzt fortgefahren.

Im Jahr 1840 dem 7 Juni starb Friedrich Wilhelm der Dritte und es bestieg deßen kunstsinniger Sohn Friedrich Wilhelm der IV den Thron, welchem der Weiterbau sehr am Herzen lag. Schon im Jahr 1841 bildete sich der Central=Dombau=Verein unter dem Protectorate Seiner Majestät des Königs und unter dem Ehrenvorsitze des Herrn Erzbischofs Johannes von Geissel, zum Zweck der Vollendung des Doms, wozu im Jahr 1842 den 4 Sept. der Grundstein gelegt wurde unter dem Portale des südlichen Flugels. Diese Grundsteinlegung geschah von seiner Majestät dem Könige Friedrich Wilhelm IV unter Aßistenz des Herrn Erzbischofs Johannes von Geißel und vieler geislichen Würdenträger, in Beisein Ihrer Majestät der Königinn, des Erzherzogs Johann von Oestreich, der preußischen Prinzen Carl, Albrecht, Friedrich, Georg & August, des Großherzogs von Mecklenburg Schwerin, der Erbgroßherzoge von Mecklenburg Strelitz und Baden, des Herzogs von Naßau, der Prinzen Georg von Cambridge, Carl von Bayern, Johann von Holstein Glücksborg, Georg von Heßen, August von Würtenberg und vieler anderen Fürsten und Herren.

Wir enthalten uns des Berichtes über den Baubetrieb nach dieser Grundsteinlegung, weil das vorliegende Werk den Dom darstellt, wie derselbe in der Zeit von 1838 bis 1842 bestand.

Von geschichtlichen Momenten führen wir nur noch an daß Anno 1400 der Kaiser Rubertus in dem Dom gekrönt wurde. Daß Anno 1642 die Königin Maria Medicis Gemahlin Heinrich IV welche 68 Jahre alt, in ihrem Exil in Cöln verstorben war, im Dom beigesetzt wurde, von wo aus sie späterhin nach St. Denis gebracht worden, und nur das Herz zurückgeblieben ist.

Im Jahr 1652 legte der Landgraf Ernst der Heße mit seiner Gemahlin Eleonore von Solms im Dom das Bekenntniß des katholischen Glaubens ab, welcher Handlung im Jahre 1653 Isabella, Gemahlin des Pfalzgrafen Philippi Wilhelmi folgte. Anno 1718 am 6 Januar wurde eine den Türken bei der Belagerung von Belgrad abgenommenen Fahne, unter großem Gebränge auf das Chörchen der heil. Drei Könige aufgehängt. Anno 1761 wurde der verstorbene Erzbischof Clemens August Herzog von Bayern und im Jahr 1836 der Erzbischof Ferdinand August von Spiegel, im Dom beigesetzt.

An Monumenten finden sich folgende vor: An dem Abschlußgitter der nördlichen Seitengänge neben dem Chore, ein Denkstein fur den im Jahr 1460 verstorbenen Dombaumeister Conrad Kuyn. In der Kümmerniß Kapelle, welche in dem nördlichsten Seitengange, neben dem Chore, vor dem Eingange zur Sacristei des Capitel=Saales und der Schatzkammer, besteht ein sehr altes Kreutzbild aus dem älteren Dome herrührend. Vor dem Eingang zur Sacristei, steht das Grabmahl welches Engelbert der dritte von der Mark sich schon bei Lebzeiten, etwa 1350 hatte fertigen lassen. In der dem heil. Engelbert gewiedmeten Capelle, der 1ten von den sieben Capellen hinter dem Chore wurde der 1368 verstorbene Erzbischof Engelbert, beerdigt, aber 1633 unter dem Hochaltar beigesetzt. Die 2te Capelle ist dem heil Maternus gewiedmet und es steht in derselben das Grabmahl des 1191 verstorbenen Erzbischofs Philipp von Heinsberg. Die 3te Capelle dem heil. Johannes gewiedmet, ist versehen mit dem Grabmahl des 1257 verstorbenen eigentlichen Gründers des Dom, des Erzbischof Conrad von Hochstetten. Der Altar eines der ältesten Denkmähler der Malerei, aus der Cölner Schule aus dem 14ten Jahrhundert, stand früher in der 1306 erbauten Clara Kirche, und wurde bei der im Jahre 1802 vollzogenen Aufhebung derselben von Boißerée erkauft und dem Dome geschenkt. Die 4te Kapelle ist den heil. drei Königen gewiedmet, und enthält die ältesten Glasfenster aus der Zeit von 1322 und den kostbaren Schrein mit den Häuptern der drei Könige, der Gebeinen der heil. Felix und Nabor und der Asche des h. Gregor. Vor dieser Capelle befindet sich die Grabstätte der Königinn Maria de Medicis, wovon der Leib späterhin nach St. Denis gebracht, und nur das Herz und die Eingeweide zurück gelassen worden sind. In der 5ten der h. Agnes gewiedmeten Capelle, steht das Grabmahl der 1273 verstorbenen ausgezeigneten Wohlthäterinn des Domes, der h. Irmgard von Zütphen und auf dem Altare das beruhmte Gemälde der vom Meister Stephan vom Jahr 1420, welcher früher in der Rathhauskapelle aufgestellt war. Die 6te Capelle dem h. Michael gewiedmet, enthält das Grabmahl des 1439 gestorbenen Erzbischofs Walram, Grafen von Julich und ein Altar von schönem Schnitzwerk. Die 7te Capelle ist dem h. Stephanus gewiedmet, und enthält das Grabmal des 976 gestorbenen Erzbischofs Gero, Enkel Kaiser Otto I. welches Grabmal aus dem alten Dome überbracht ist. Der südlichste der beiden Seitengänge neben dem Chore bildet die Mutter Gottes Capelle. Auf dem Altar steht ein Marmorbild der Maria, welches Erzbischof Reinold aus Italien entsandte. Neben dem Altar steht das Grabmal des Stifters der cölner Universität, des 1414 verstorbenen Erzbischofs Fiederich von Saarwerden. Ausserdem stehen auch hier die Grabdenkmäler der 1176 verstorbenen Reinold von Daßel und 1370 verstorbenen Grafen Gottfried von Arensberg, welcher all sein Hab und Gut dem Erzstifte hinterlassen hat – Vor dem Gitter Abschluß der südlichen Seitengänge stehen an einer Säule das 10 Fuß hohe Steinbildniß des h. Chistoph und ein steinernes Weihwassergefäß, welches aus dem alten Dom überbrcht worden ist.

Inhalt des Heftes der Zeichungen:

1te Tafel: Grundriß, mit Angabe der Standpunkte der folgenden inneren Ansichten 2te Tafel: Aeussere Ansicht von der Nordwestseite. 3 Tafel: Aeussere Ansicht von der Westseite. 4te Tafel: Aeussere Ansicht von der Südostseite 5 Tafel: 1te Innere Ansicht in dem nördl. Seitengange, neben dem Hauptschiff, in der Richtung nach Osten. 6 Tafel: 2te Innere Ansicht in dem nördlichsten Seitengange neben dem Schiff in der Richtung nach Südost. 7te Tafel 3te Iñere Ansicht in dem nördlichen Seitengange in der Richtung nach Nordost. 8 Tafel: 4te Innere Ansicht in dem nördlichen Seitengange in der Richtung nach Nordwest. 9te Tafel 5te Innere Ansicht in dem nördlichen Kreutzflügel, in der Richtung nach Südost. 10te Tafel, 6te Innere Ansicht in dem nördlichen Seitengange neben dem Chor, die Kümmerniß=Capelle benannt, mit dem Grabmal des Engelbert III. 11te Tafel: 7te Iñere Ansicht aus der Kümmerniß Capelle bei dem Ausgang aus der Sacristei, in der Richtung nach Süden. 12te Tafel: 8te Iñere Ansicht aus dem nördl. Seitengange neben dem Chor mit der Einsicht in die Capellen der h. Engelbert, Maternus und Johannes. 13te Tafel 9te Iñere Ansicht aus dem nördlichen Seitengange hinter dem Chor in nordwestlicher Richtung. 14te Tafel: 10te Innere Ansicht aus der Johannes Capelle in südwestlicher Richtung. 15 Tafel: 11te Innere Ansicht in dem südl. Seitengange hinter dem Chor mit Ansicht der Capellen der drei Könige und des Johannes. 16te Tafel 12te Innere Ansicht in dem südlichen Seitengange hinter dem Chor mit Einsicht in die Capelle des Stephanus und der Maria. 17te Tafel, 13te Innere Ansicht aus der Michaels Kapelle in nordwestlicher Richtung. 18 Tafel: 14te Innere Ansicht in dem südlichen Seitengange neben dem Chore in Westlicher Richtung. 19te Tafel: 15te Innere Ansicht in dem südlichen Seitengänge neben dem Chor in nordwestlicher Richtung. 20te Tafel 16te Innere Ansicht in dem südlichen Seitengange neben dem Chore mit Ansicht der Agnes Capelle. 21 Tafel: 17te Innere Ansicht beim Eintritt in das Chor von dem Kreutzschiffe aus.

XVII Die Kirche der Antoniter

Die Antoniter entstanden zur Zeit von 1089 wo in Frankreich eine Krankheit wüthete, welche das "heiliche Feuer" genannt wurde. Gegen diese Seuche wurde die Fürbitte des h. Antonius angerufen und wurden viele dadurch geheilt. Zur Pflege der Kranken, welche von der Krankheit befallen wurden, stiftete man eine weltliche Bruderschaft, welcher im Jahre 1218 durch den Papst Honorius den III die Befugniß ertheilt wurde, Gelübte ablegen zu dürfen. Auch in Cöln scheint die bezeichnete Krankheit gewüthet zu haben, weshalb auch hier der h. Antonius sehr verehrt wurde.

Der Erzbischof Wichbold stiftete Anno 1298 das hiesige Antoniter Kloster, blos für Franzosen und im Jahr 1348 wurde die gegenwärtige Kirche erbaut. In dieser Kirche wurde 1364 eine Bruderschaft zu Ehren der Mutter Gottes und des h. Antonius gestiftet, welche Stiftung in den Jahren 1405 und 1389 erneuert würde

Die Kirche besteht aus drei Schiffen welche östlich mit drei seitigen Chören geschlossen sind. Das höher stehende Mittelschiff wird äusserlich vermitels über die Dächer der Seitenschiffe vorragenden Strebebogen unterstützt und das Gebäude bildet ein schönes Exemplar des rein durchgeführten Spitzbogenstyls.

Als im Jahr 1802 die Klöster allgemein aufgehoben wurden, wurde die Kirche nebst den schönen südlich stehenden Wohnungen für den protestantischen Gottesdienst und für die protestantischen Schulen hergegeben. Da die Kirche nur klein war, so suchte man eine Vergrößerung durch die Anlage von Emporkirchen zu gewinnen. Durch die Anlage der Emporkirchen in den Seitenschiffen mußten die vier Bogenöffnungen an jeder Seite für zwei größere Bogenöffnungen umgebaut werden. Es wurde die Ausführung dieser Abänderung in constructiver Hinsicht, zwar als ein Meisterstück betrachtet, dadurch aber der organische Baustyl vollständig ruinirt, und es gieng der artistische Werth dabei verloren

Das Werk enthält:

1. Den Grundriß; 2. Aeussere Ansicht von der Südostseite; 3. Innere Ansicht in dem Hauptschiff 4 Innere Ansicht in demselben Hauptschiff an der Südseite 5. Innere Ansicht in demselben Hauptschiff vom Chore nach Westen hin.

XVIII Die Pfarrkirche St. Columba.

Die h. Columba, weche aus Oberitalien stammt und Anno 270 als Martyrinn enthauptet wurde, war Landsmännin des h. Severinus, welcher Reliquien von derselben nach Cöln brachte und zu deren Verehrung ein Bethhaus in Mitte der alten Römerstadt an die Stelle der von reichen Privaten beseßenen Wohngebäuden zurichten ließ. Von dieser älteren Kirche, welche zu dem ältesten Pfarreien gehörte, ist nichts mehr übrig geblieben. Es muß dieselbe eng und klein gewesen sein, weil gemäß Rathsprotockoll vom Jahr 1456, der Rath erlaubte daß die Pfarrei zur nothwendigen Erweiterung ihrer Kirche ein Privathaus an der Straße zur Brücke erwerbe und abbreche.

Der Grundriß der jetzigen Kirche, bildet ein Viereck in Keilform, steht an der Ecke der Columba und der Brückenstraße, wurde gegründet Anno 1437 und erweitert 1456. In der Richtung von Westen nach Osten hat die Kirche fünf Abtheilungen oder Schiffe, wovon die drei ersten nördlich in gleichmäßiger Breite paralell stehen, dagegen die beiden südlichen sich nach Osten hin erbreiten und dem Grundriß die Keilform bereiten Das mittlere Schiff ist östlich durch den Ausbau eines drei Seitigen Chores verlängert, und die beiden äußersten Seitenschiffe, an der Nord wie an der Südseite, haben Emporkirchen. Der Glockenthurm ist dem Hauptkirchenschiffe eingebaut und steht auf Vier Pfeilern.

An der Nordseite sind zwei Kapellen vorgebaut und die Sacristei steht an der Südost Seite neben der Kirche

Der Kirche von St. Columba haben zu verschiedenen Zeiten, sehr gelehrte Geistliche als Pfarrer vorgestanden und es standen in deren Pfarrbereich 18 Kirchen, Capellen und Klöster, zwei Spitäler, mehrere Convente und 950 Privathäuser. Im Jahr 1433 zeichnete sich der Pfarrer Johannes Creyl, auf dem Concil zu Basel, aus Im Jahr 1617 starb Caspar Ullenberg ausgezeichnet durch Gelehrsamkeit und Unbescholtenheit des Lebenswandels und Ausführung von katholischen Schriften

Als Reliquien werden in der Kirche aufbewahrt außer denjenigen von der h. Columba, Ein Dorn aus der Krone, womit Christus der Herr gekrönt worden, sodann die Kinnlade des h. Georgius. Knöchlein von der h. Jungfrau Lucia, der h. Apostels Andreas, der h. Agnes, des h. Laurentius, Cosmas und Damianus

Dieses Heft enthält:

1^{tens} Grundriß. 2^{tens} Aeussere Ansicht von der Südost Seite. 3^{tens} Innere Ansicht in dem Südlichen Seitenschiffe. 4^{tens} Innere Ansicht aus dem Mittelpunkt des Hauptschiffs. 5^{tens} Innere Ansicht aus dem nördlichen Seitenschiffe. 6^{tens} Innere Ansicht aus dem Chor nach dem Haupteingange hin.

XIX Die Kirche St. Peter.

Die St. Peterkirche in der südlichen Hälfte der alten Römerstadt, war in früherer Zeit von schönen Gebäuden und blühenden Weingärten umgeben. Die letzte Spur hiervon findet sich dermalen noch in dem Namen einer von der Blindgasse nach Caecilien führenden Strasse "Weingartengasse". Es war diese Kirche von jeher mit der Caecilienkirche in enger Verbindung. Die Abtissin von Caecilien hatte das Präsentationsrecht des Pfarrers und der zeitliche Pfarrer genoß eine Stiftungspfründe in Caecilien.

Von der alten Kirche ist nichts übrig geblieben, und an deren Stelle ist um die Zeit von 1550 das jetzige Gebäude unter dem damaligen Pfarrer Petrus Nassovius mit Beihülfe der Kirchmeister und anderer Wohlthäter errichtet worden

Etwa hundert Jahre später im 17ten Jahrhundert zündete der Blitz den Helm des Thurmes und wurde auf eine wundervolle Weise in den benachbarten Caecilien Weingarten abgeworfen, und dadurch weiterer Schaden verhütet. Das Thurmdach ist hierauf durch den Pfarrer Jacobus Hutterus Kiempensis noch viel höher und schöner wieder erbaut worden.

Die Kirche besteht aus drei neben einander laufenden Schiffen mit östlich vorspringenden drei seitigem Chore und an der Westseite eingebauten hohen Glockenthurme. Die beiden Seitenschiffe haben in der Hälfte ihrer Höhe Ueberwölbungen zur Bildung von sogenannten Emporkirchen, welche aber nicht bis zum östlichen Ende durchgeführt sind, um einigermaßen neben dem Chore durch die Seitenflügel die Bildung der Kreutzform zu erhalten. Außer dem Mauerwerk des Glockenthurmes mit seinen 4 Stockwerken, welche noch im Rundbogenstyl erbaut sind, zeigt das Gebäude in allen seinen Theilen den vollkommen ausgebildeten Spitzbogenstyl. Besonders zierlich sind die Wölbungen mit ihren schönen Gräthe=Verschlingungen.

An der Südseite neben der Kirche besteht ein bedeckter Umbau des Kirchengartens welcher als bedeckter Zugang zur Kirche und zur Verrichtung der Andacht vor dem daselbst errichteten Kucifix und Fußfällen dient. In der jüngsten Zeit ist dieser Umgang erneuert und verkleinert worden, um der vorligenden Sternengasse die erforderliche Erbreitung zu gewähren

In der Pfarre St. Peter haben stets berühmte Familien gewohnt. Es wurde in derselben im Jahre 1577 der berühmte Maler Peter Paul Rubens, in dem Hause No. 10, alte N. 6073 der Sternengasse geboren und in der Kirche getauft. Es wohnte in dem Hause No. 25 der Sternengasse der berühmte Kaufmann und Kunstkenner Everhard Jabach. In dem nämlichen Hause wo Rubens geboren worden, wohnte in der Zeit von 1637 die aus Frankreich verbannte Königin Maria Medicis.

Unter den Merkwürdigkeiten, welche die Kirche enthält behauptet den ersten Rang, das Altarbild die Kreutzigung des heil. Petrus. Der Rathsherr Everhard Jabach, Bewunderer und Liebhaber der schönen Künste hatte solches dem Maler P. P. Rubens in Bestellung gegeben, erhielt dasselbe aber erst nach dem Tode des Künstlers und beschenkte damit seine Pfarrkirche. In einem Briefe des Künstlers vom Jahre 1638, welcher in der Gemälde=Gallerie des Verfassers dieses Werkes, aufbewahrt wird, erklärt derselbe dieses Gemälde als eines der besten welche aus seiner Hand gegangen wären. Bei dem Einzug der Franzosen wurde dasselbe nach Paris gebracht und in die Gallerie des Louvre aufgehangen; späterhin nach dem Befreiungskriege aber auf Verwenden unsers Mitbürgers Herrn Everhard von Groote, Nachkomme des Everhard Jabach wieder zurückgebracht.

Auf einer Tafel neben dem Altar der h. Anna, war ein Denkmal ausserordentlicher Fruchtbarkeit: daß nämlich in einer Ehe dreißig Kinder erzeugt worden sind.

Inhalt des Hefts der Zeichnungen

1te Tafel: Grundriß. 2te Tafel: Aeussere Ansicht von der Südwestseite. 3te Tafel: Innere Ansicht bei dem südlichen Eingange. 4te Tafel Innere Ansicht in dem Hauptschiffe in der Richtung nach Osten. 5te Tafel: Innere Ansicht in dem nördlichen Seitengange, in der Richtung nach Süden. 6te Tafel: Innere Ansicht in dem Hauptschiffe, in der Richtung nach Westen

XX Die Kirche St. Maria Himmelfahrt.

Die Maria Himmelfahrtskirche, war früher die Kirche der Jesuiten, und ist jetzt eine unter der Hauptpfarre im Dom stehende Hülfspfarrkirche.

Schon im Jahr 1542 zwei Jahre nach der vom Papste Paulus III erfolgten Bestätigung des Ordens der Gesellschaft Jesu, kamen Väter dieser Gesellsellschaft nach Cöln. Der erste war Peter Faber, einer von den Gesellen des h. Ignatius. Ihm folgten bald Johannes Arrogonius und Alfonsus Alvarus; letzterer ein Hofcaplan Kaiser Carl V. Zu ihen gesellten sich Peter Canisius, der im Montaner Gymnasium, zum Magister der freien Künste befördert worden war. Aus seinem Vermögen errichtete er ein Haus für die Gesellschaft. Sie wurde aber 1544 auf Veranlaßung des Erzbischofs Hermann von Weda durch den Magistrat zerstreut. Die Mitglieder zertheilten sich nun in das Carthäuserkloster und anderwärts. Nach Verlauf von 2 Jahren Anno 1546 kamen sie aber aus ihren Winkeln wieder hervor und bezogen ein Haus in der Nähe des Dominicanerklosters. Sie hatten es mittlerweilen im Streit mit den anders Gläubigen, so weit gebracht, daß Canisius zur Aufrechthaltung des katholischen Glaubens, zum Kaiser ins Lager gesandt wurde, und die Absetzung des Erzbischofs Hermann von Weda bewirkte. Das Ansehen der Gesellschaft stieg immer höher, und am 16 Nov 1556, hatte sie es schon dahin gebracht daß ihnen das Gymnasium der drei Kronen übergeben wurde. Bald nachher erhieten sie auch das schwolgisch-theologische Collegium, und das wegen Uneinigkeit aufgehobene Klösterchen Achatius mit der Kirche desselben Sie begannen nun den jetzigen prachtvollen Kirchenbau, welcher Anno 1629 vollendet war, und das neben an und gegenüber gelegene Collegium welches 1631 vollendet wurde

Seit dieser Zeit wurde ihr Collegium (den Namen Kloster haben sie nie angenommen) eines der blühensten in Deutschland. Das damit verbundene Gymnasium Tricornatum, zeichnete sich vorzüglich dadurch aus dass die Jesuiten nicht wie andere Ordensgeistliche, zu Chordiensten verwendet wurden; sich mithin ganz den Wißenschaften wiedmen konnten. Sie suchten dabei mit ihren Schülern die besten Köpfe und nur solche aus, von denen sich erwarten ließ, daß sie zum Lehrfache geeignet seien. Sie überliesen es der Wahl eines jeden in ihren Orden neu aufgenommenen Mitgliedes, sich irgend ein bestimmtes wißenschaftliches Fach zu wählen; und jeder fand dazu in einer ansehnlichen Büchersammlung, in matematischen, phisicalischen und astronomischen Aparaten die erforderlichen Hülfsmittel. Jeder mußte jedoch ehe er sich ausschließlich seinem lieblingsfache wiedmen konnte, die fünf Classen des Gymnasiums, zwei mal nach einander als Lehrer durchgehen.

Das Kirchengebäude, scheint nach dem nämlichen Plane wie die Jesuitenkirche zu Düsseldorf, Jülich, Aachen, Mainz und Mannheim, aber nach großartigerem Maasstabe, erbaut, hat ein 200 Fuß langes, 37 Fuß breites hochüberwölbtes Schiff und Kreutzflügel und zwei Seitenschiffe, welche letztere, ausser ihrer gewöhnlichen Ueberwölbung in der halben Höhe eine zweite Ueberwölbung mit Emporkirchen tragen.

Das Chor endigt mit einem dreiseitigen Schluß und hinter demselben steht der Glockenthurm mit dem umbauten Sacristeiräumlichkeiten. Nördlich neben dieser Kirche stehen die Gebäulichkeiten des Collegiums, welche nach der im Jahr 1774 erfolgten Aufhebung des Ordens für die Lehranstalten erhalten wurde, in der jüngsten Zeit aber größtentheils für das Priester Seminar, die Gymnasial Bibliotecke und Directorial Wohnung benutzt wird. Der Garten ist größtentheils dem Studium und Pflege der Botanick geweiht geblieben

Gegenwärtiges Werk liefert:

1. Gundriß. 2. Aeußere Ansicht der Hauptfaçade an der Westseite. 3 Innere Ansicht bei dem Eintritt durch die südliche Thüre 4 Innere Ansicht bei dem Eintritt durch die nördliche Thüre. 5. Innere Ansicht aus dem südlichen Seitenschiffe in den südlichen Kreutzflügel. 6. Innere Ansicht bei dem Eintritt durch die Hauptthüre in der Mitte des Schiffes. 7 Innere Ansicht von dem Chor nach der Hauptthüre. 8. Innere Ansicht von der Altarnische aus dem südlichen Kreutzflügel nach den Kirchen=Eingängen 9. Innere Ansicht des Vestibül von den Gebäulichkeiten des Collegiums.

XXI Die Pfarrkirche St. Alban.

Die Kirche welche dem h. Alban, welcher Anno 470 lebte, gewiedmet ist und in dem Zeitraum der alten Römerstadt, umgeben von Privat Wohnungen, steht, stammt wohl aus der ersten Zeit des hier eingeführten Christenthums und muß von sehr geringer Ausdehnung gewesen sein, wie aus der Stellung der beiden Chornischen noch jetzt zu entnehmen ist. Die Kirche gehörte zu den ältesten Hauptpfarrkirchen hiesiger Stadt, muß aber sehr eng und düster gewesen sein, weshalb dieselbe auf den Rath des im Jahr 1635 verstorbenen Burgemeisters Michael v. Cronenberg um das Jahr 1633 fast gänzlich erneuert wurde und die jetzige Gestaltung erhielt. Wie der Grndriß zeigt war der Kirche auch nach der Südost Seite hin, eine größere Ausdehnung zugedacht, scheint aber durch die Nothwendigkeit der Erwerbung von Privatbesitzthum eine augenblicklich unüberwindliche Schwierigkeit gefunden zu haben um deshalb vorläufig nicht ausführbar gewesen zu sein. Die alte Chornische an dieser Seite mußte also beibehalten werden und nothdürftig mit dem Neubau in Verbindung gebracht werden, wodurch denn die vorhandene drollige Gestaltung der Kirche entsanden ist. Die Form der Kirche bildet ein Viereck, dessen Ueberwölbung durch vier Pfeiler getragen wird. Der Thurm ist an der Nordwestseite dem Viereck eingebaut und neben demselben steht die Sacristei. Wünschenswerth bleibt es daß die Kirchenverwaltung noch jetzt das Bauproject des Bürgemeisters von Cronenberg verfolge, und von der angrenzenden Privatbesitzung das für die Ergänzung des Vierecks erforderliche Terrain zu erwerben suche, und die Erweiterung vornehmen lasse, und somit dem Gebäude die zugedachte Gestaltung verschaffe.

Das vorliegende Heft liefert

1. Grundriß. 2. Aeussere Ansicht von der Südwest-Seite. 3^{tens} Innere Ansicht bei den südlichen Eingange 4. Innere Ansicht an der Südseite. 5. Innere Ansicht von dem Mittelpunkte aus. 6. Innere Ansicht an der Nordseite.

XXII Kirche St. Maria in der Kupfergasse:

Als die Holländer die brabantische Stadt Herzogenbusch eingenommen hatten, und durch das Kriegsgeschütz das Kloster der Discalceaten Jungfrauen der heil Maria zum Berg Carmel zerstört worden, suchten diese in der Stadt Cöln ein Asyl. Zu dieser Absicht kamen im Juli des Jahres 1630 die Priorinn dieses Klosters, die Mater Anna de Jesu, begleitet von 5 religiösen Jungfrauen in Cöln an, und liesen sich zuerst in dem in der Immunität des Domes gelegenen Hauses Virneburg, nieder, wo sie nach erhaltener Erlaubniß ein Oratorium errichteten. Im Verlauf von 5 Jahren hatte sich die Zahl der Mitglieder um 20 vermehrt, weshalb man sich um eine andere Wohnung umsehen mußte. Das von Rinsfeld'sche Haus, der ehemalige Hof des Grafen Naunar, gelegen in der Kupfergasse, wurde erworben und im Jahre 1634 ein neues Kloster, an der Stelle der alten Gebäude, errichtet

Im Jahr 1705 wurde der Neubau der Kirche begonnen, wodurch, weil der Baumeister, mehrfach gegen die Bauordnung sich verfehlt hatte, mehrfache Streitigkeiten entstanden und sogar der Bau eingestellt werden mußte. Nach erfolgter ernster Bestrafung konnte der Bau fortgesetzt und vollendet werden

Die Nonnen des früheren Klosters in der Kupfergasse, führten nach der Regel der heil. Theresia ein strenges Leben, demungeachtet hatten im Laufe der Zeit viele Jungfrauen vornehmer Familien, selbst eine Schwester des Curfürsten von der Pfalz Neuburg hier den Schleier genommen.

Die Kirche bildet ein längliches Schiff mit einem dreiseitig abgeschloßenen südwärz gerichteten Chore. Das Kirchenschiff ist mit fünf Kreutzgewölben gedeckt. An der Nordseite zwischen den beiden Thüren, ist eine abgeschloße Capelle eingebaut auf welcher die Orgel steht. Westlich neben der Kirche stehen die Klostergebäulichkeiten, welche dermalen von den Wartnonnen, von dem Pfarrer, Kaplan und Küster bewohnt werden

Inhalt des Heftes der Zeichnungen.

1te Tafel: Grundriß 2te Tafel: Aeussere Ansicht von der Nordost Seite. 3te Tafel: Innere Ansicht des Chores. 4te Tafel: Innere Ansicht in der Richtung nach Nordwest

XXIII Kirche St. Maria in der Schnurgasse

Der Carmeliter Orden, wozu das Frauenkloster in der Schnurgasse gehörte, ist wohl der älteste auf Erden Er soll abstammen von den Propheten Elias und Elisa und bis auf Christus Zeiten fortgepflanzt sein, sodañ von Rechabiten, Aßidäer und zuletzt von Eßener, welche ihr Vermögen gemeinschaftlich besaßen, von ihren Priestern verwalten ließen, und wovon die Reichen keinen größeren Genuß wie die Armen hatten. Der heil. Johannes bereitete sie zum Christenthume vor, und die Apostel führten sie zur Taufe. Von dem Orient verbreiteten sich dieselbe um das Jahr 842 auch in Europa, wo er dann im Jahr 1198 durch den aus Cöln gebürtigten Ritter Bruno von Brunnenshof in diese Stadt eingeführt wurde.

Im Jahr 1613 kam eine neue Abtheilung dieses Ordens, welche nach den Regeln der h. Theresia strengere Observanz angenommen hatte, auch nach Cöln, und nannte sich zum Unterschied des vorigen discalceati barfüßige Carmeliten.

Da die im Jahr 1630 von Herzogenbusch eingewanderten Jungfrauen der Carmeliteßen, welche sich in der Kupfergasse angesiedelt hatten, sich den barfüßigen Carmeliten nicht untergeordnet hatten so suchten diese auch ein anderes Kloster von Jungfrauen, worüber sie die Aufsicht führen konnten, nach Cöln zu ziehen, welches denn auch im Jahr 1637 gelang. Dieses Kloster wurde von Maria von Medicis, verwittwete Königinn von Frankreich, im Testamente mit einem wunderthätigen Bilde der h. Jungfrau Maria von Frieden genannt, beschenkt.

Am 16. Juli 1643, wurde der erste Stein zu der Kirche an der Schnurgasse gelegt, an deßen Nord und Südseite das Klostergebaude stand.

Die männlichen sowohl wie die weiblichen Carmeliter=Klöster, sind bei der allgemeinen Aufhebung, im Jahr 1802 eingegangen. Die Kirche des ersteren ist abgebrochen, diejenigen der Frauen aber zu Pfarrkirchen erhoben worden. Jene in der Schnurgaße jedoch erst in neuerer Zeit, als die Pantaleons Kirche Garnisonskirche wurde.

Der Plan der Kirche bildet ein Kreutz, in deßen Mitte sich ein rundes Kuppelgewölbe erhebt. Der Chor ist nach Südost gerichtet und es war hinter demselben der Bethsaal der Nonnen. Der Glockenthurm steht neben dem südlichen Kreutzflügel, und die beiden Nebenhallen sind erst in jüngerer Zeit, als die Kirche zur Pfarre erhoben werden sollte, angebaut worden.

Inhalt des Heftes der Zeichnungen

1te Tafel: Grundriß; 2te Tafel: Aeussere Ansicht von der Südost Seite 3te Tafel: Innere Ansicht bei dem Eingange. 4te Tafel: Innere Ansicht von dem Chore nach dem Eingange.

XXIV Kirche der Ursulinerinnen

Die Straße an wecher das Ursuliner Kloster liegt wird Machabäerstrasse genannt. Es soll nämlich da wo der Anger ursulanus auf der Höhe vor Krahnenbäumen, an den alten Hafen grenzte, schon vor der Zeit des Martyrerthums der 11000 Jungfrauen, ein frommer Ubier ein Bethhaus gehabt haben, welches zur Zeit jenes Martirerthums die h. Sigilindis und ein Prister Guirillus, bewohnt hätten. Hier stand später eine der heil. Magdalena gewiedmete Capelle, aus welcher nachher als der Erzbischof Riginaldus im Jahre 1164 die Gebeine der heil. Machabäer aus Italien in diese Kirche brachte, die Machabäerkirche entstanden ist

Die Strasse wurde endlich auch Kapuzinerstrasse genannt, weil ein Kloster dieses Ordens, da wo jetzt eine Kaserne ist, gestanden hat. Am Ende dieser Straße, den Ursulinerinnen gegenüber, war noch ein anderes Kloster, welches 1263 von Priestern des Maltheser Ordens, errichtet wurde. Dasselbe führte anfangs den Namen des Ordenspatrons St. Johann, führte später aber, und seitdem im Jahr 1278, der Körper der h. Cordula in dieser Kirche beigesetzt worden, den Namen Johannes und Cordula, in der Volkspache Jacorden.

Von allen diesen Klöstern ist nur das Ursuliner Kloster noch übrig. Sein beßeres Schicksal verdankt es den weisen Einrichtungen seiner Stifterinn, der heil. Angula geborne zu Dizenz, einem zwischen Brixen und Verona gelegene Orte, und 1540 verstorben. Sie stiftete einen Jungfrauen Orden, der sich mit dem unentgeldlichen Unterichte der weiblichen Jugend beschäftigen sollte. Im Jahr 1639 kamen solche Jungfrauen nach Cöln, wurden aber nur unter dem Beding aufgenommen daß sie alle bürgerliche Lasten, gleich andern Bürgern tragen, leisten und verrichten sollten. Auch ward denselben untersagt, neue Mitglieder aufzunehmen, Clausur zu halten und eine eigene Kirche zu bauen.

Als späterhin diese Ordensgeistlichen vorstellten, daß sie die jungen Mädchen unentgeldlich unterrichteten, sich somit beschwerlich unterhalten könnten und niemanden beschwerten, erhielten sie 1652 das Recht der immerwährenden Einwohnung.

Die Anstalt muß bald großen Beifall und viele Gönner in Cöln gefunden haben. Denn als im Jahr 1705 der damals in Düßeldorf residirende Churfürst von der Pfalz, Johann Wilhelm, Baumeister aus Italien hatte kommen laßen um das Schloß in Bensberg zu erbauen, waren die Ursulinerinnen schon vermögend genug, durch die nämlichen italienischen Baumeister die Kirche errichten zu lassen.

Das Ursuliner Kloster steht jetzt ohne alle Verbindung mit andern Klöster dieses Ordens, in geistlichen Angelegenheiten unmittelbar unter dem Erzbischof von Cöln; das Vermögen des Klosters aber unter der Obsorge der allgemeinen Hospitien=Verwaltung. Ausser dem gewöhnlichen Schulunterichte für Mädchen aus der Stadt ist auch eine Erziehungs=Anstalt für die weibliche Jugend damit verbunden, worin Einheimische und Fremde gegen billige Preise aufgenommen werden. Bei jüngeren und zweckmäßigen Einrichtungen, und da mehrere Töchter aus den angesehensten Familien hier den Schleier genommen und sich der edelsten Bestimmung des Weibes, der Erziehung und Bildung weiblicher Jugend zu wiedmen, nimmt diese Anstalt bedeutend zu.

Die Kirche bildet ein längliches Viereck, dessen halbrund vorspringendes Chor nach Norden gerichtet ist Die Bedeckung besteht in einem Tonnengewölbe, und an beiden Seiten der Façade stehen leichte Thürme aufgebaut. An der Seite und hinter der Kirche, stehen die Klostergebäude.

Inhalt des Hefts der Zeichnungen

1te Tafel: Grundriß. 2te Tafel: Aeussere Ansicht. 3te Tafel: Innere Ansicht der Kirche nach der Richtung des Chores 4te Tafel: Innere Ansicht der Kirche nach der Richtung des Eingangs.

XXV Elend Kirche.

Die Gründung des allgemeinen Begräbniß=Ortes, auf der Stelle wo die Elendkirche erbaut ist, geht in das Urthum der vaterländischen Geschichte. Unsern Vorfahren war der Gebrauch heilig daß sie in der Nähe doch außer den Ringmauern der Stadt, einen Friedhof unterhielten, wo sie die Urnen und Gefäse mit der Asche order mit den sterblichen Resten ihrer Verstorbenen, dem mütterlichen Schoß der Erde übergaben.

Im Laufe der Zeit bekam zwar jede Pfarre ihren eigenen Gottesacker, doch hiess der Ort wo die Elendkirche steht imer der allgemeine Gottesacker, weil die in den Pfarrkirchhöfen ausgeworfenen Gebeine alle hierhin gebracht und sorgsam aufgehoben wurden

Um diesem Orte nun auch ein äusserliches Zeichen der Ruhestätte christlich Verstorbener zu geben, wurde bei demselben ein kleines Bethhaus erbaut, und Gott, unter Anrufung des heil. Erzengels Michael, geweiht, in welchem die Bruderschaft bei den Kapucinern, auf ihren vierteljährigen Bittgängen, zum Troste der hier ruhenden eine Meße zur Versöhnung derselben darbringen ließ. Doch war dieser Ort damals ganz öde, frei und offen; die Gebeine lagen daselbst unordentlich aufgehäuft, und hieraus soll der Name am "Elend" oder "am elendigen Kirchhofe" entstanden sein, der sich bis auf unsere Zeiten erhalten hat.

Gegen das Jahr 1580 kam, wegen den in Brabant entstandenen Religionstroublen, ein Mann in unsere Stadt deßen Nachkommen unsere Kirche ihr Dasein verdankt; sein Name war Nicolas von Groote verehelicht mit Maria von Breisigem aus Antwerpen, bis dahin wohnhaft gewesen in Gent. Sein jüngster Sohn Jacob geb. am 20 Sept 1587 ließ diesen öden Ort mit einer Mauer einfriedigen, und die von den übrigen Stadtkichhöfen hierher gebrachten Gebeine theils beerdigen, theils rund umher längs der Mauer aufstellen.

Dieser Edele machte fromme Stiftungen und starb am 1 Nov 1663.

Ein anderer würdige Sproße dieses Namens war Jakob, Sohn des Heinr. von Groote und Maria von Duisterloo, geb. am 17 Juli 1627. Es weihte auch dieser seine Liebe und Sorgfalt dem früher verwahrlosten Gottesacker, ließ denselben vollends einschließen, und verbeßerte im Jahr 1678 das Kapellchen und gab ihm die Gestalt eines anständigen Tempels, welcher zur Ehre des Papstes Gregors des Grossen geweiht wurde. Zur Fundirung des Gottesdienstes bestimmte er einen beträchtlichen Theil seiner Hinterlaßenschaft, als er am 7 October 1681 verstarb. Der Bürgermeister Heinrich von Groote richtete mit Verstand und Einsicht die von seinem verstorbenen Bruder gemachte Stiftung ein und befestigte sie mit der größten Vorsicht, auch für die härtesten Zeiten; sie wurde von den geist= und weltlichen Vorgesetzten am 4 febr 1686 bestätigt und die erfreuliche Folge hiervon war: ein täglich wachsender Zulauf der frommen Bürger die hier für selige Vollendung ihrer Heimgeschiedenen, dem Allbarmherzigen Gebethe und Opfer darbrachten und zuletzt einen Bruder= und Schwester= Bund nach den Satzungen der in Rom zum Troste der Verstorbenen eingeführten Erzbruderschaft, einrichteten. Die Vermehrung der Andachtsübungen und das Zuströmen des Volkes, machte bald eine Vergrößerung der Kirche wünschenswert.

Dieses erkannten die Nachkommen und Provisoren der Stiftung der hochwürdige Herr Everhard Anton Jacob Balthasar von Groote, Capitular Canonich bei St. Gereon und Maria im Capitol und der Herr Maria Franz Jacob Gabriel von Groote, Herr zu Kendenich und Burgermeister der Stadt Cöln welche den Neubau der Kirche beschloßen und schon am 10 März 1765 den ersten Stein dazu legten. Am 30ten October 1768, war der Bau fertig und wurde von Herrn Canonich von Groote feierlich benedizirt, aber am 15 Sept. 1771 von dem Dechant und Weihbischof Carl Alois von Koenigsegg Aulendorf mit der grössten Feierlichkeit consecrirt.

Die Kirche ist von Ziegelsteinen erbaut, bildet ein längliches Viereck mit abgerundeten Ecken und ist östlich mit einem im Viereck verengten Chore versehen. Auf dem abgewalmten Dache steht ein kleines Glockenthürmchen.

Inhalt des Heftes der Zeichnungen

1te Tafel: Grundriß 2te Tafel: Aeussere Ansicht von der Südwestseite 3te Tafel Innere Ansicht des Chors, 4te Tafel: Innere Ansicht in dem Chor. 5te Tafel: Innere Ansicht aus dem Chore nach dem Haupt=Eingange hin.

Kölner Alterthümer

Bildliche Darstellung

Bd. I: Kirche St. Maria auf dem Capitol in Cöln

I, 1

35

I, 2

I, 3

I, 4

I, 5

I, 6

I, 7

I, 8

39

I, 9

I, 10

Bd. II: Kirche der heil. Ursula

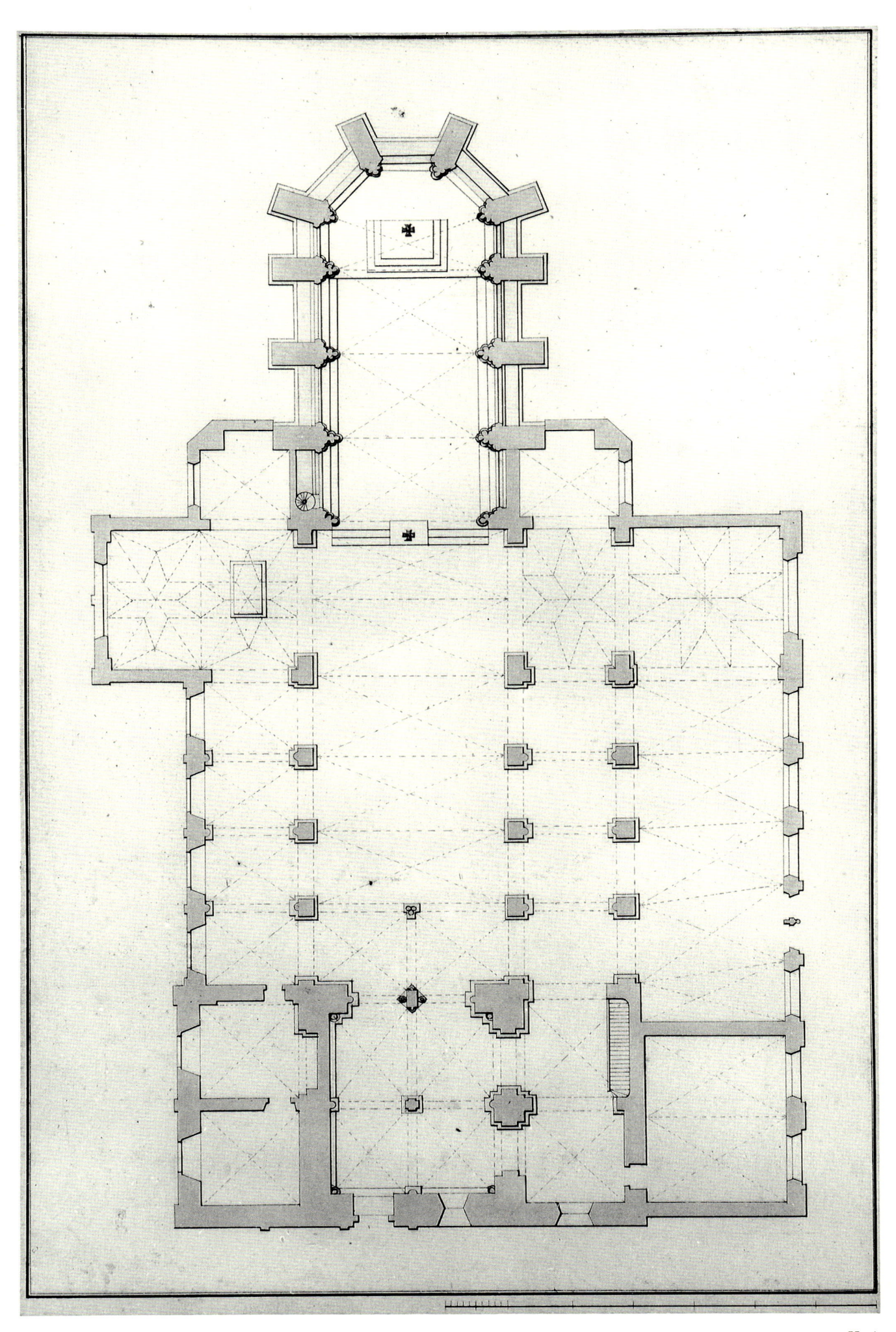

42

II, 2

43

II, 3

44

II, 4

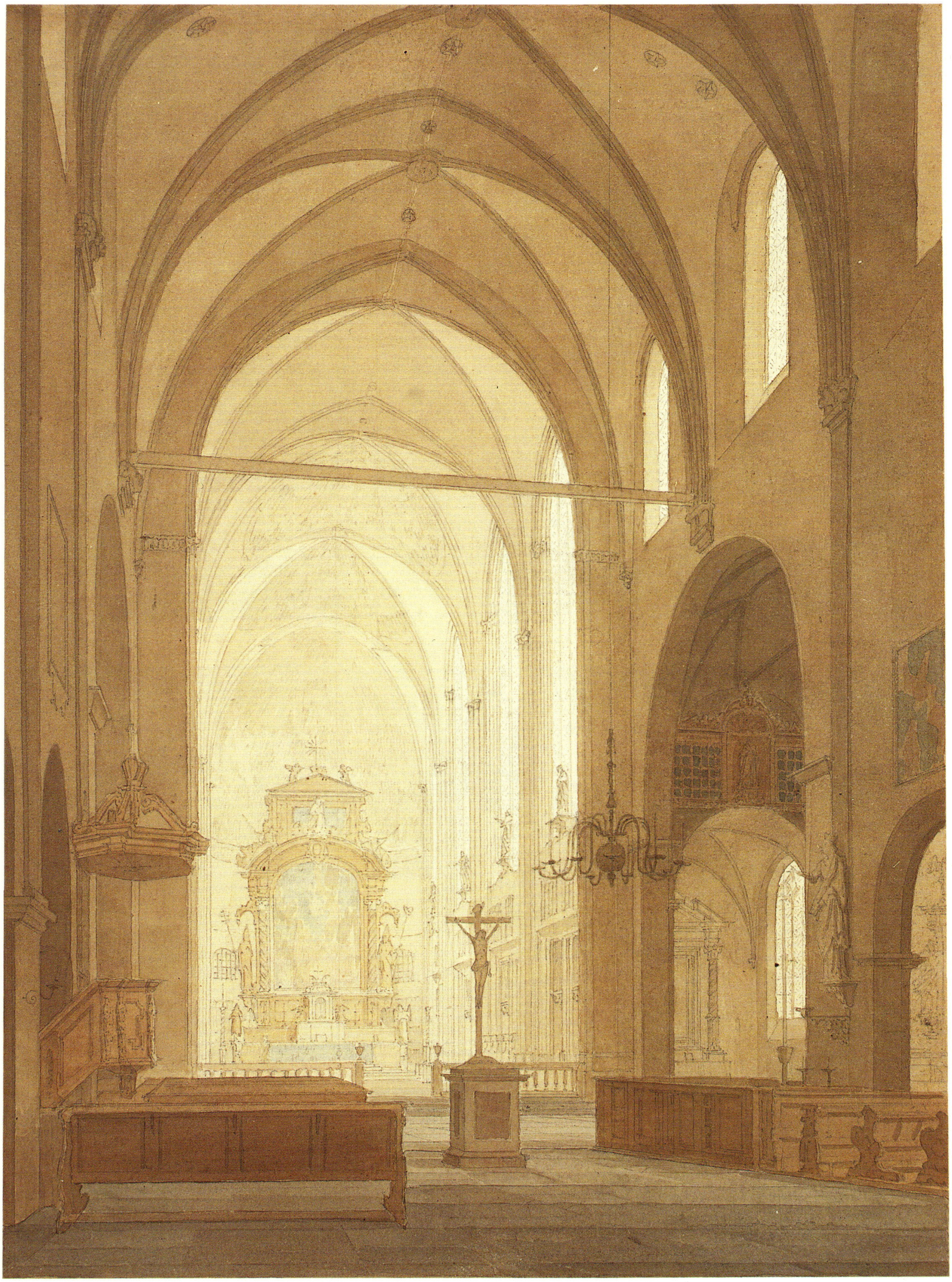

II, 5

III, 2

III, 3

III, 4

III, 5

III, 6

Bd. IV: Die Kirche St. Johann Baptist

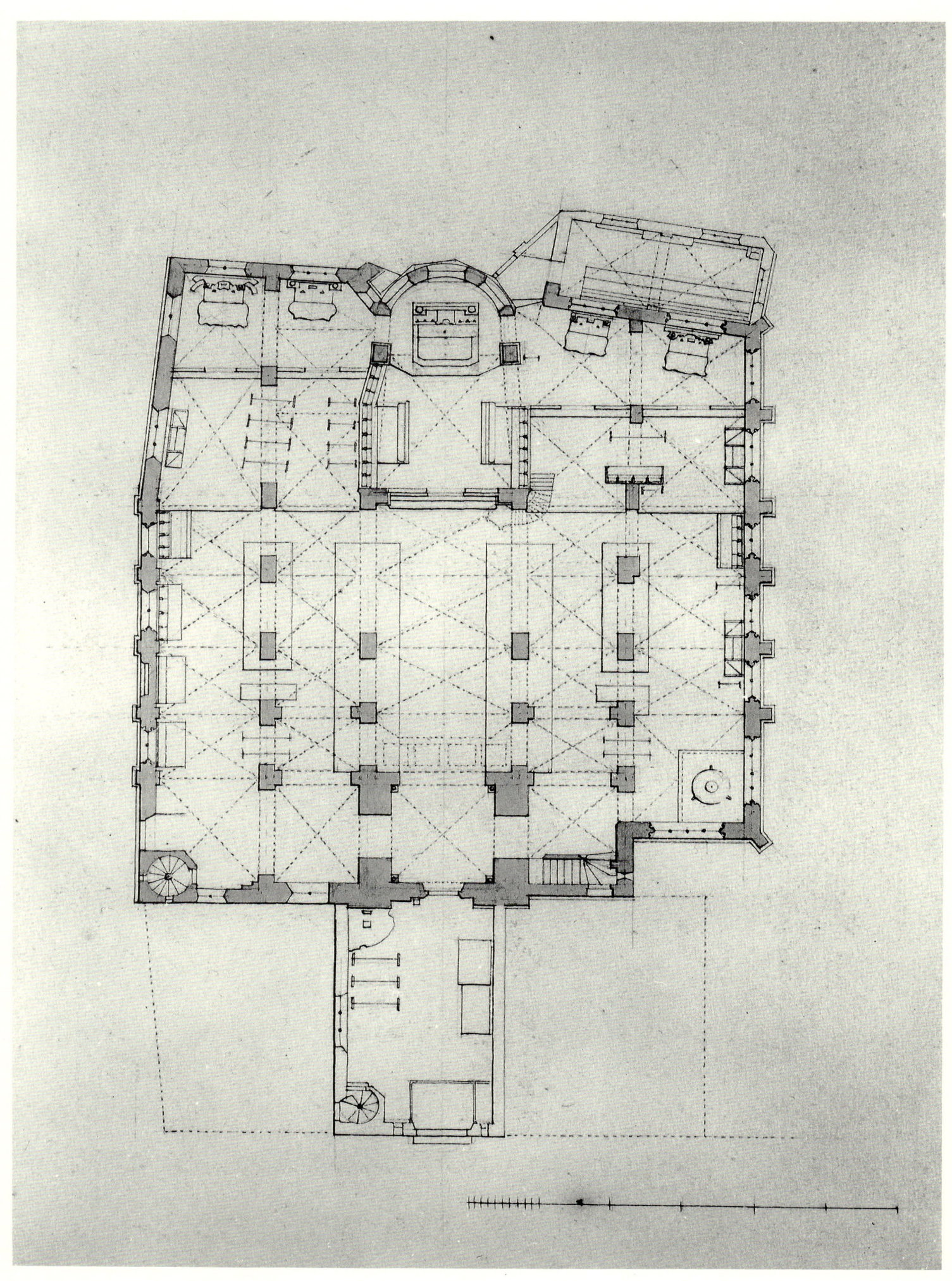

IV, 1

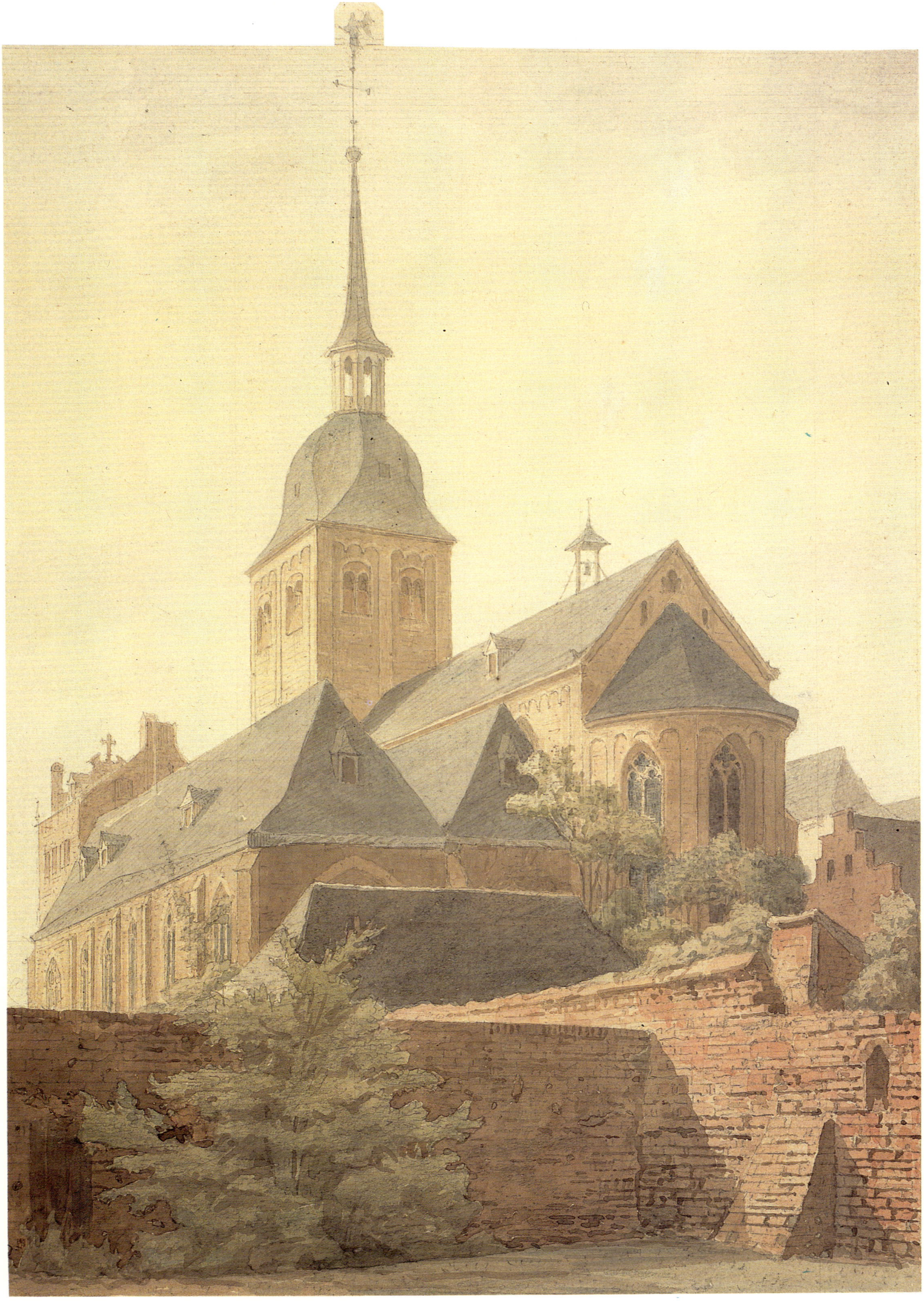

IV, 2

IV, 3

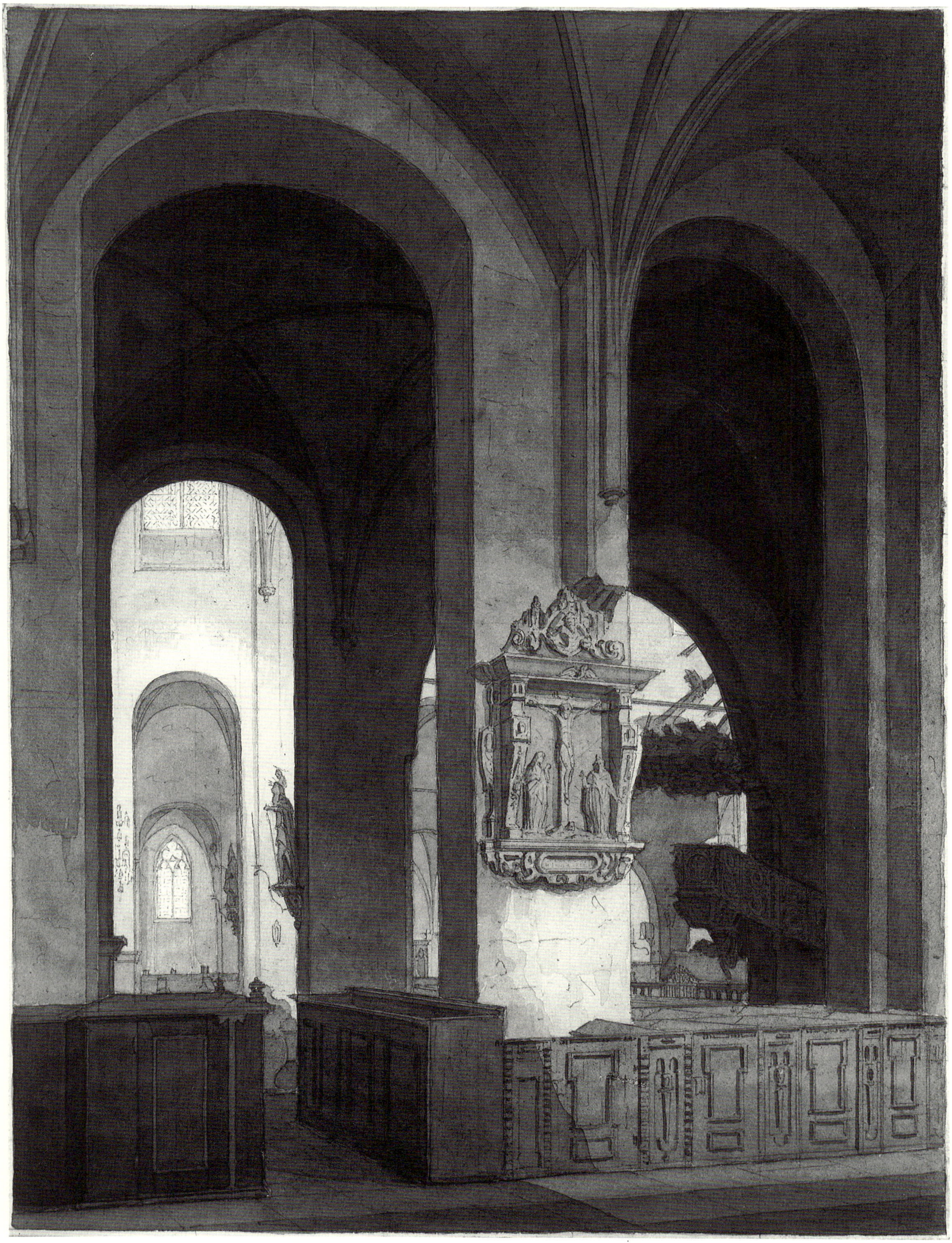

IV, 4

IV, 5

IV, 6

Bd. V: Die Abteikirche St. Pantaleon

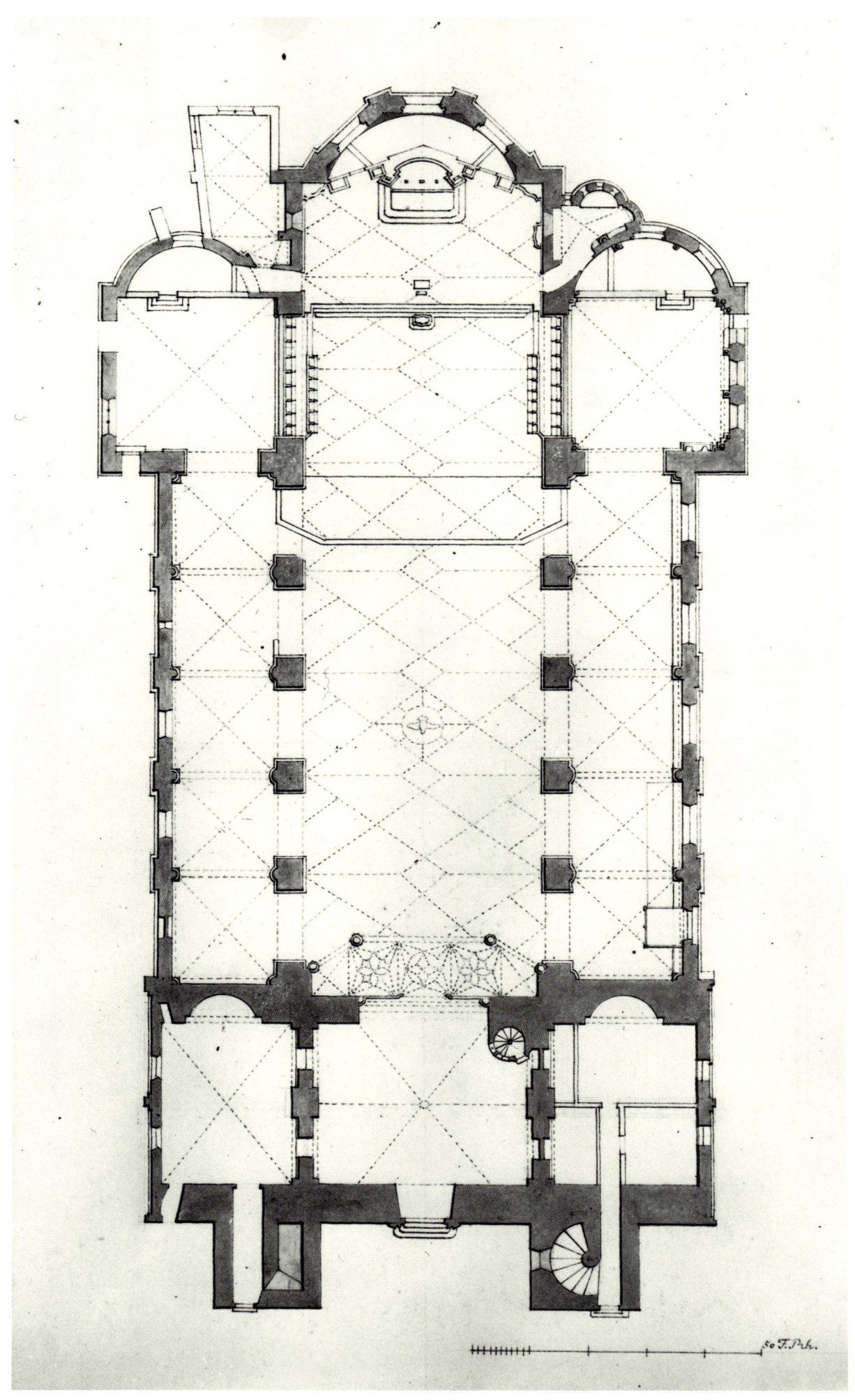

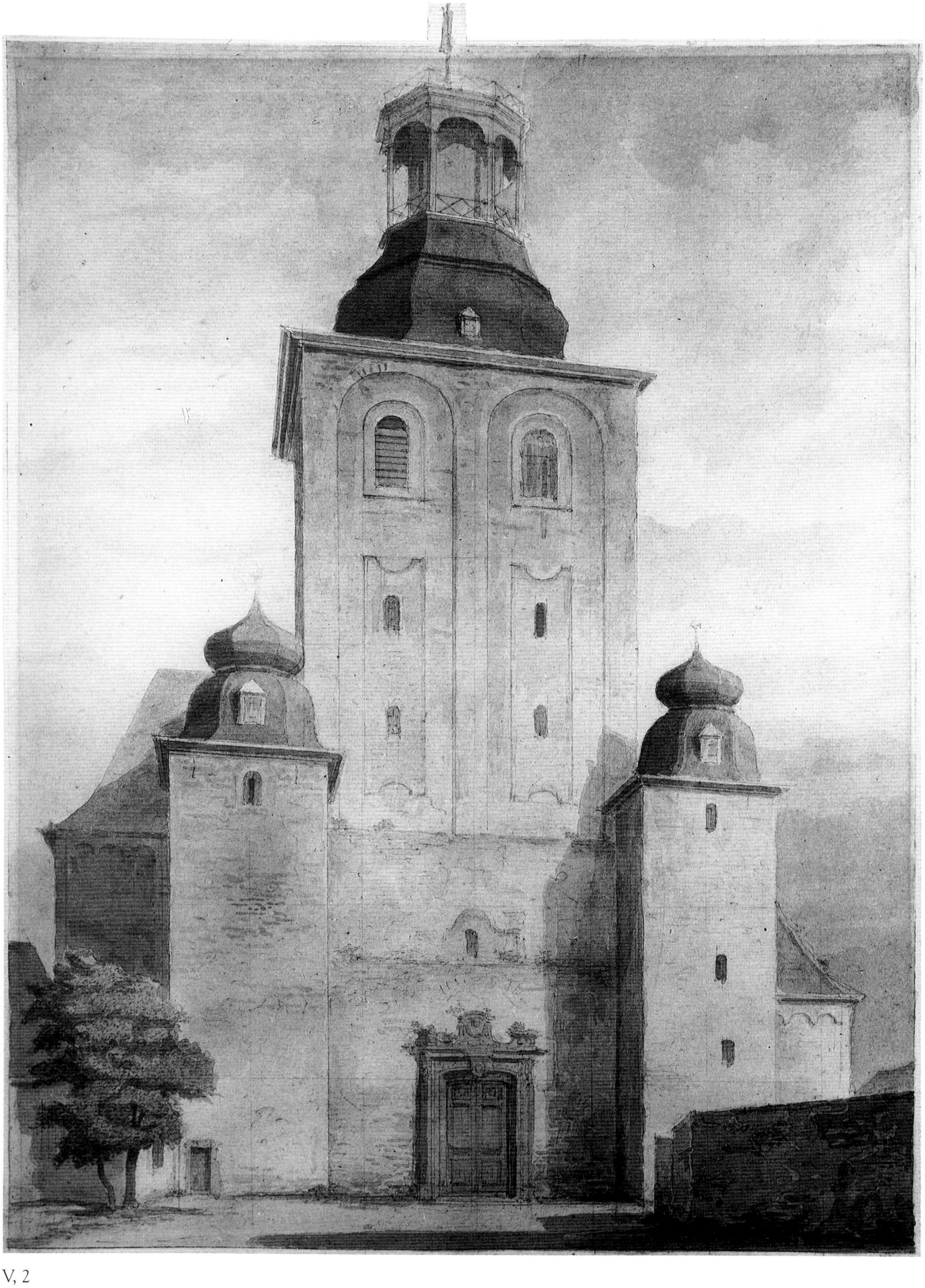

V, 2

V, 3

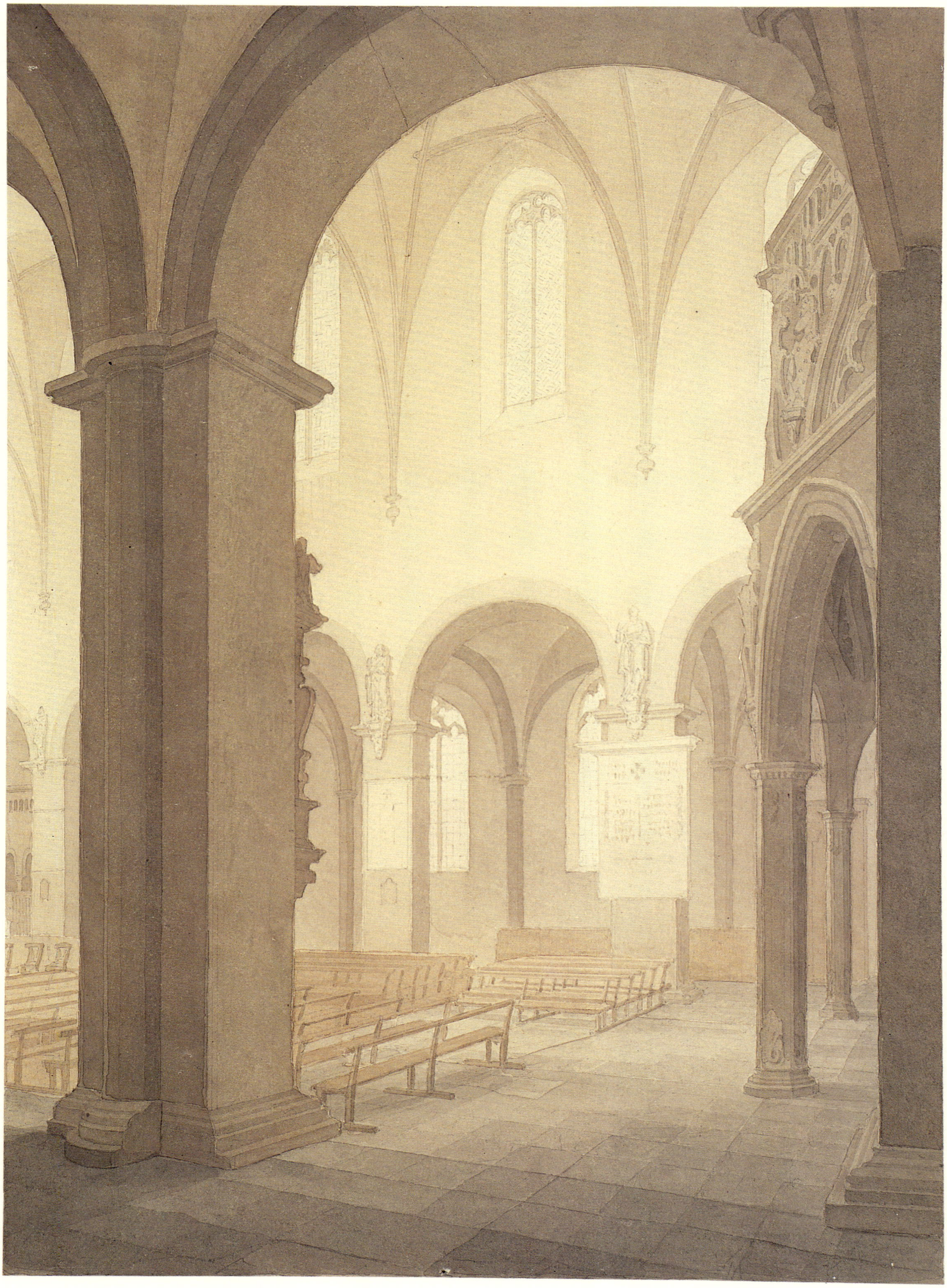

V, 4

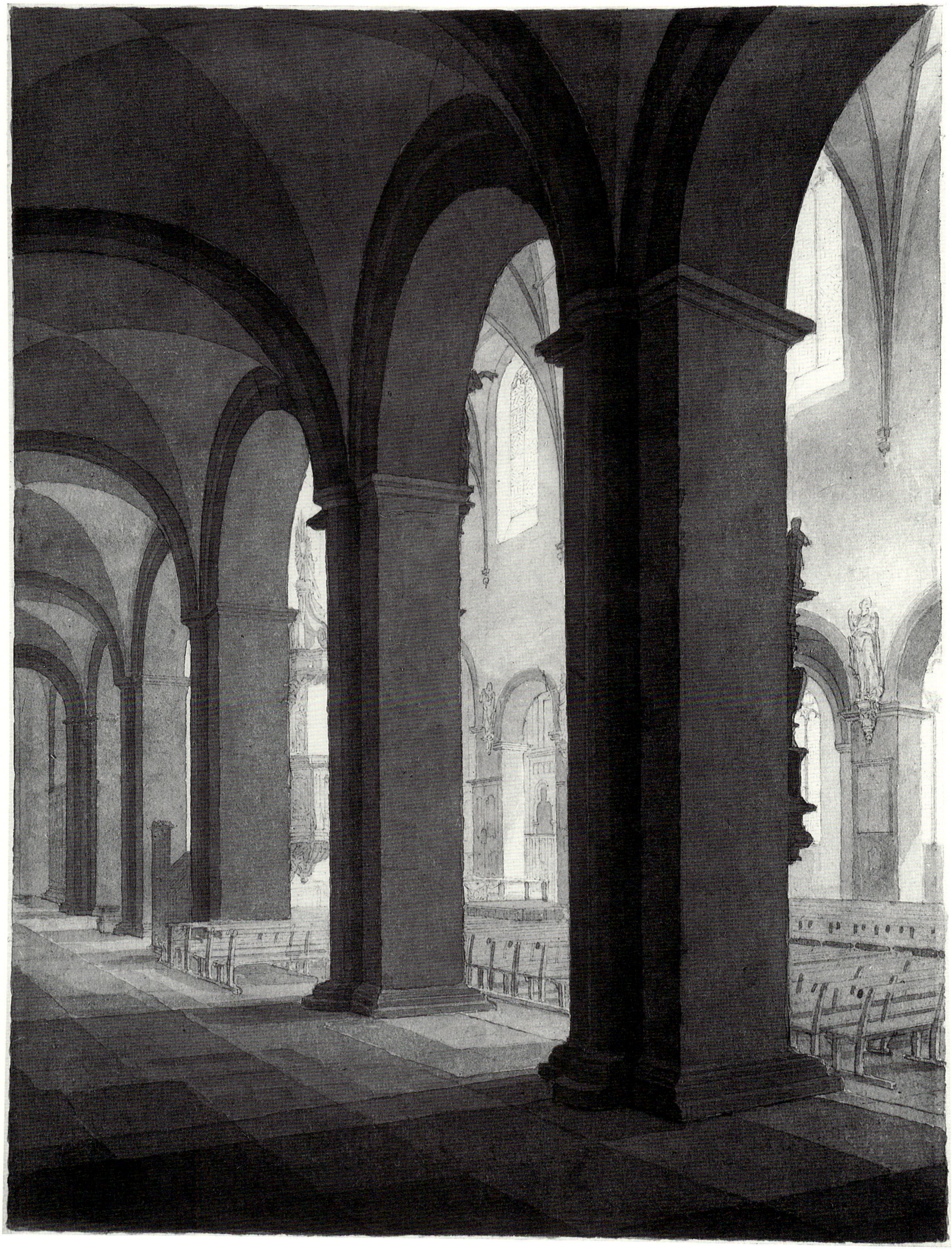

V, 5

V, 6

Bd. VI: Die Stiftskirche St. Andreas

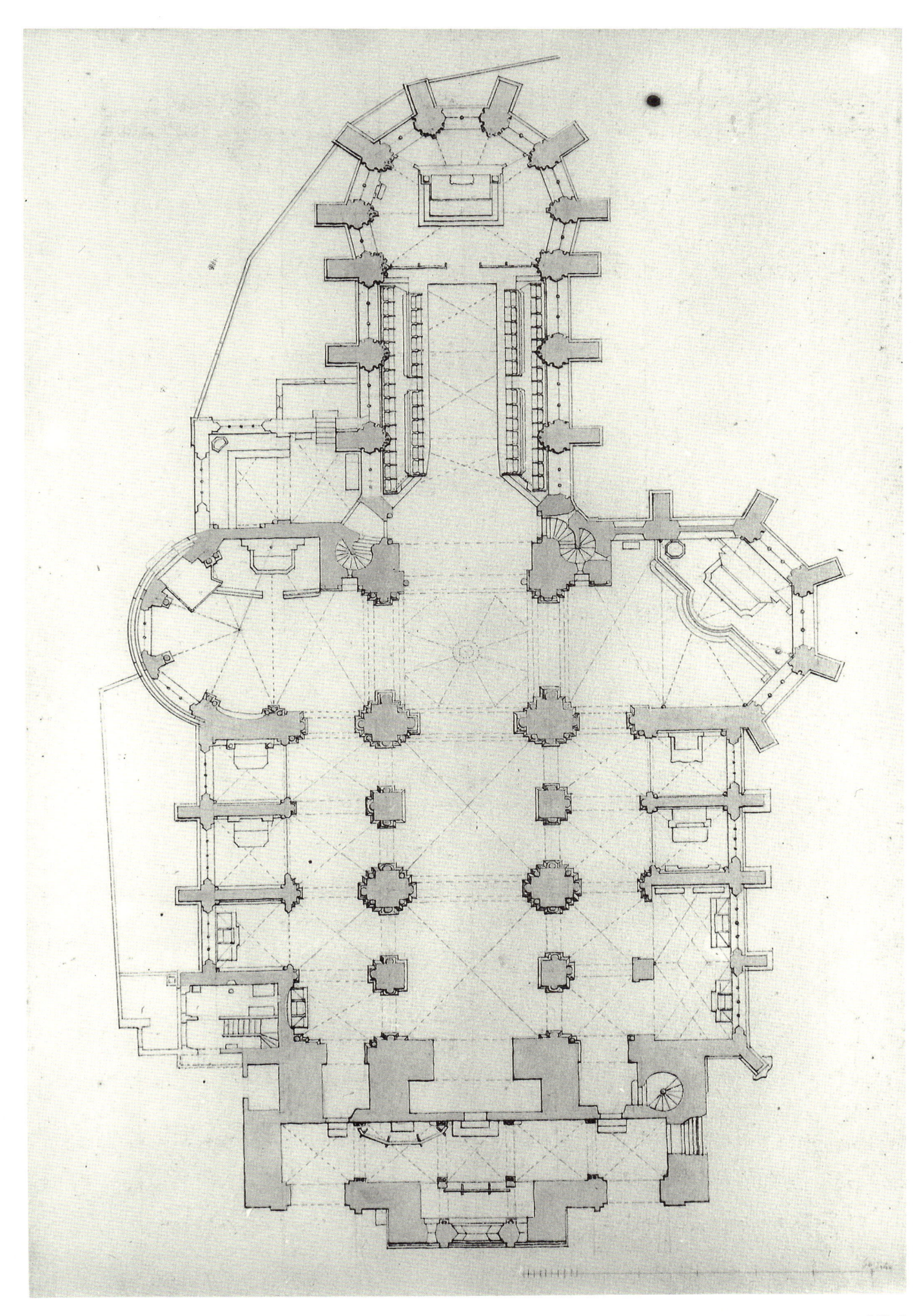

VI, 1

VI, 2

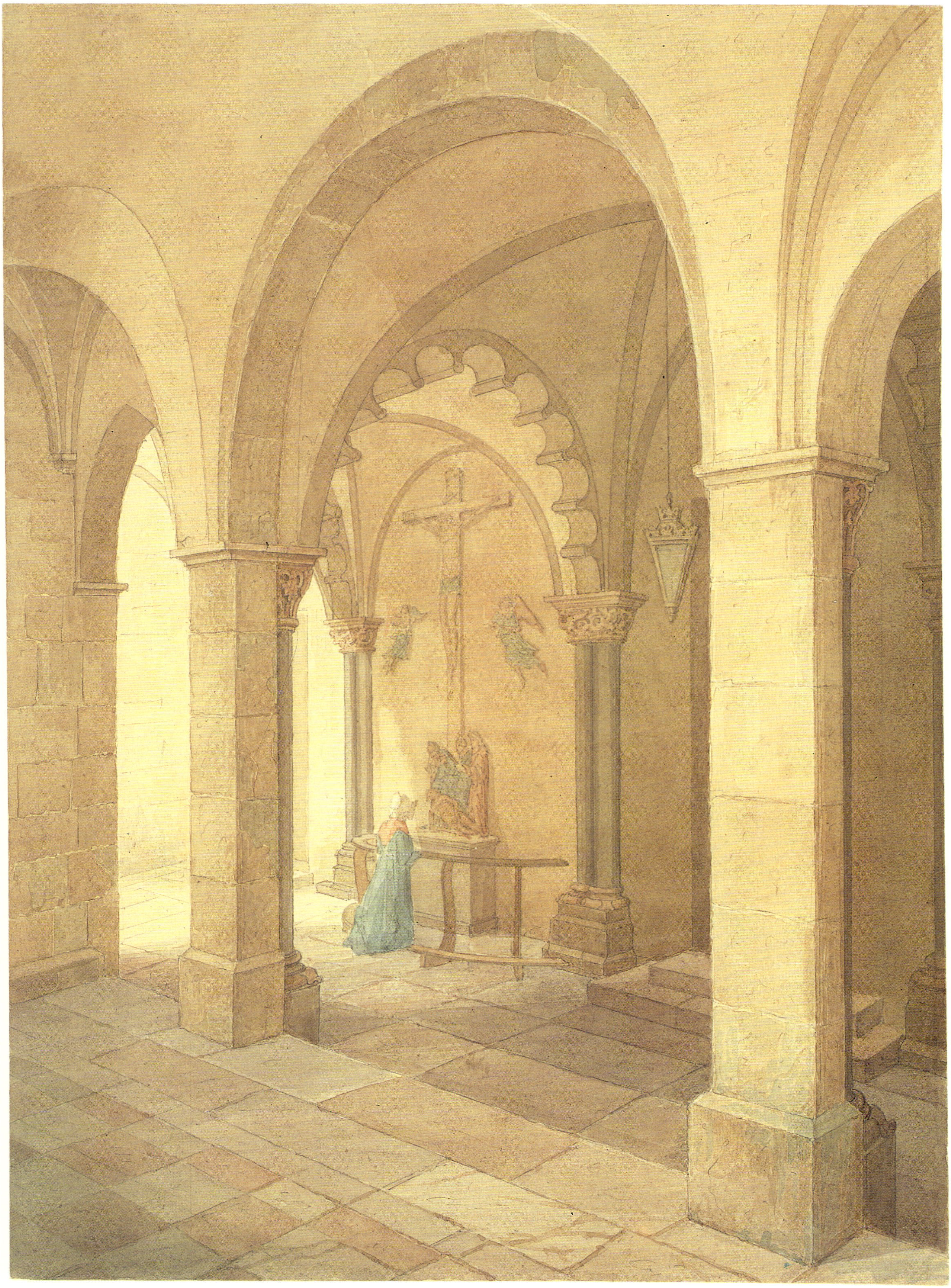

VI, 3

VI, 4

VI, 5

VI, 6

67

VI, 8

VI, 7

VI, 9

Bd. VII: Die Abteikirche St. Martin

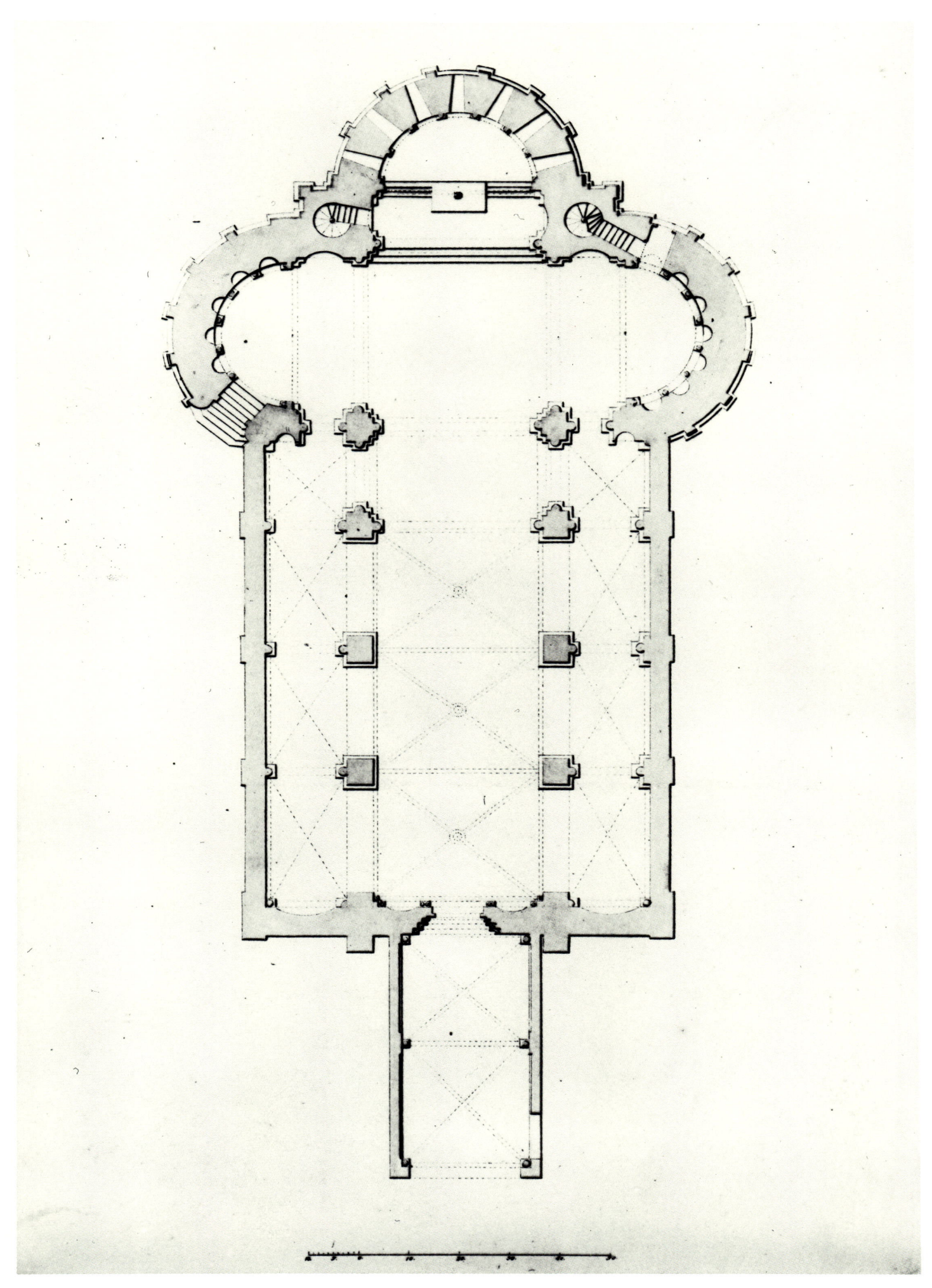

VII, 1

VII, 2

VII, 3

72

VII, 4

73

VII, 5

VII, 6

VII, 7

VII, 8

Bd. VIII: Die Stiftskirche St. Aposteln

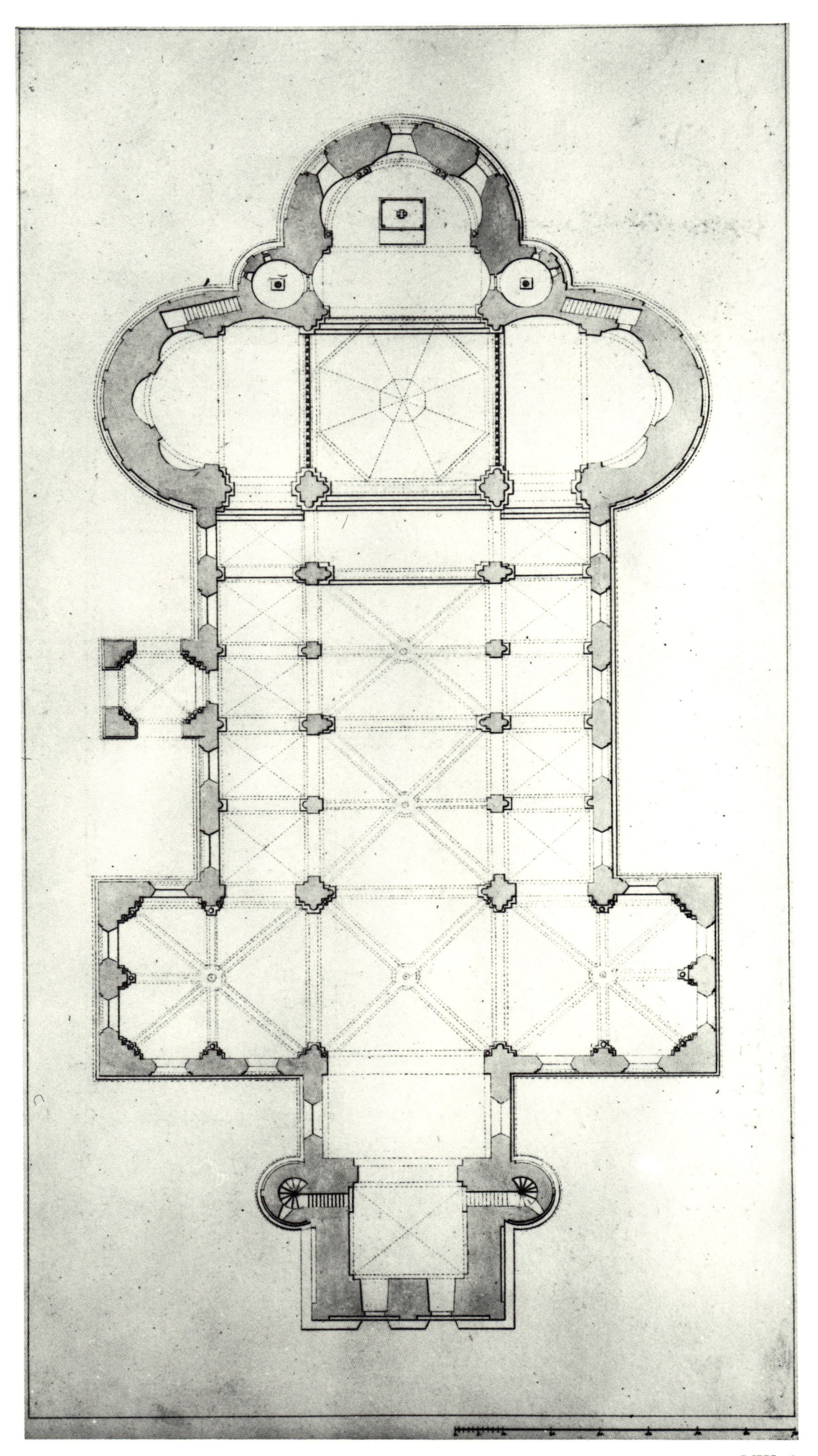

VIII, 1

VIII, 2

77

VIII, 3

VIII, 5

VIII, 4

VIII, 6

VIII, 8

VIII, 7

VIII, 10

VIII, 9

Bd. IX: Die Stiftskirche St. Severin

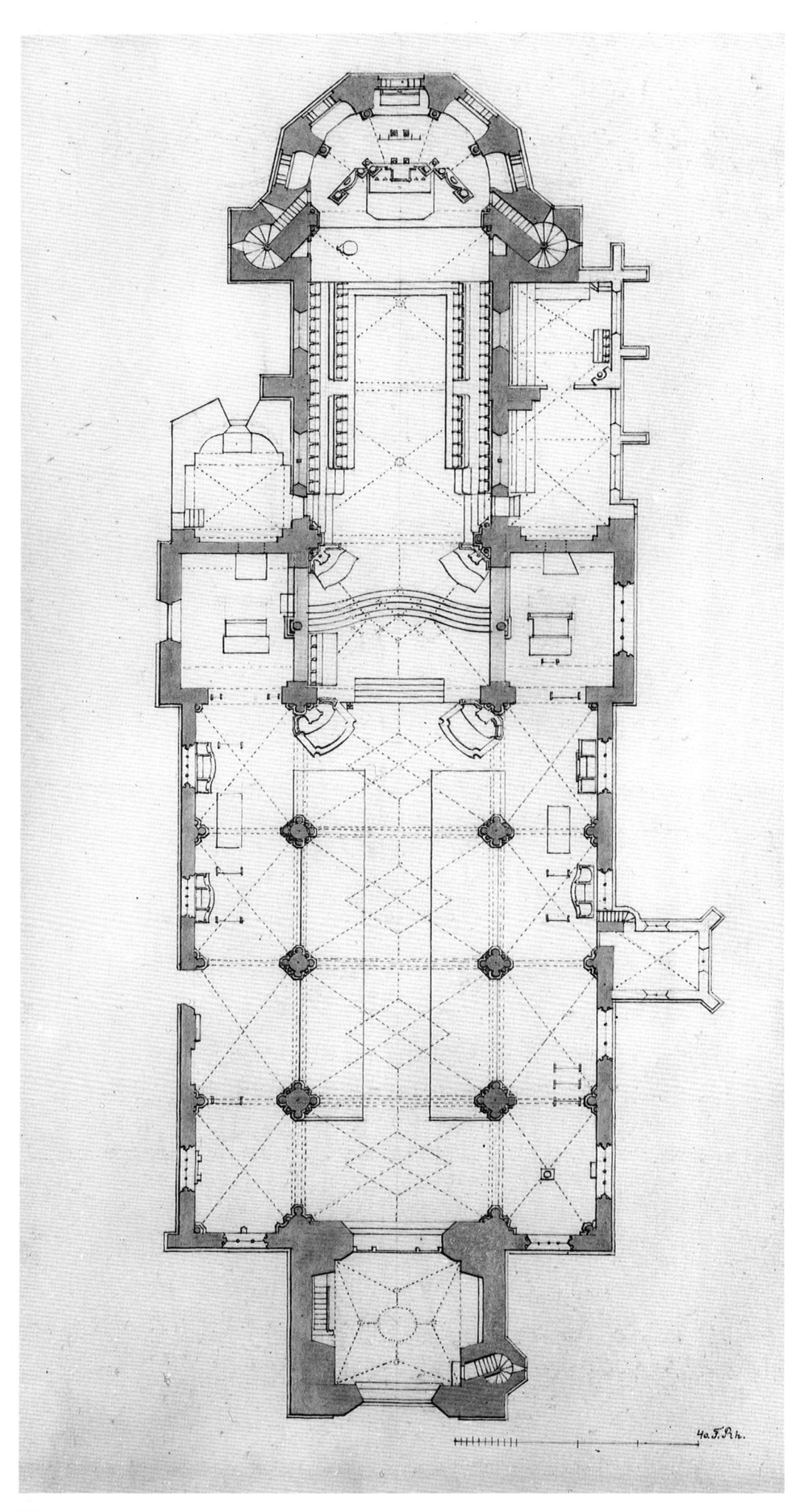

IX, 1

83

IX, 2

IX, 4

IX, 3

IX, 6

IX, 5

IX, 8

IX, 7

IX, 9

IX, 10

Bd, X: Die Stiftskirche St. Gereon

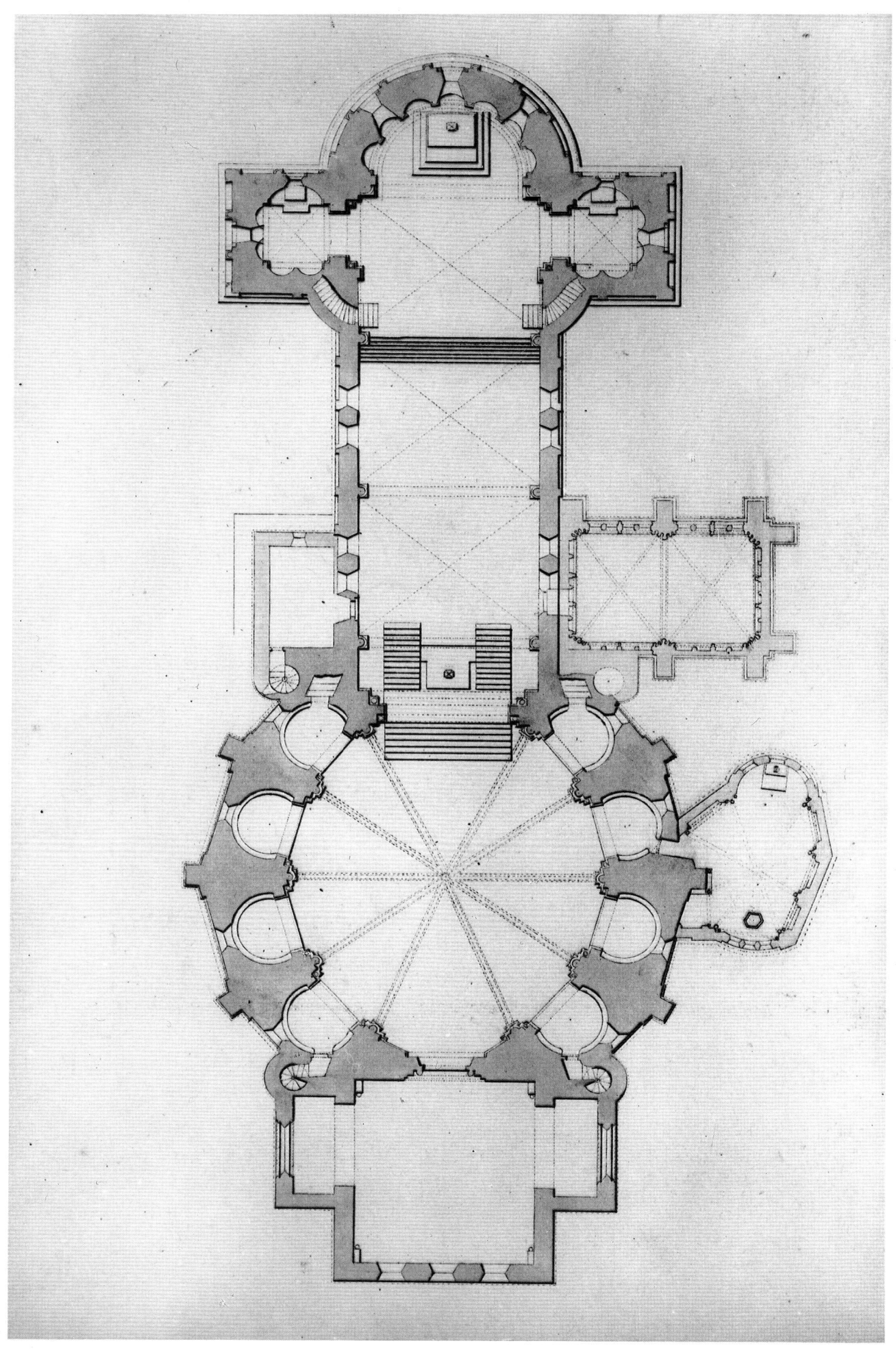

89

X, 2

X, 3

X, 4

X, 5

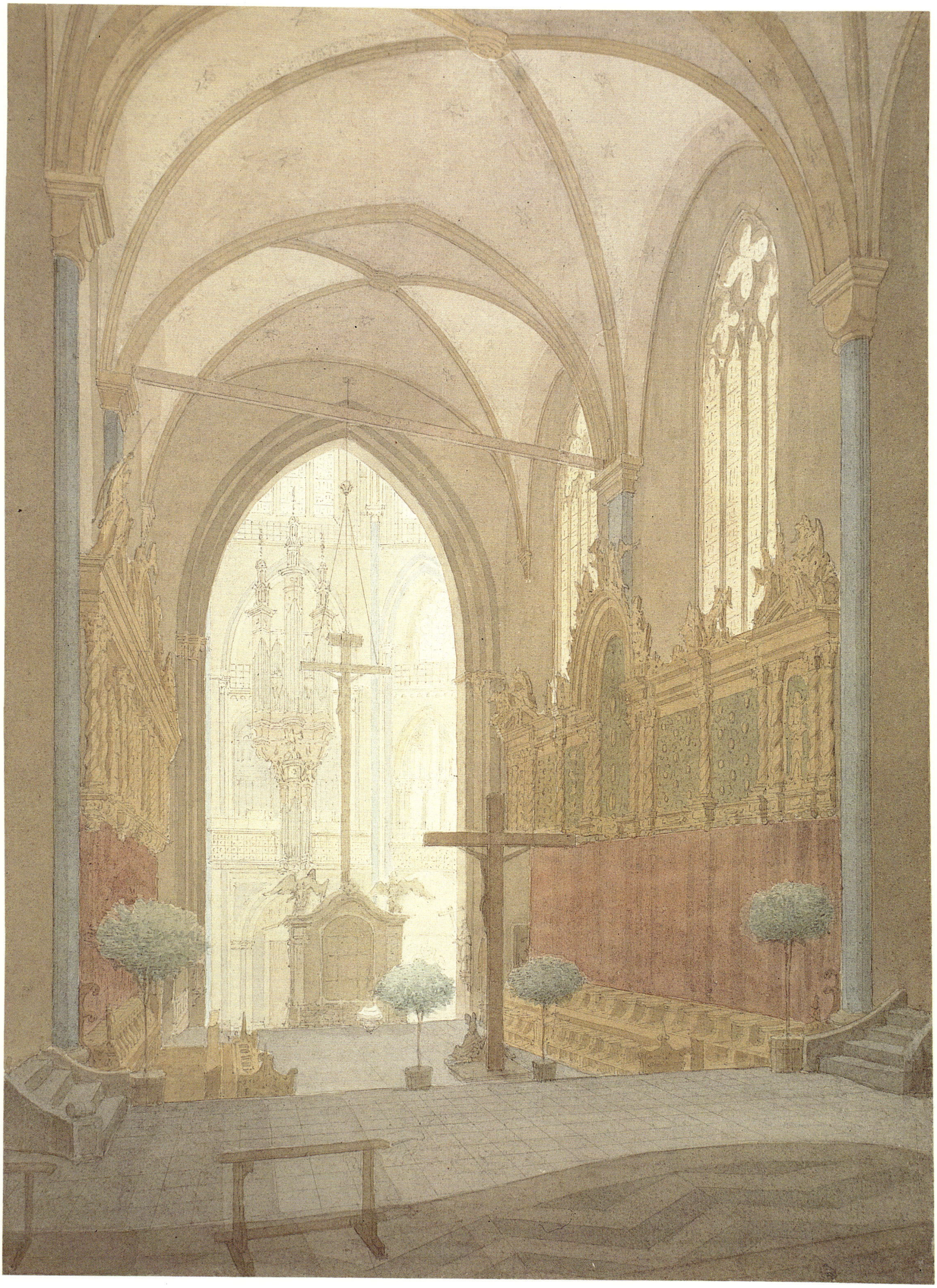

X, 6

94

X, 8

X, 7

Bd. XI: Die Stiftskirche St. Georg

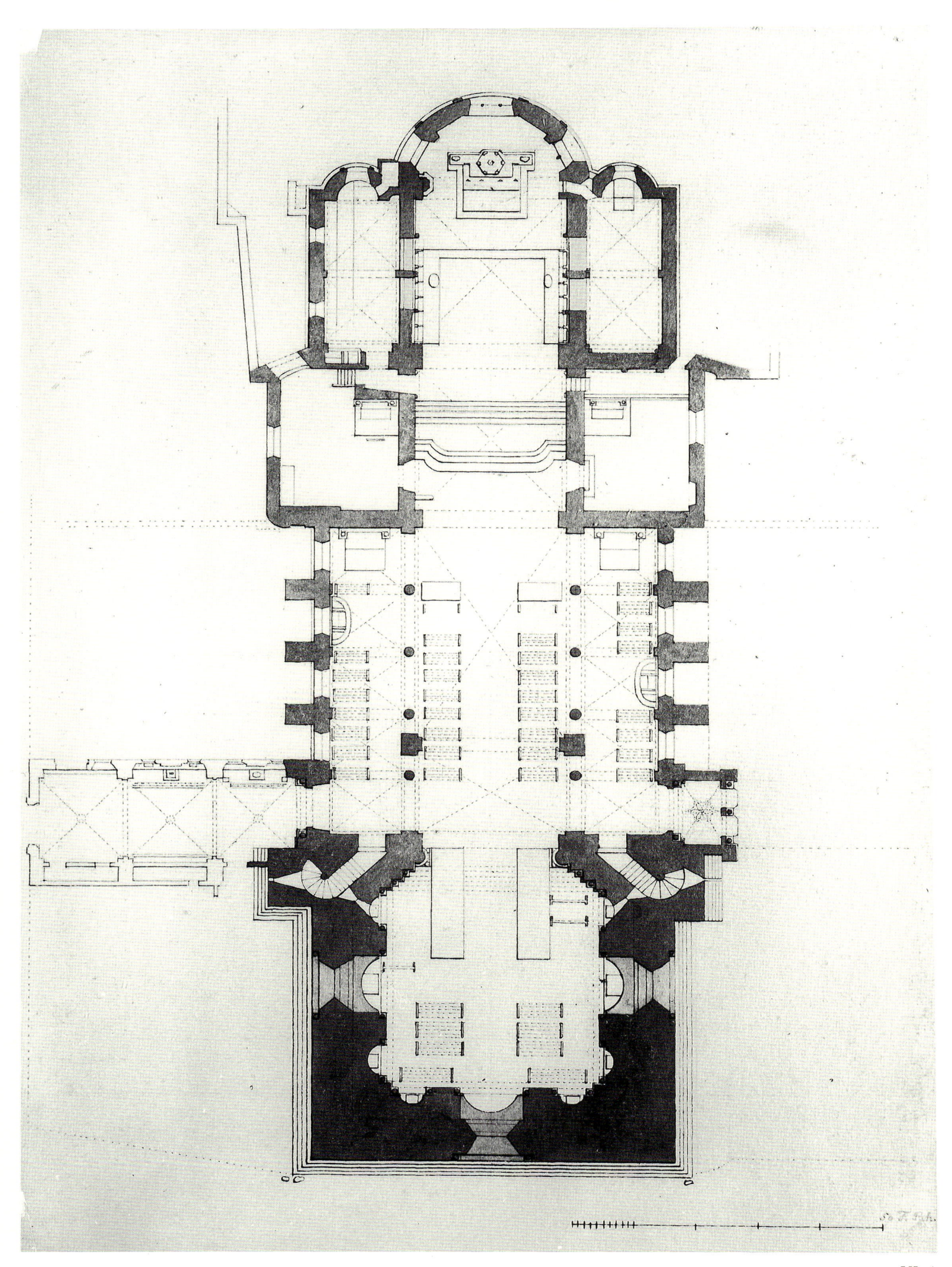

XI, 2

XI, 3

XI, 4

XI, 5

XI, 6

Bd.. XII: Die Kirche St. Maria bei Lyskirchen

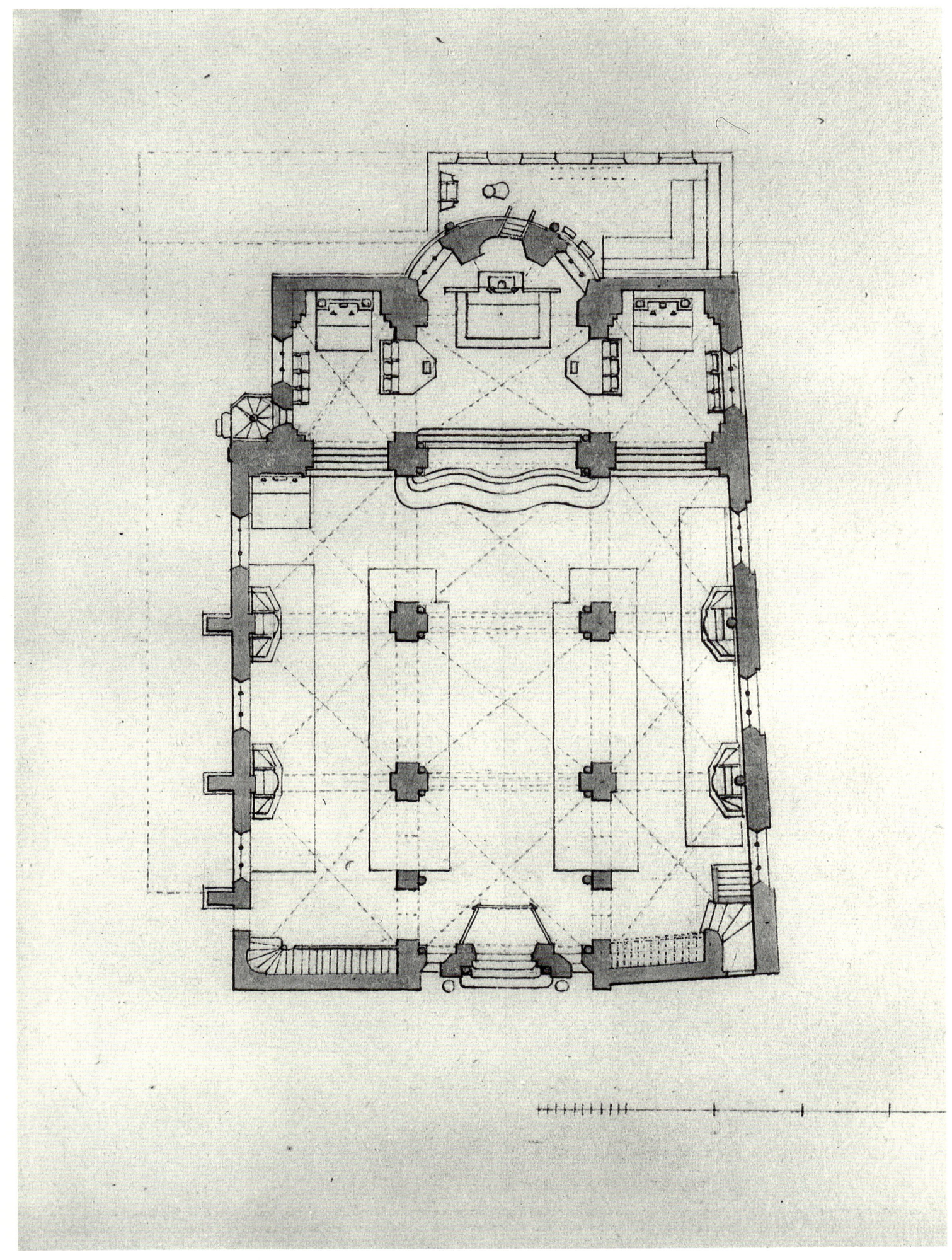

XII, 1

XII, 2

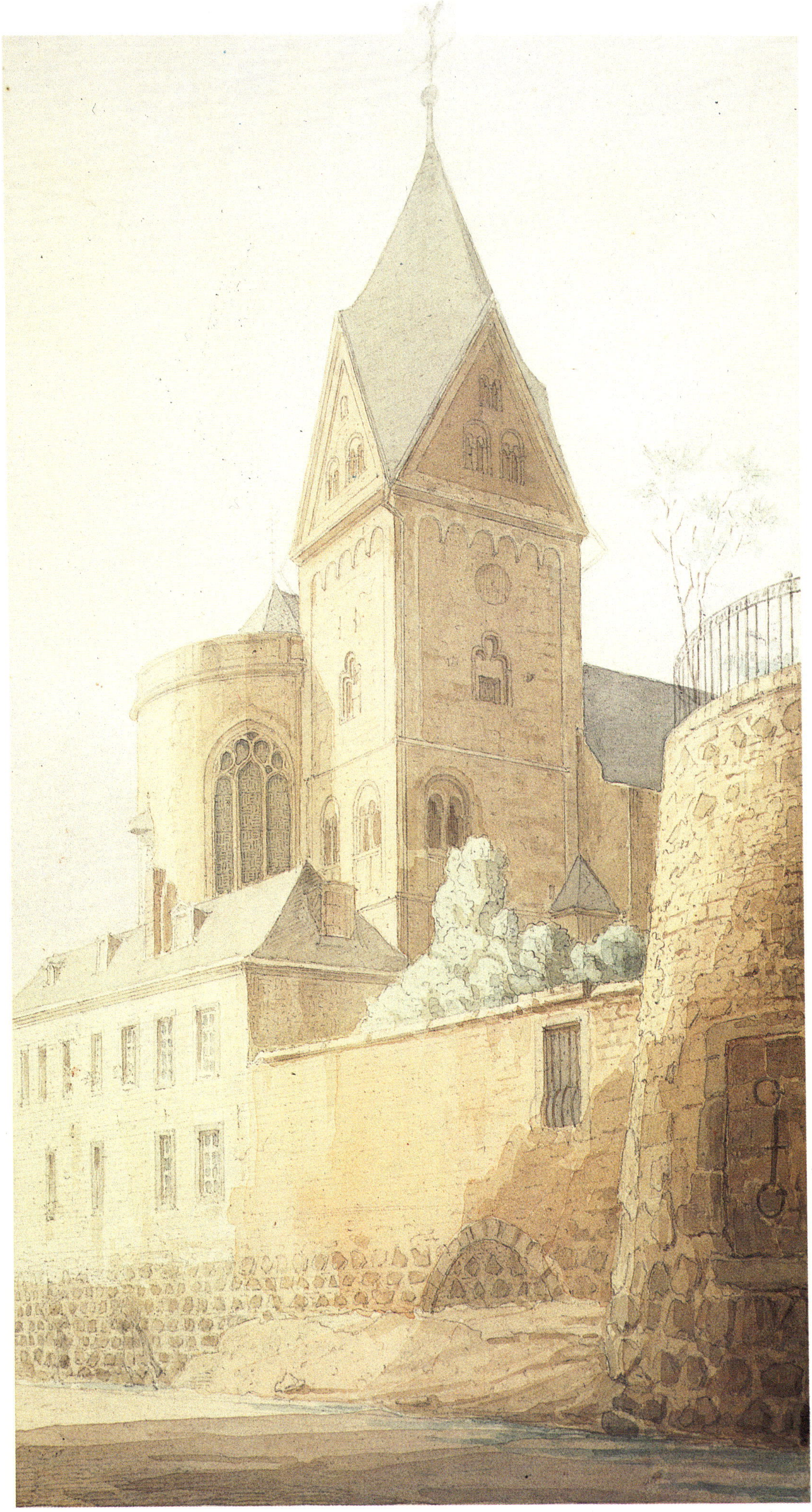

XII, 3

XII, 4

XII, 5

XII, 6

XII, 7

Bd, XIII: Die Kirche St. Mauritius

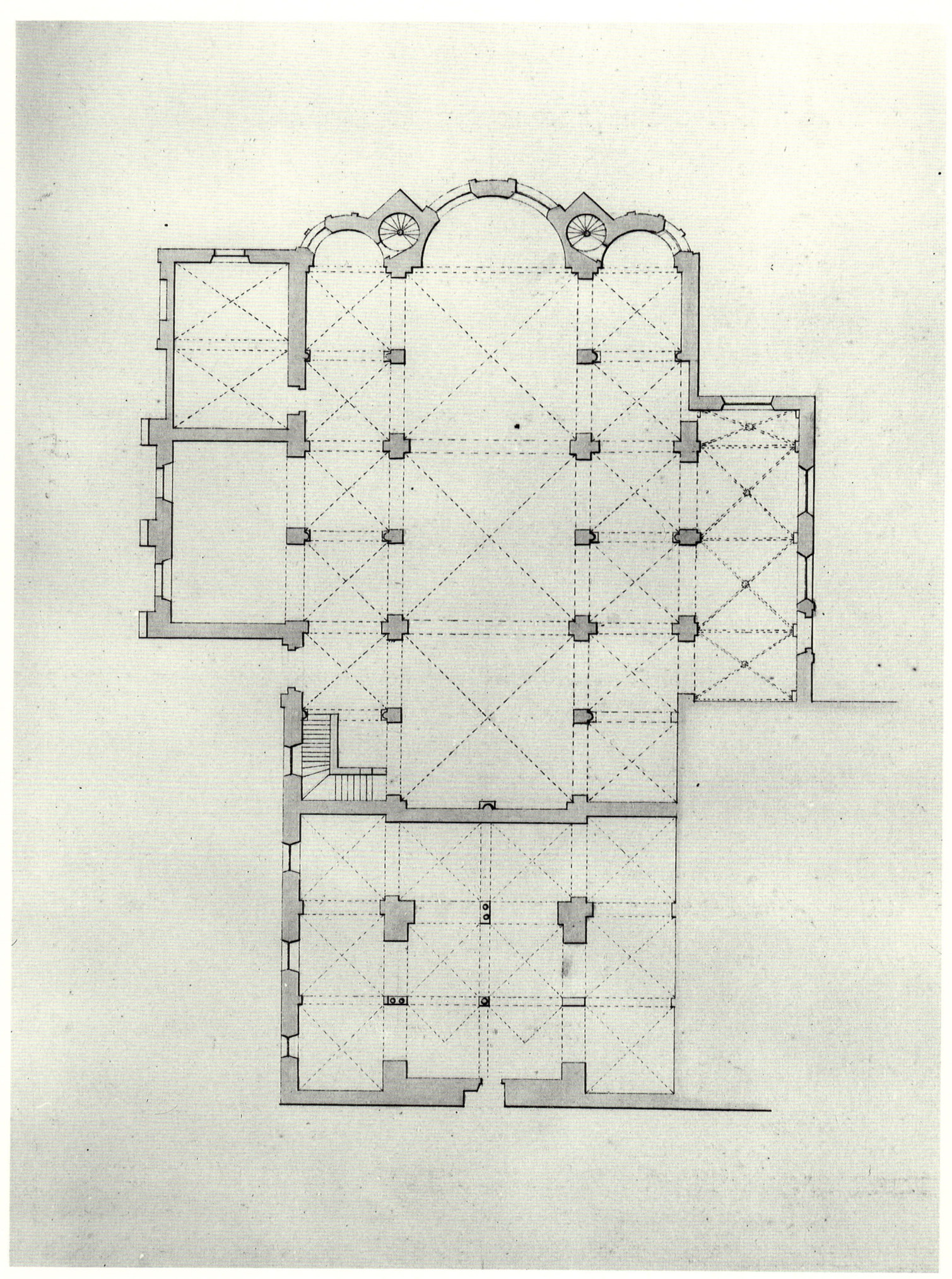

105

XIII, 2

106

XIII, 3

XIII, 5

XIII, 4

Bd. XIV: Die Stiftskirche St. Kunibert

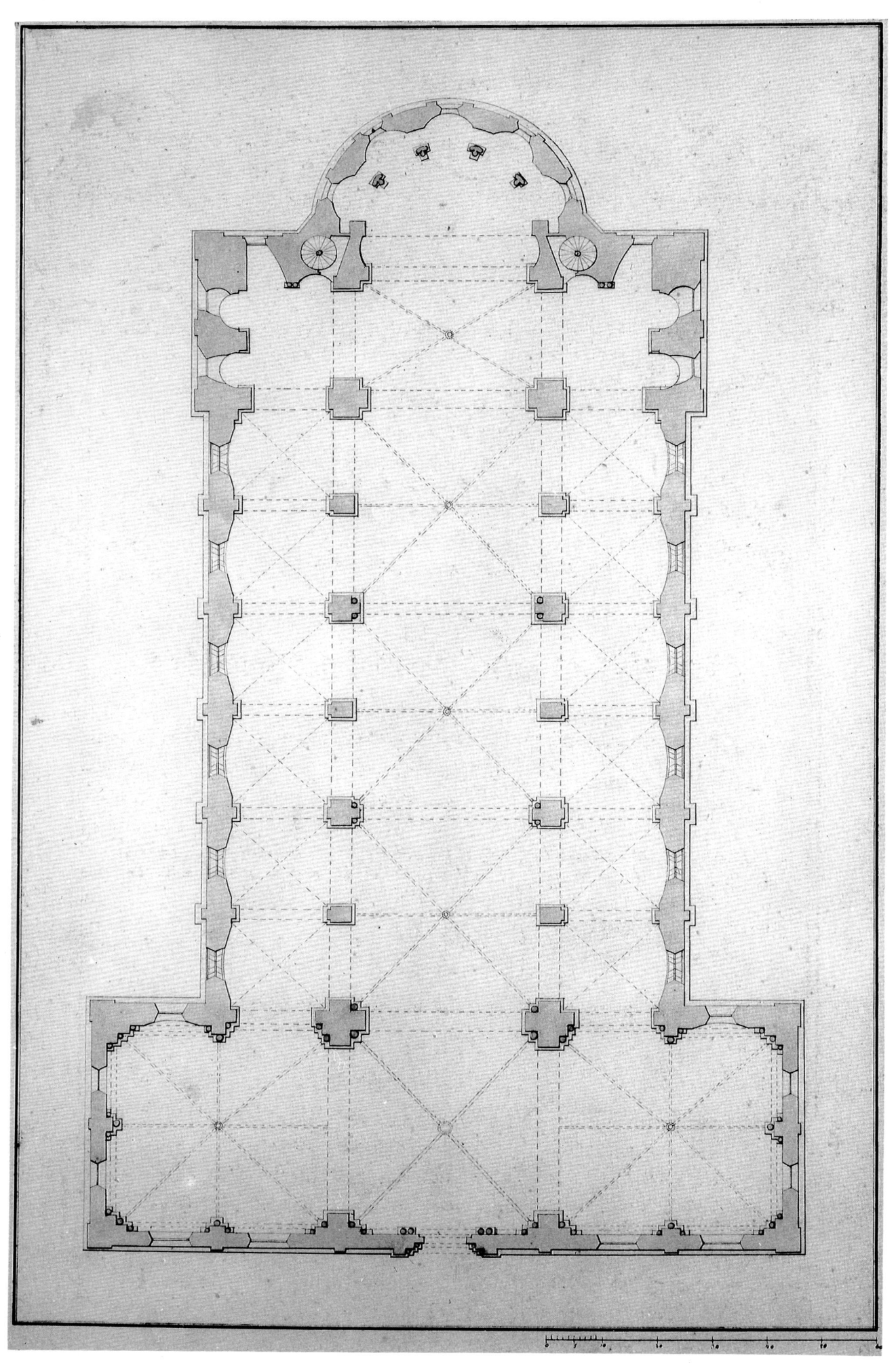

XIV, 2

110

XIV, 3

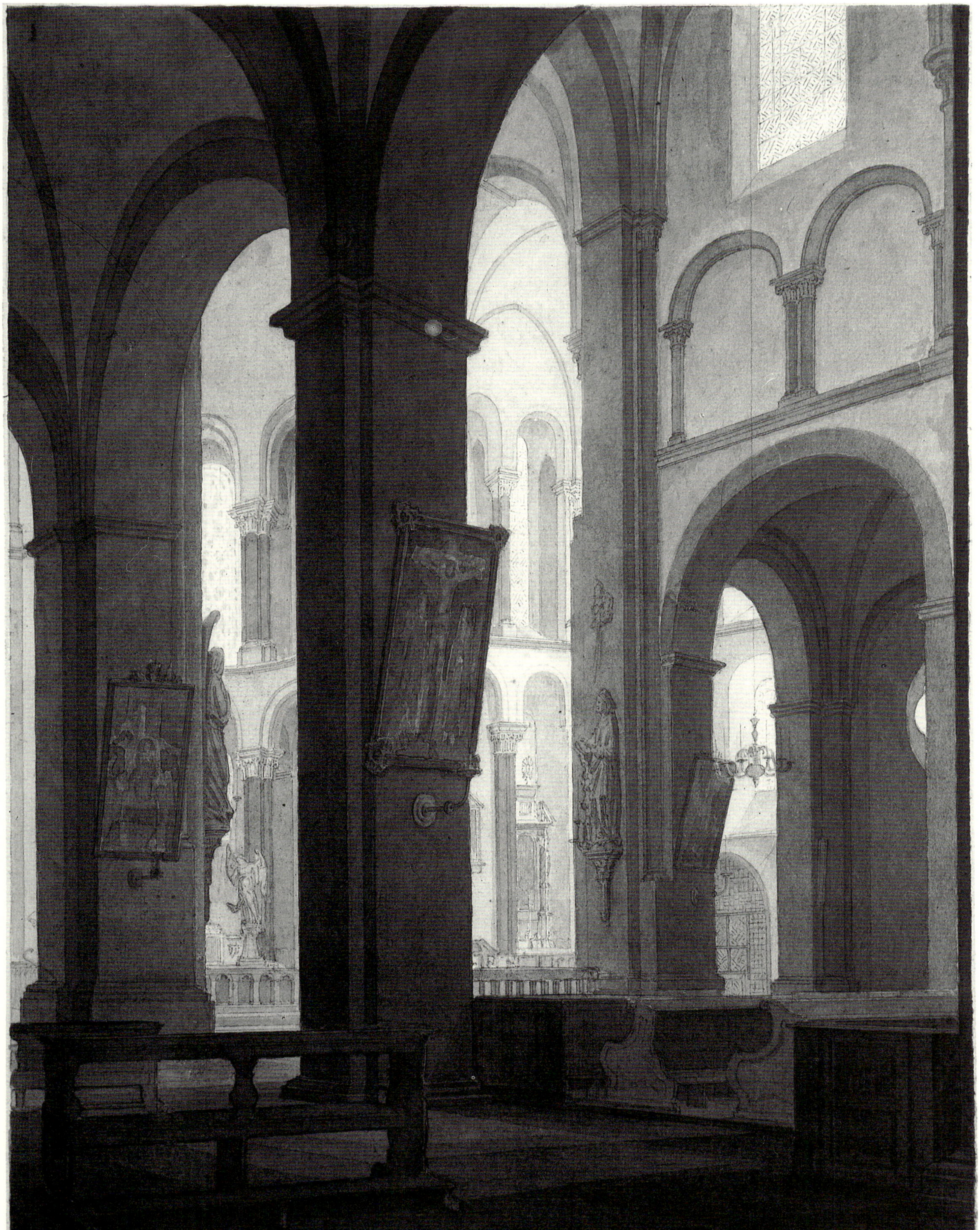

XIV, 4

XIV, 5

XIV, 6

XIV, 8

XIV, 7

Bd. XV: Kirche der Minoriten

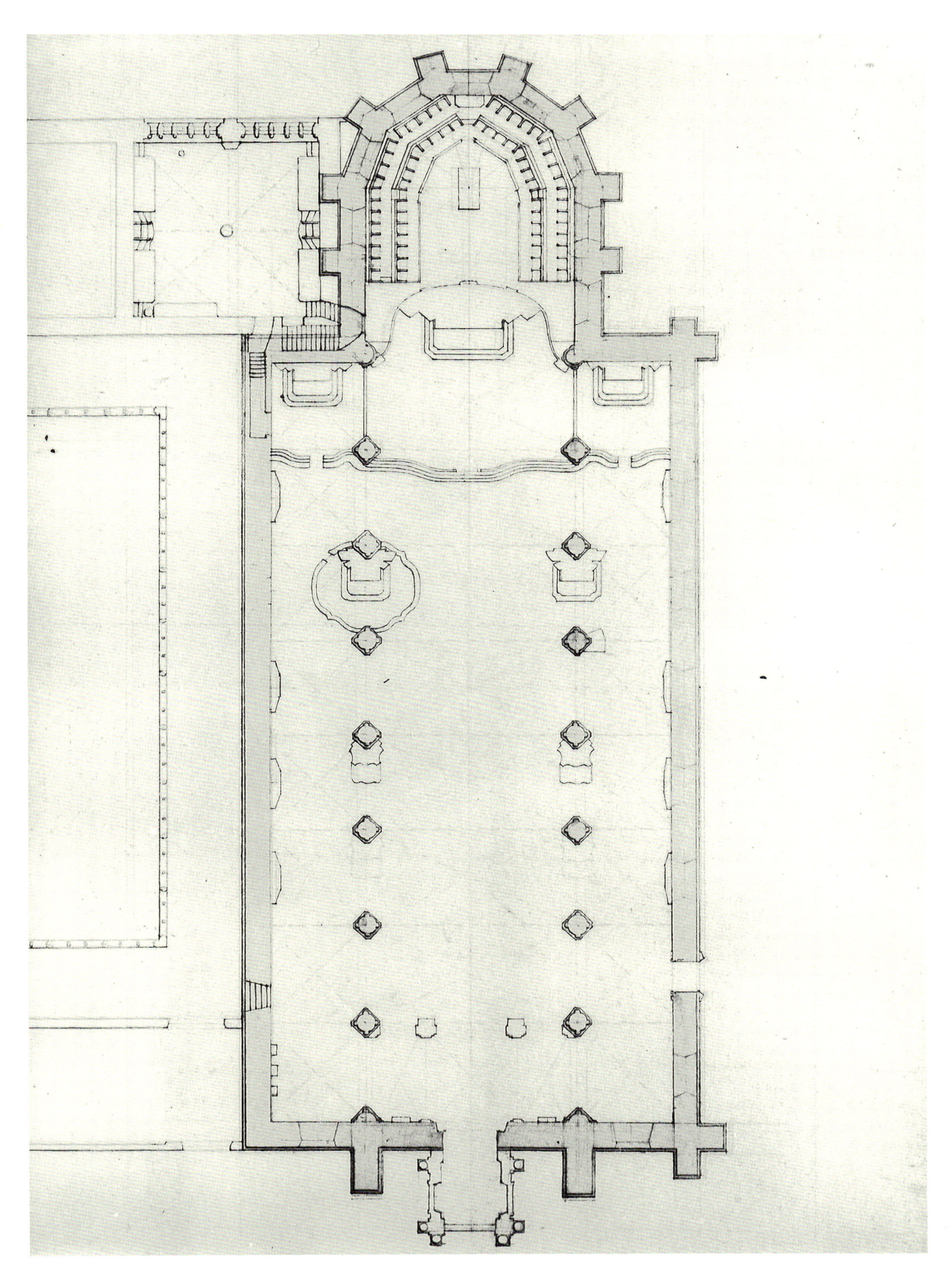

XV, 2

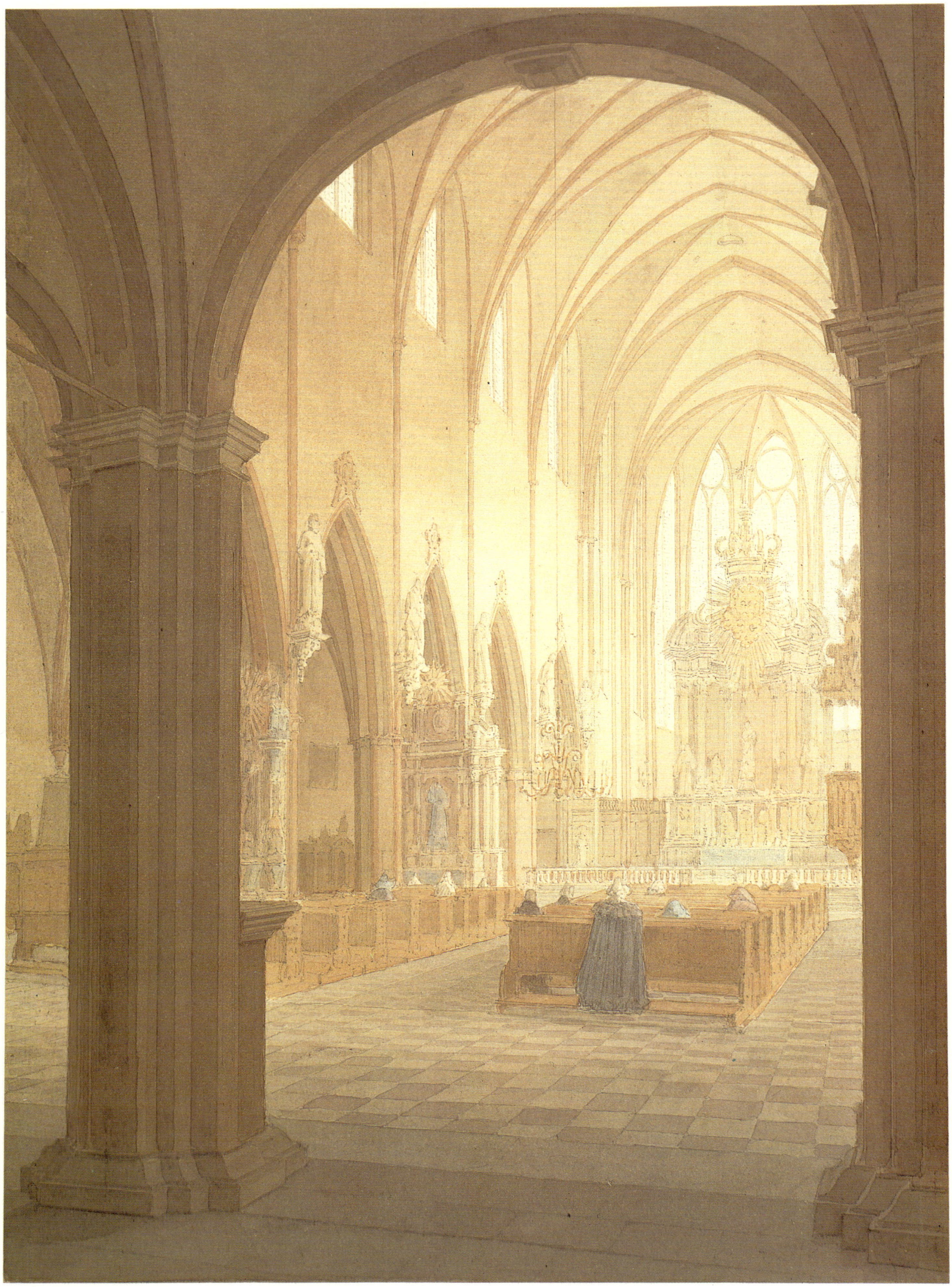

XV, 3

XV, 4

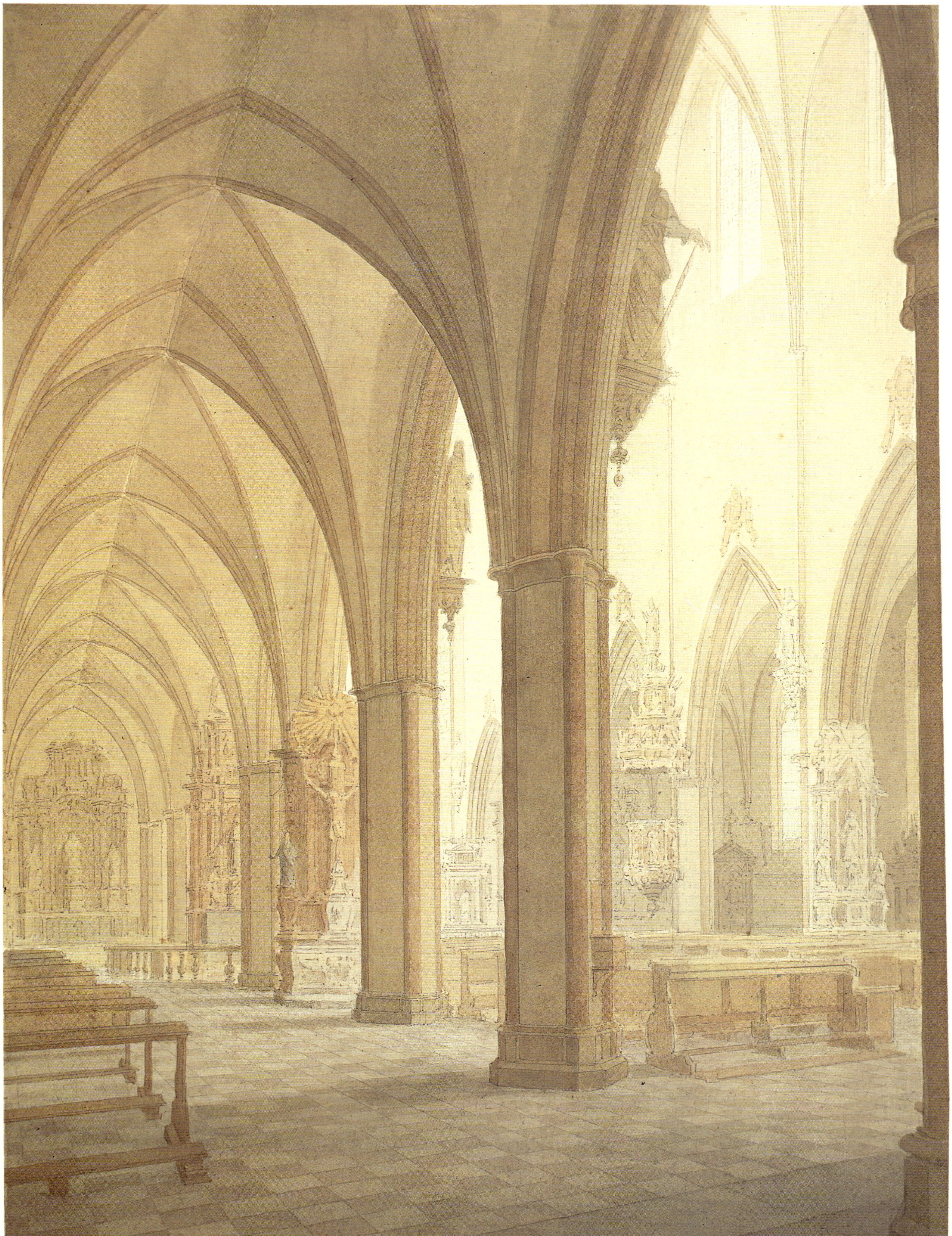

XV, 5

XV, 7

XV, 6

Bd. XVI: Der Dom

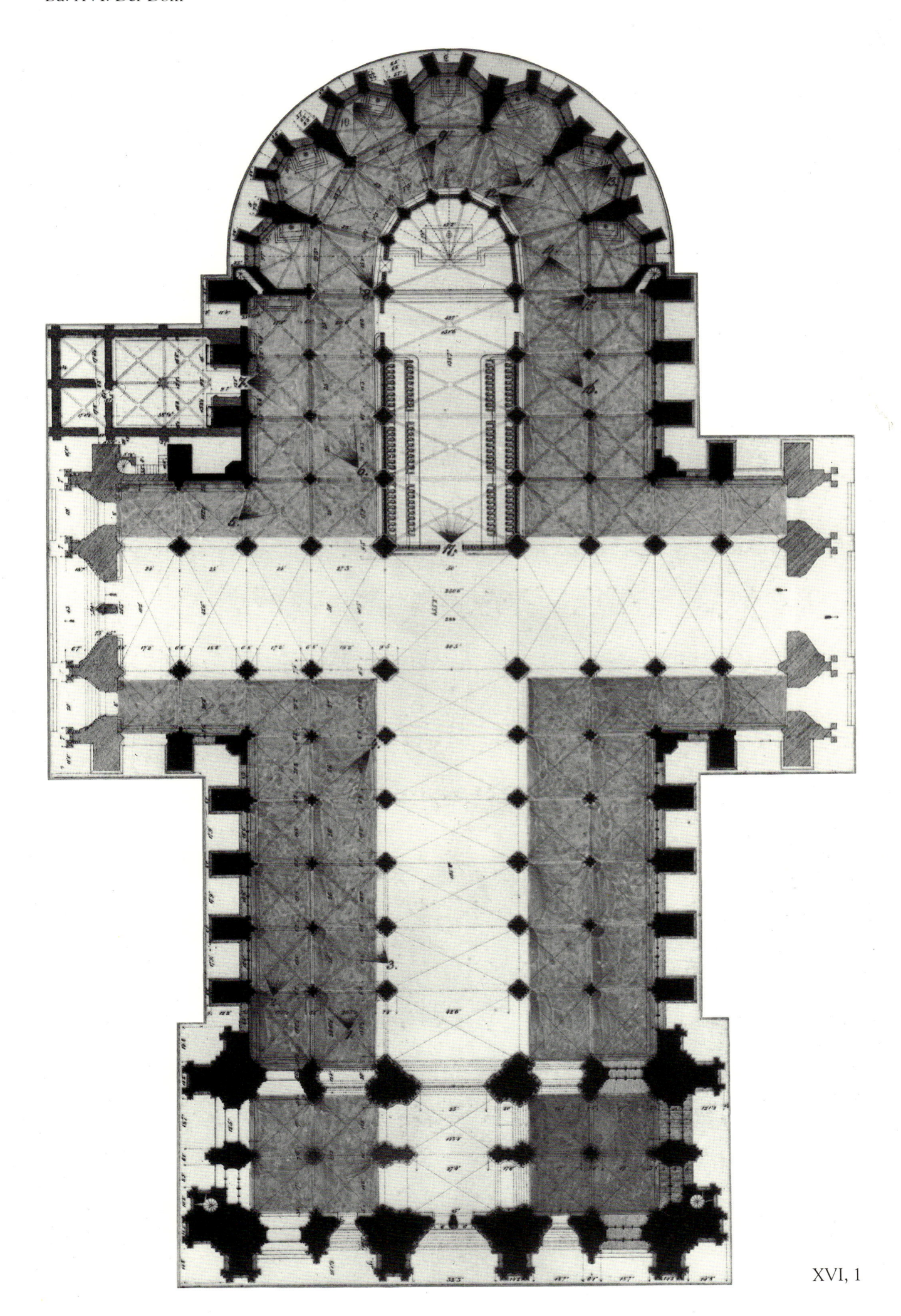

XVI, 2

XVI, 3

XVI, 4

125

XVI, 5

126

XVI, 6

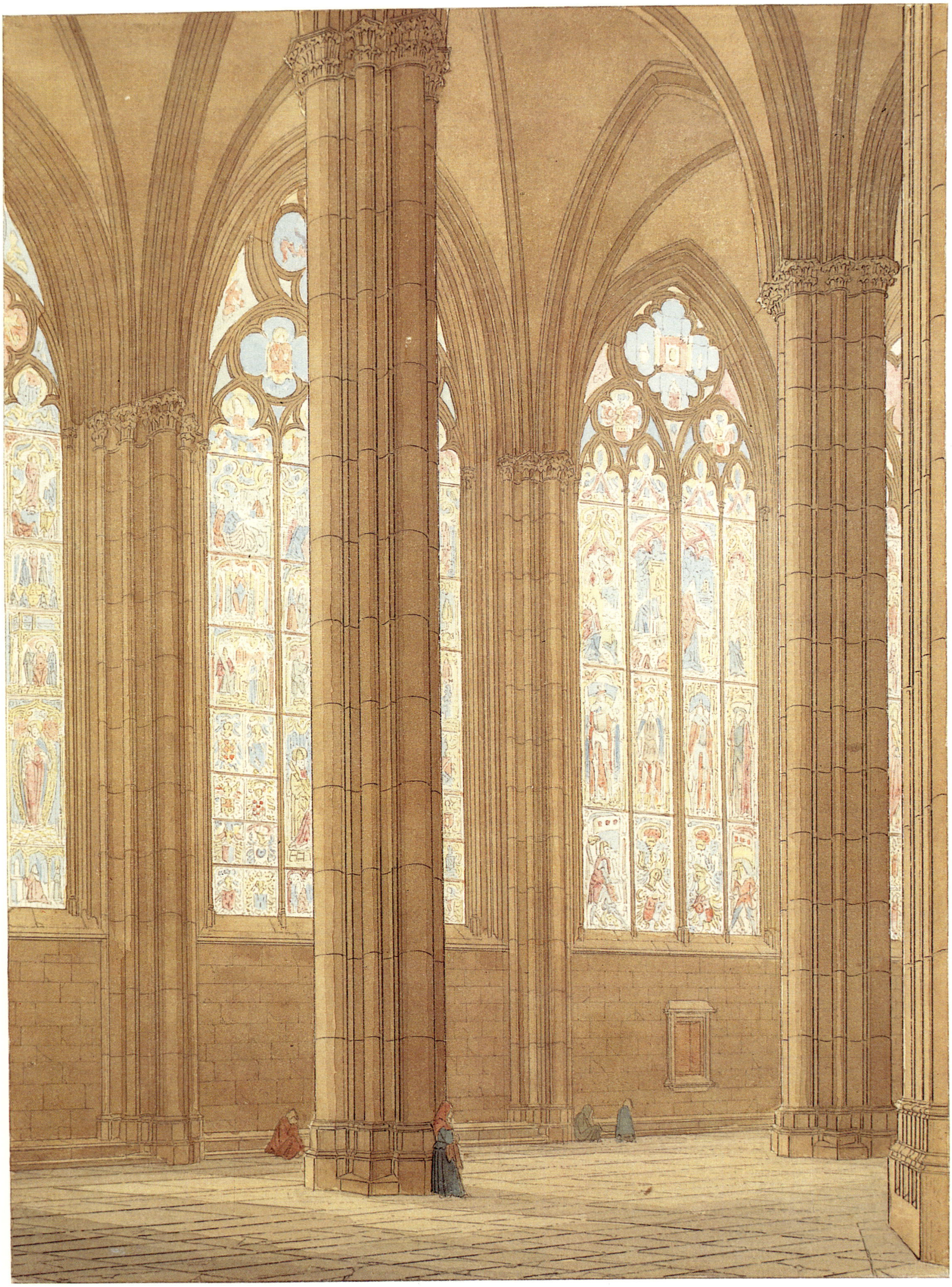

XVI, 7

XVI, 8

XVI, 9

130

XVI, 11

XVI, 10

131

XVI, 13

XVI, 12

XVI, 14

133

XVI, 15

134

XVI, 17

XVI, 16

XVI, 18

XVI, 19

XVI, 20 [XVI, 21 fehlt!]

Bd. XVII: Die Kirche der Antoniter

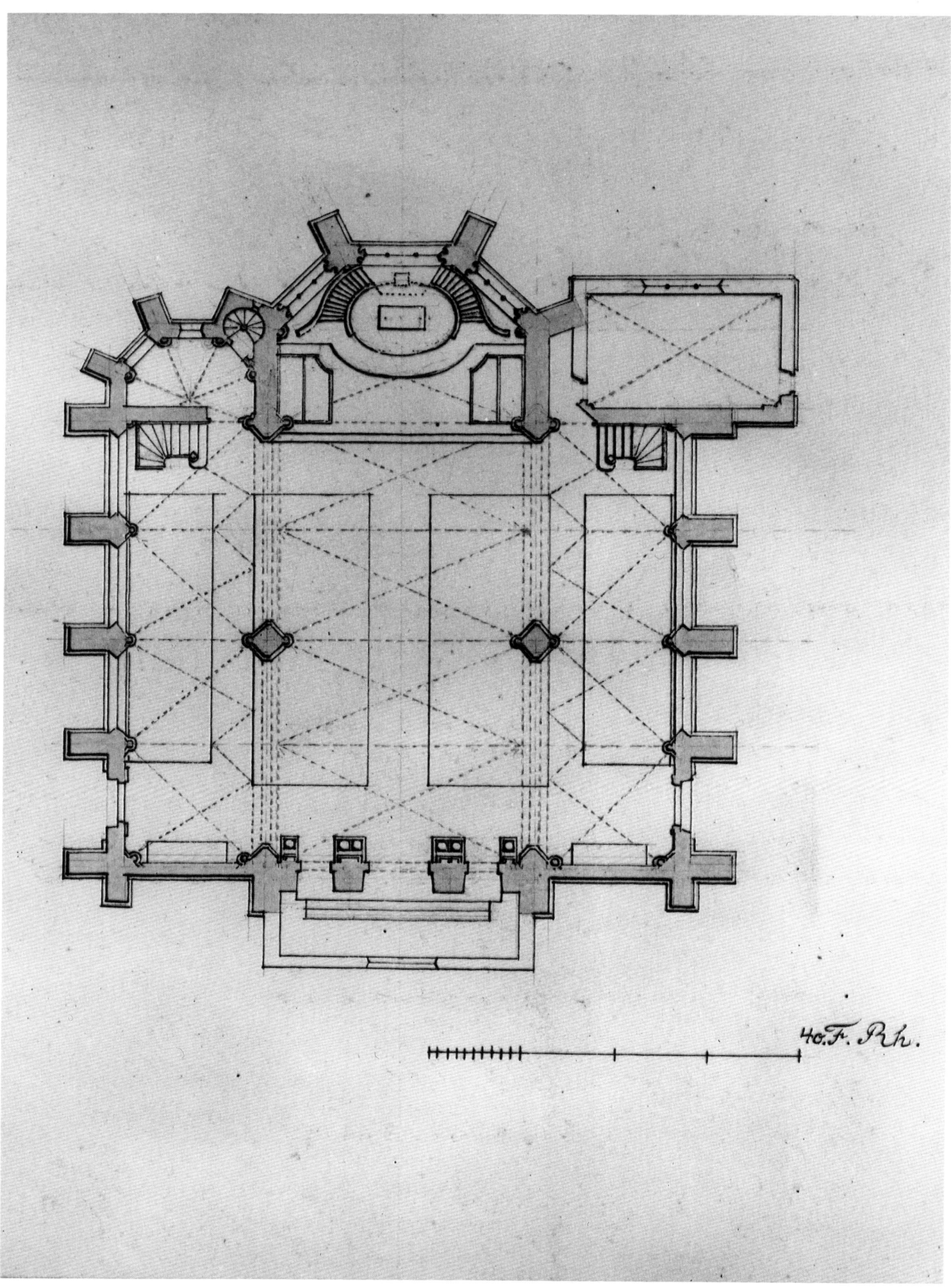

XVII, 1

XVII, 2

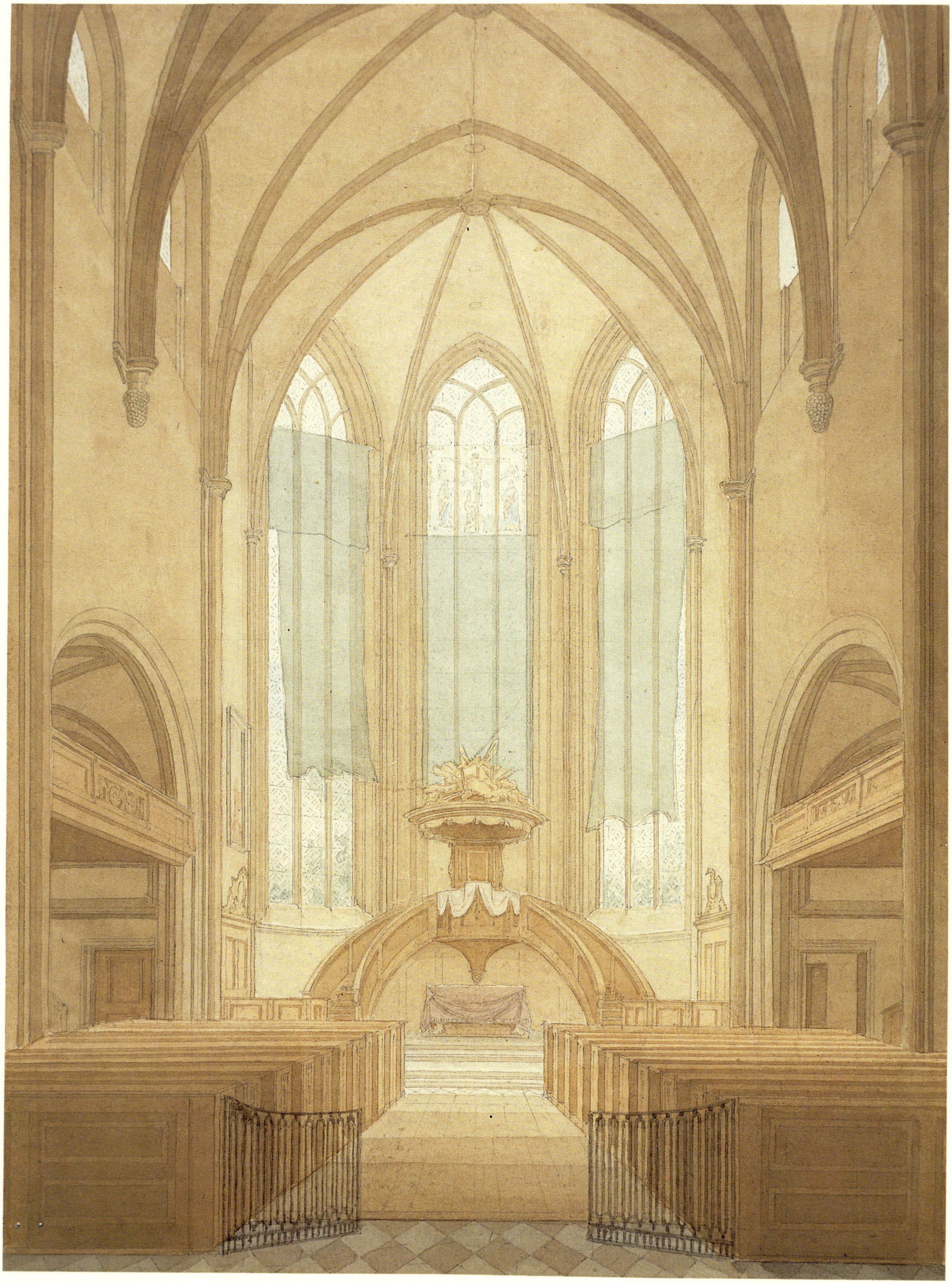

XVII, 3

141

XVII, 4

XVII, 5

Bd. XVIII: Die Pfarrkirche St. Columba

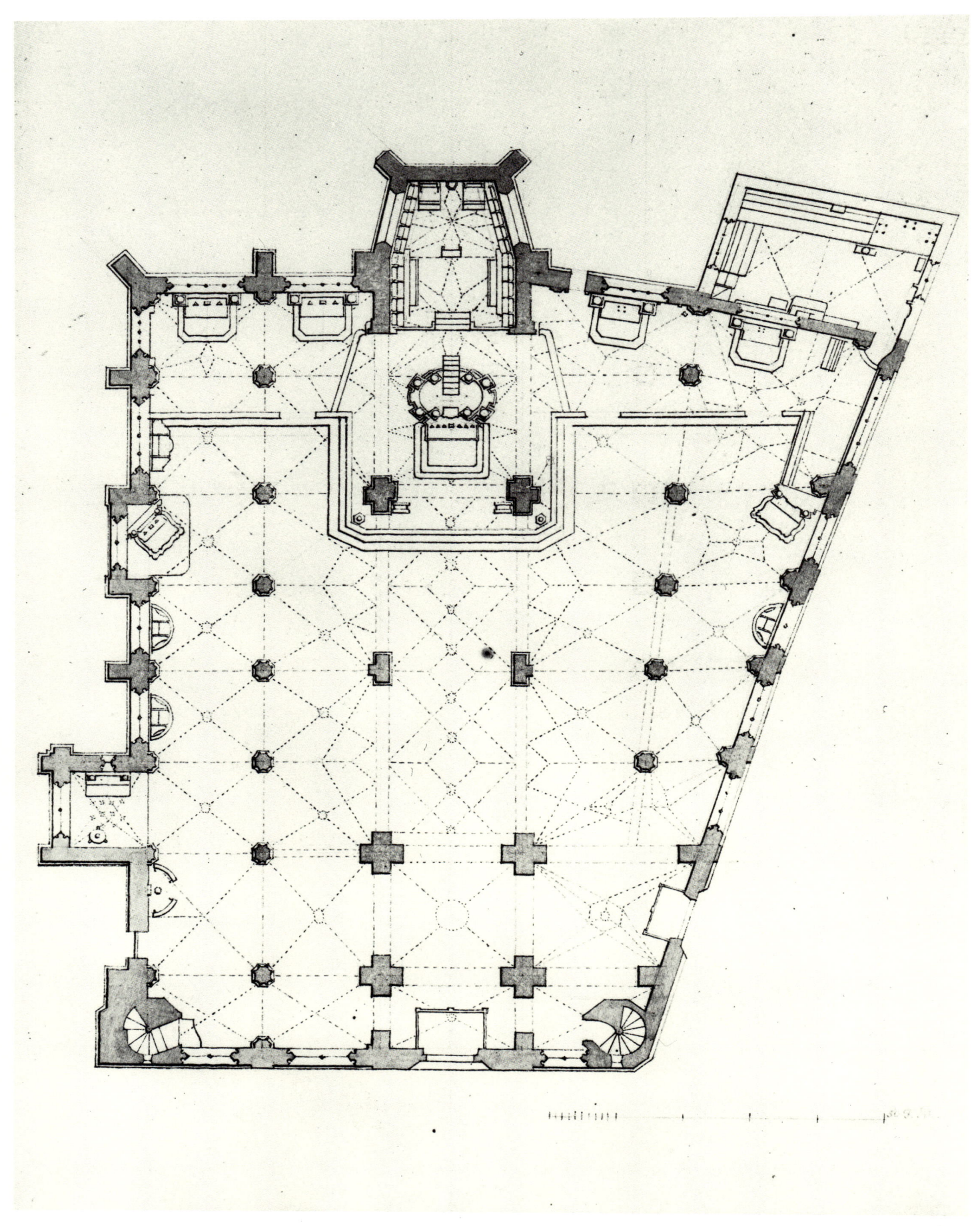

XVIII, 1

XVIII, 2

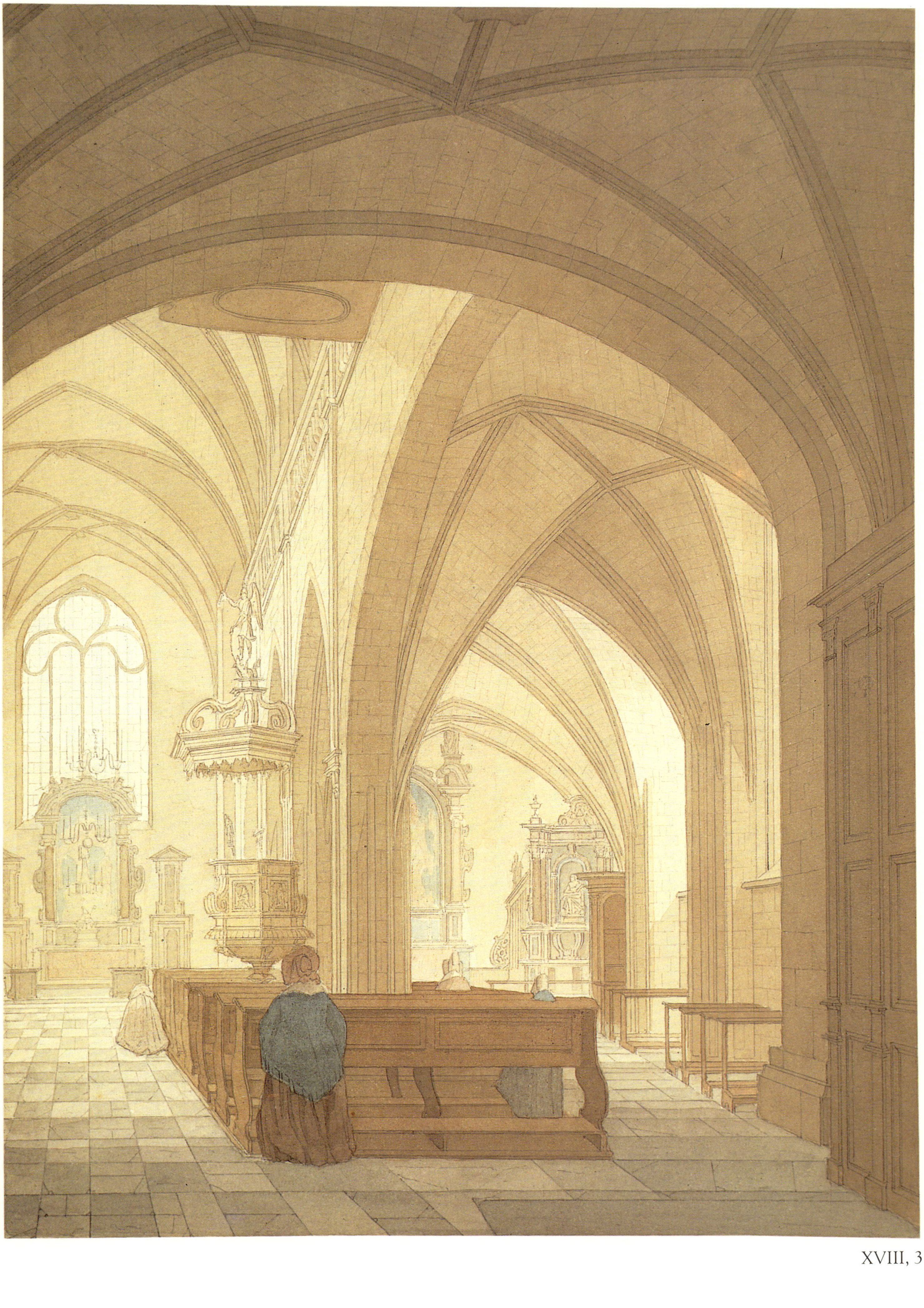

XVIII, 3

XVIII, 5

XVIII, 4

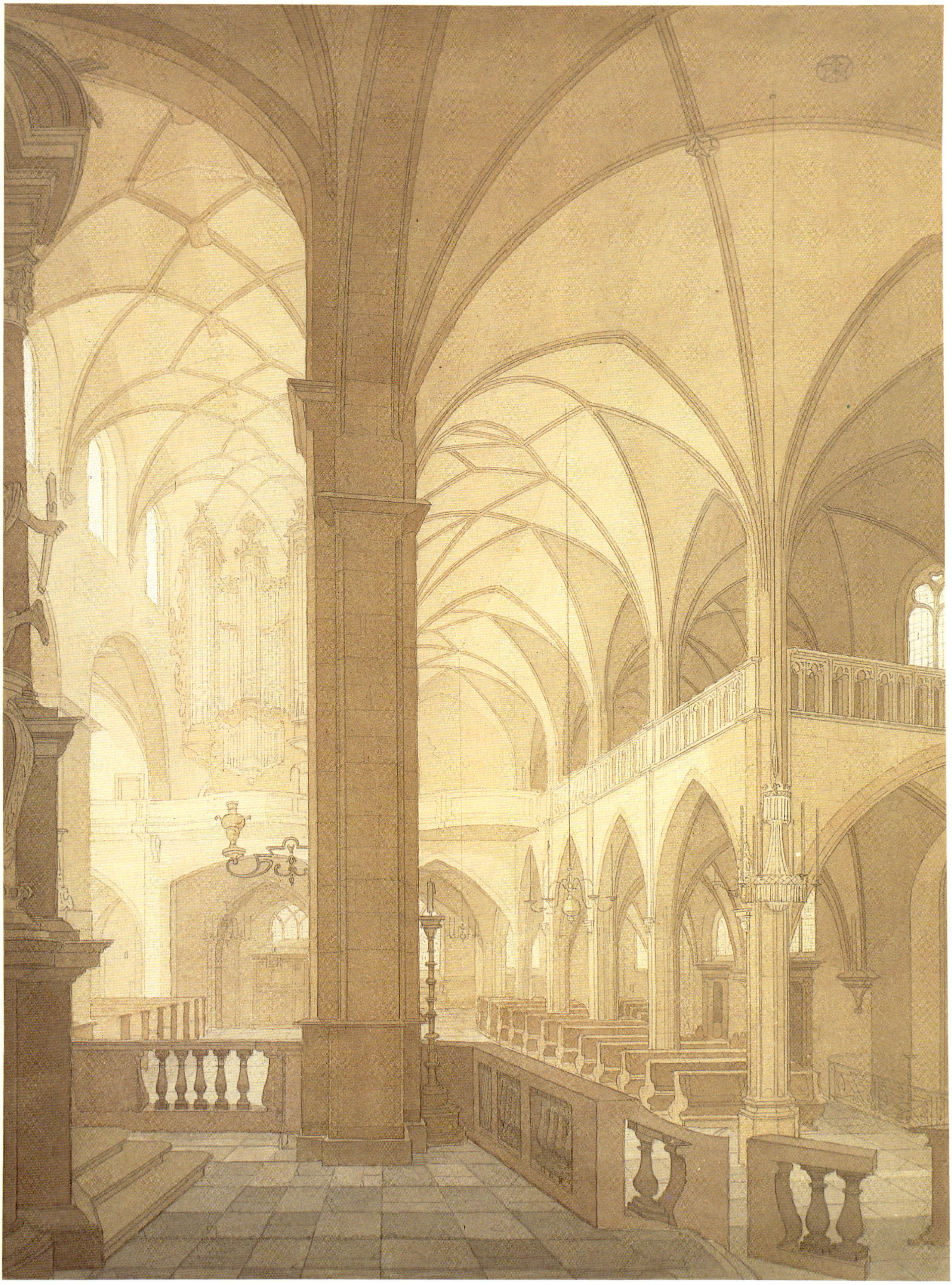

XVIII, 6

Bd. XIX: Die Kirche St. Peter

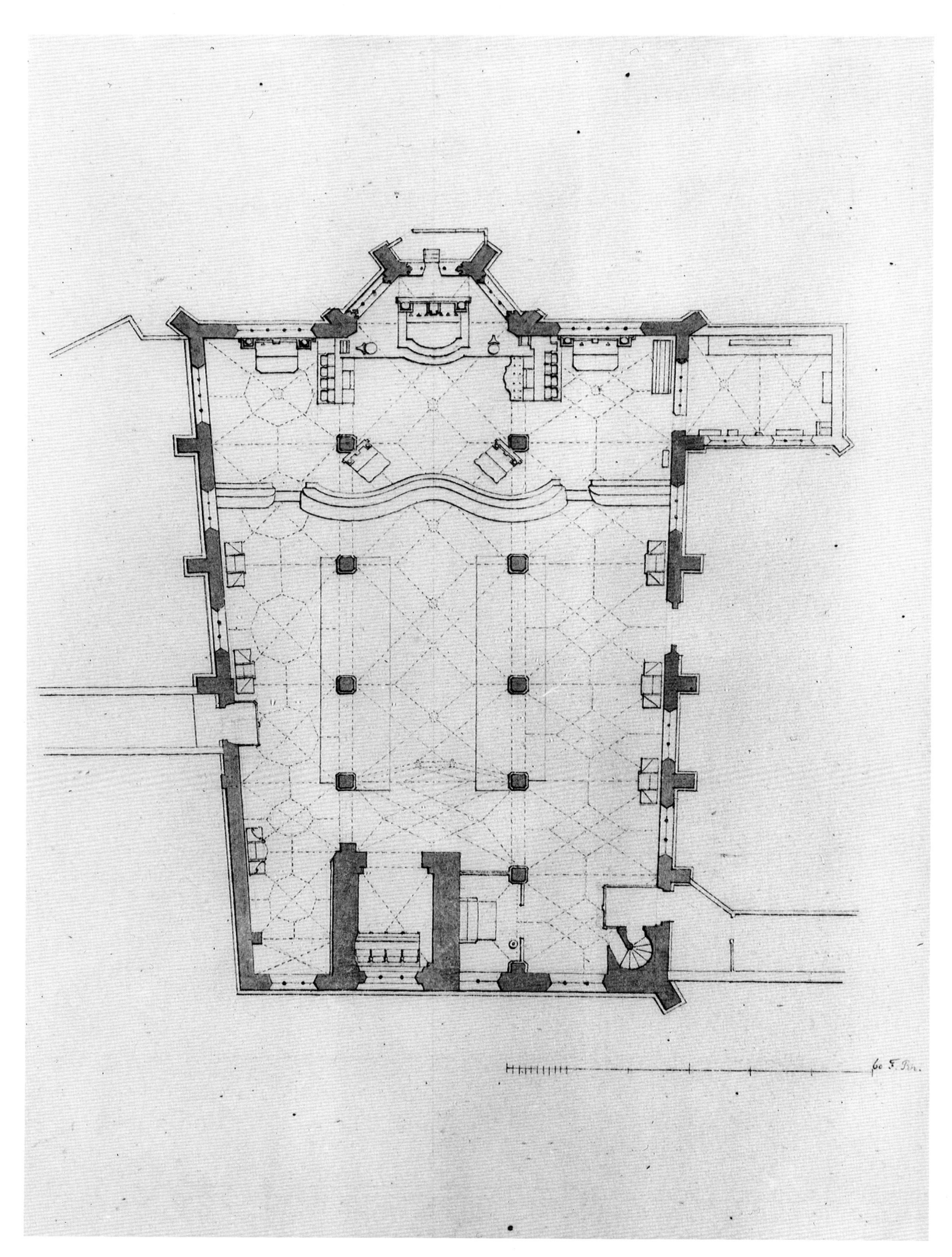

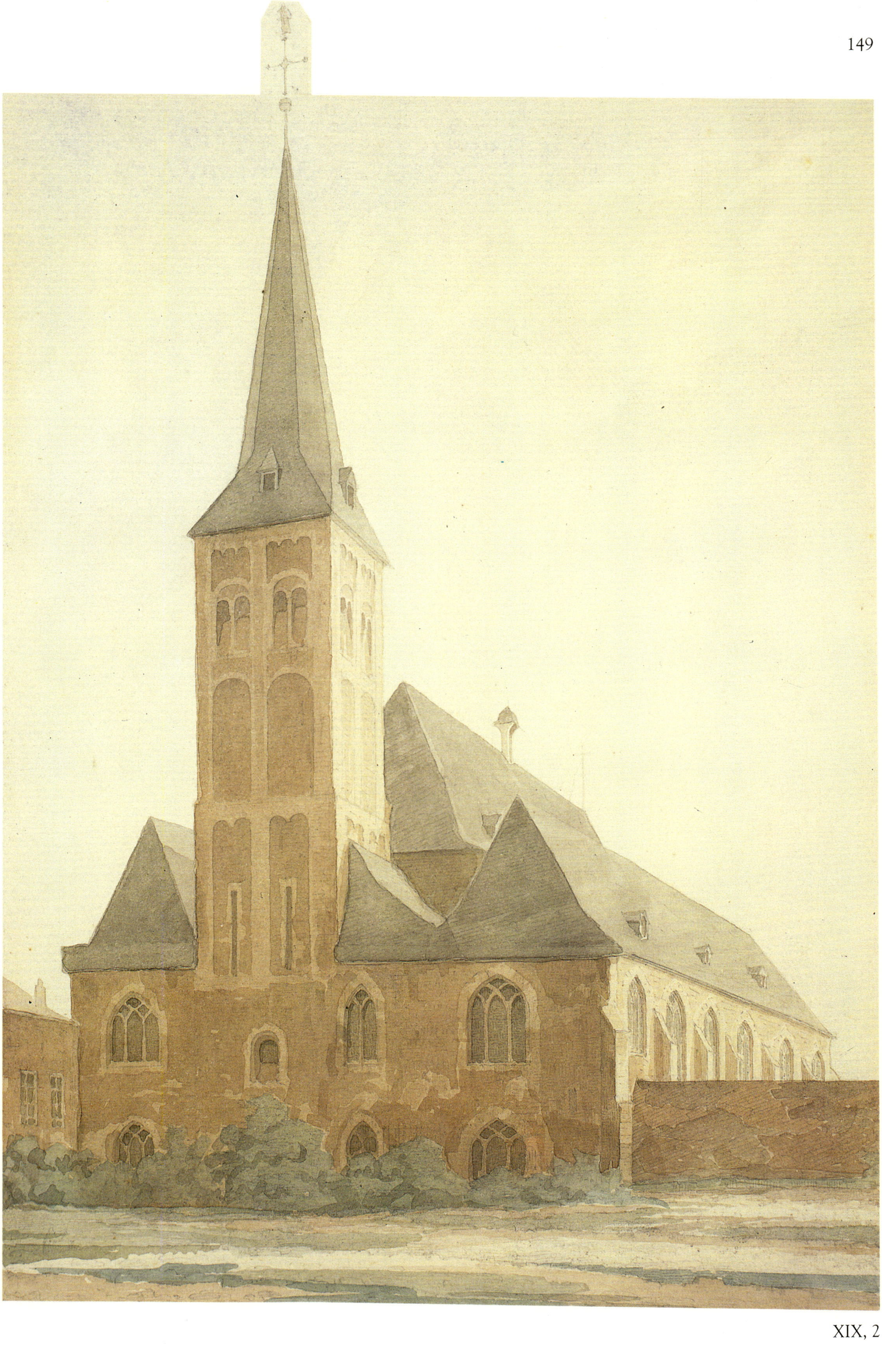

XIX, 2

XIX, 3

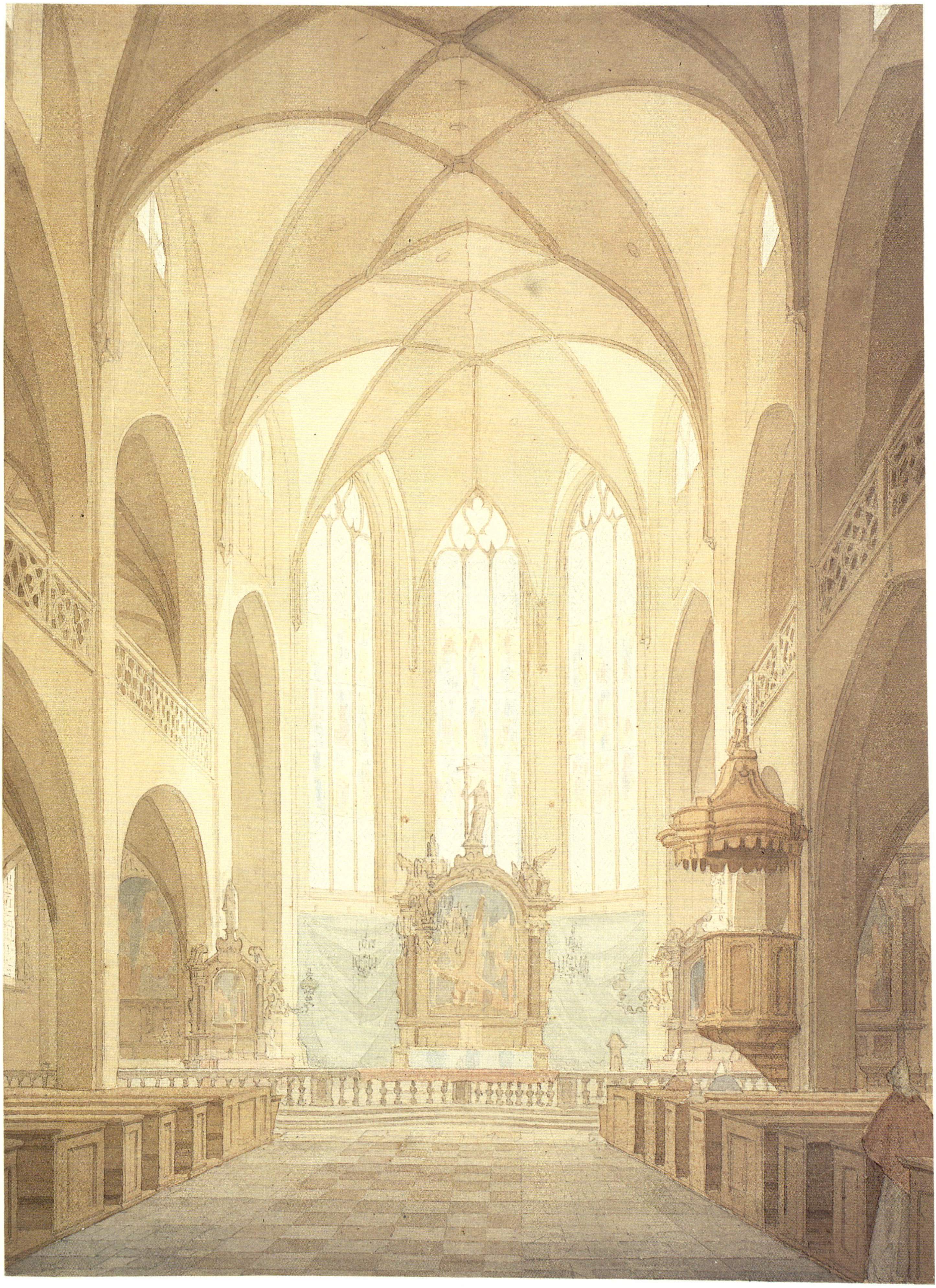

XIX, 4

XIX, 5

XIX, 6

Bd. XX: Die Kirche St. Maria Himmelfahrt

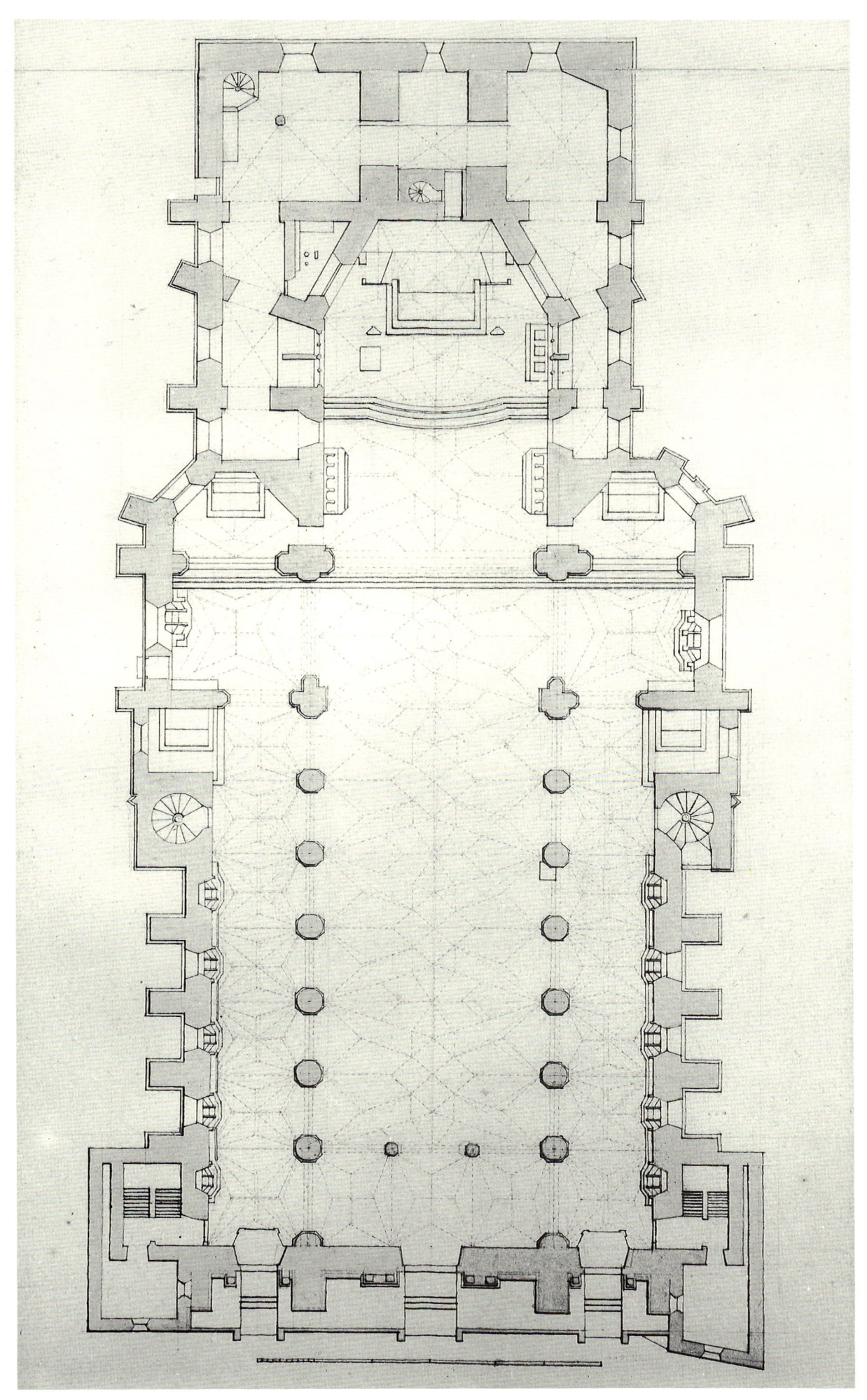

154

XX, 2

155

XX, 3

XX, 5

XX, 4

157

XX, 6

XX, 8

XX, 7

159

XX, 9

Bd. XXI: Die Pfarrkirche St. Alban

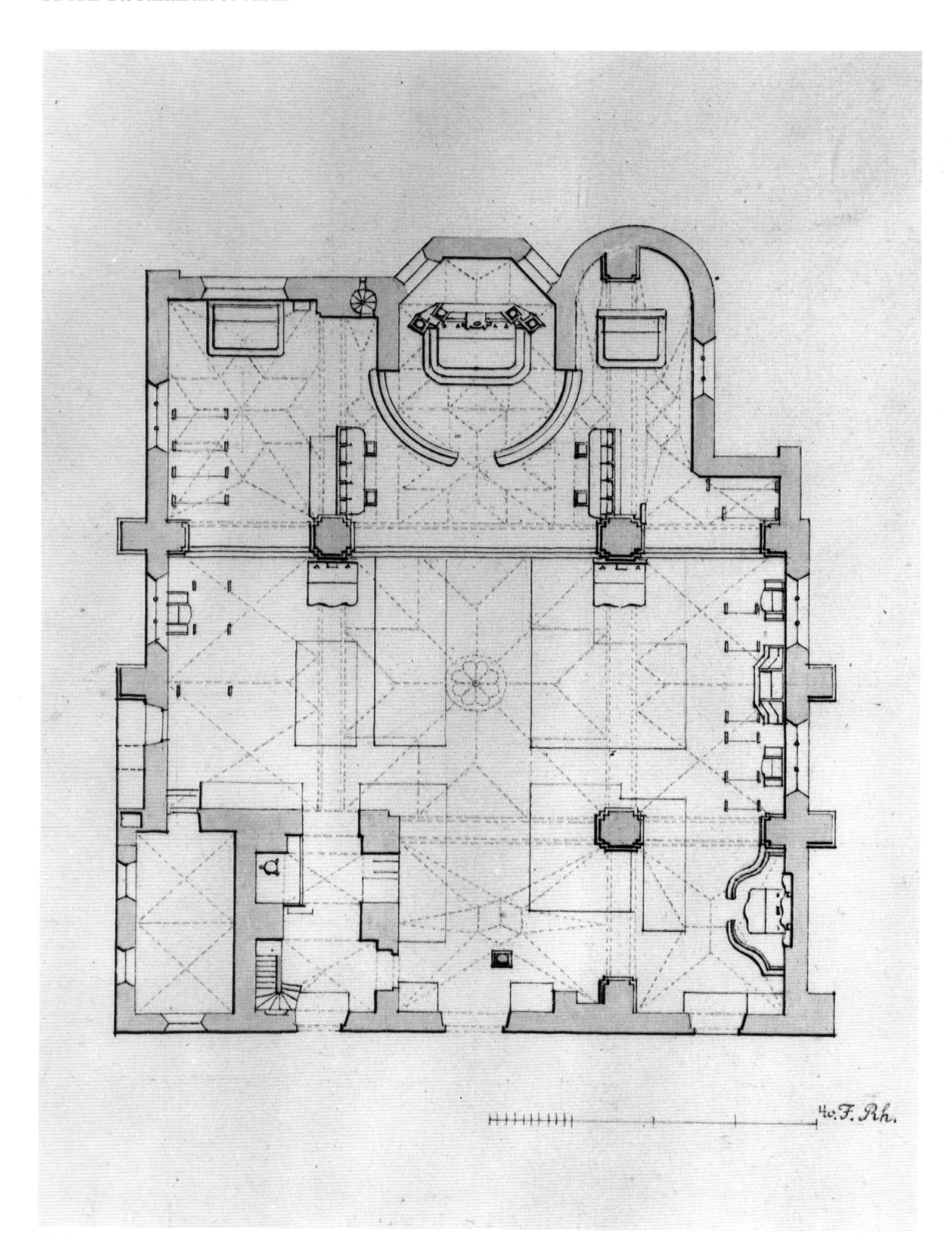

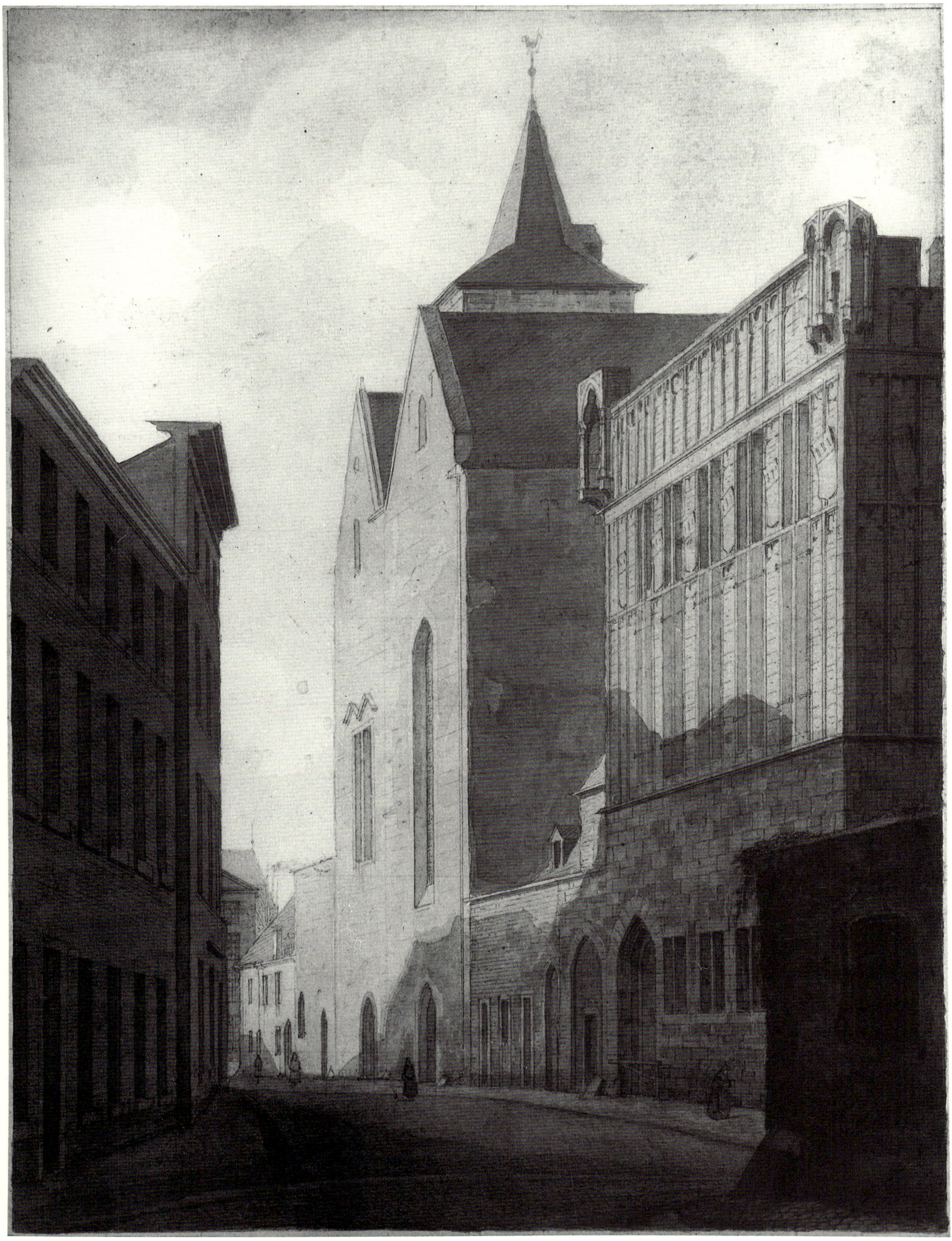

XXI, 2

XXI, 3

XXI, 4

XXI, 5

XXI, 6

Bd. XXII: Kirche St. Maria in der Kupfergasse

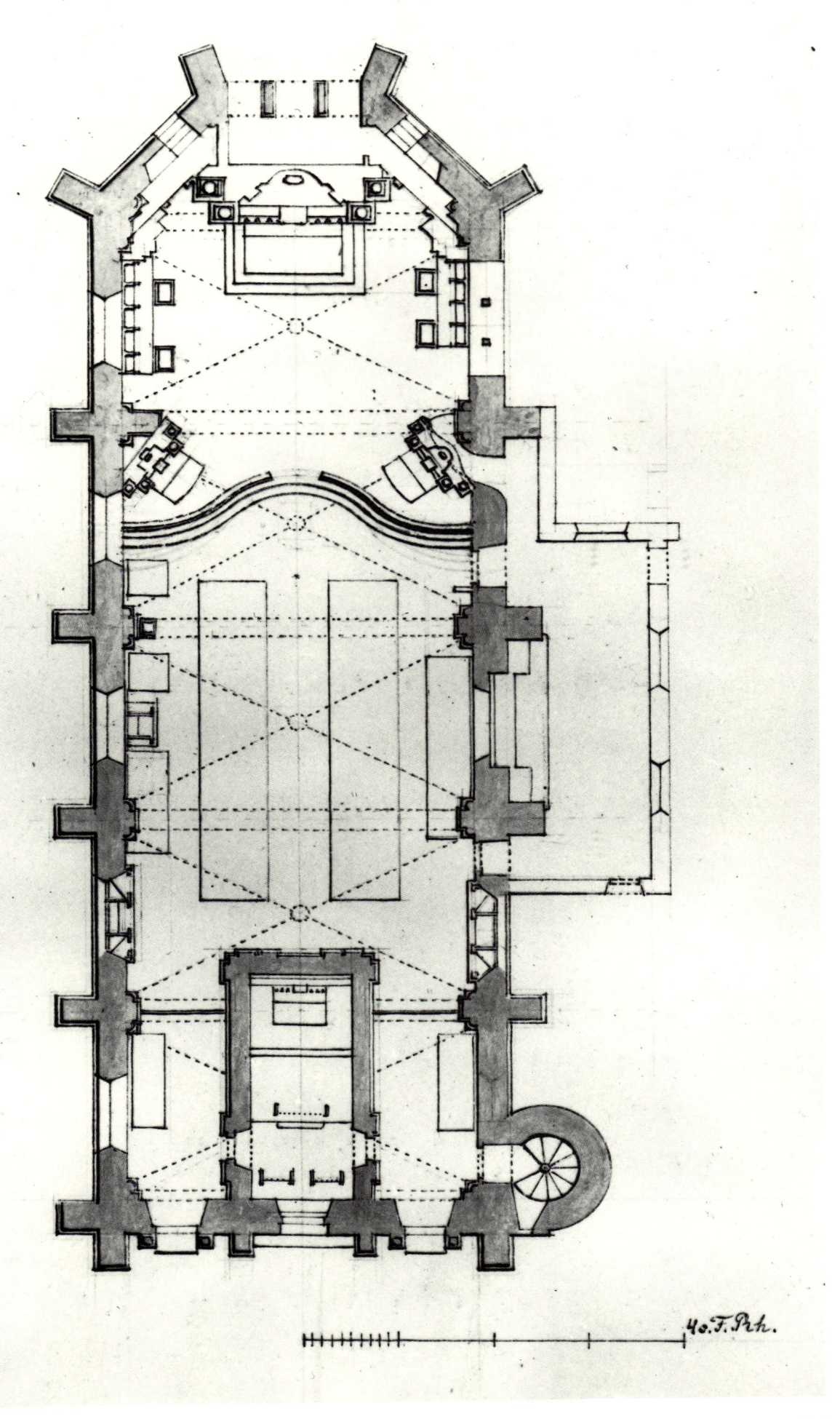

XXII, 2

XXII, 4

XXII, 3

Bd. XXIII: Kirche St. Maria in der Schnurgasse

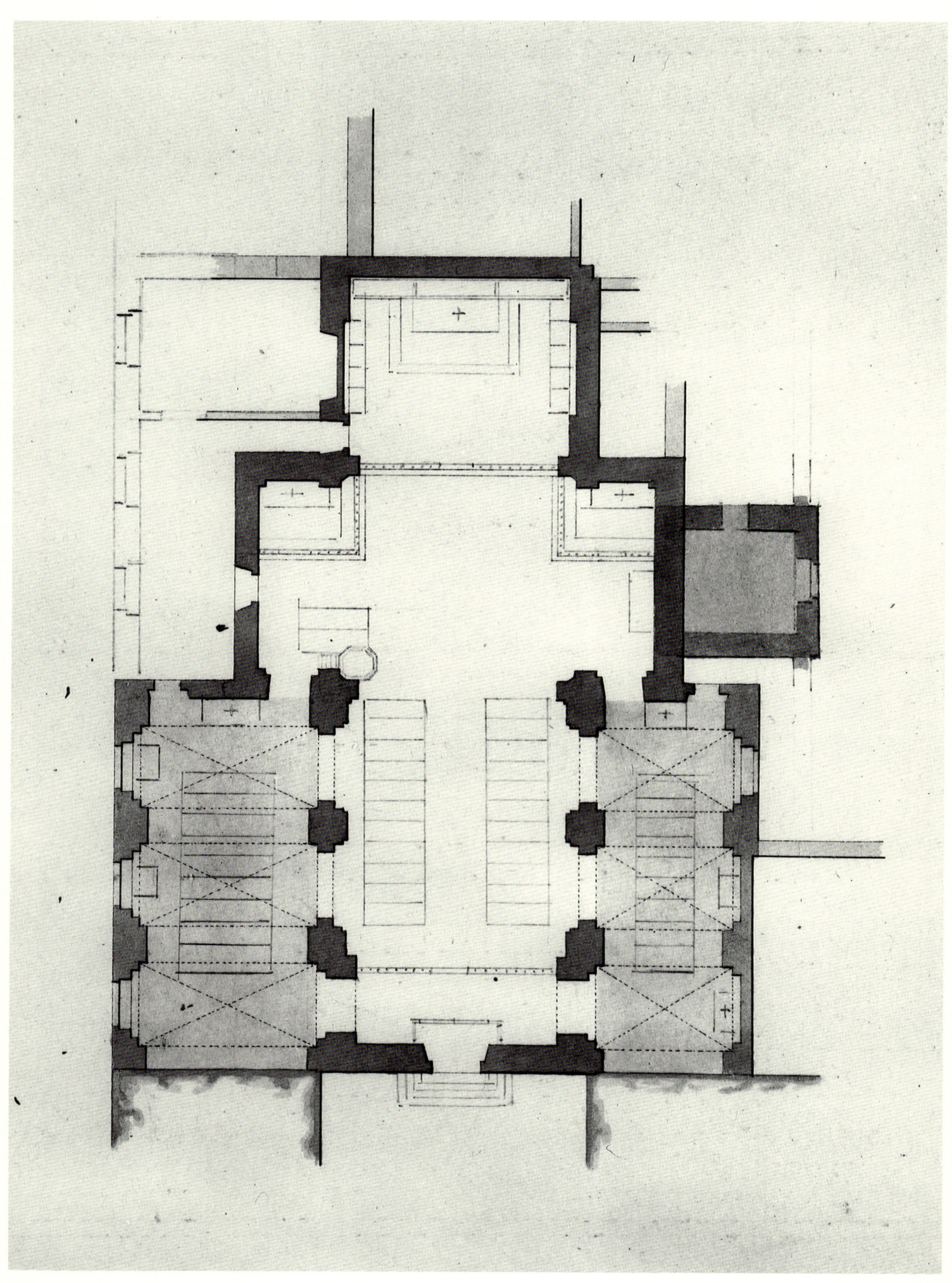

XXIII, 1

XXIII, 2

XXIII, 3

169

XXIII, 4

Bd. XXIV: Kirche der Ursulinerinnen

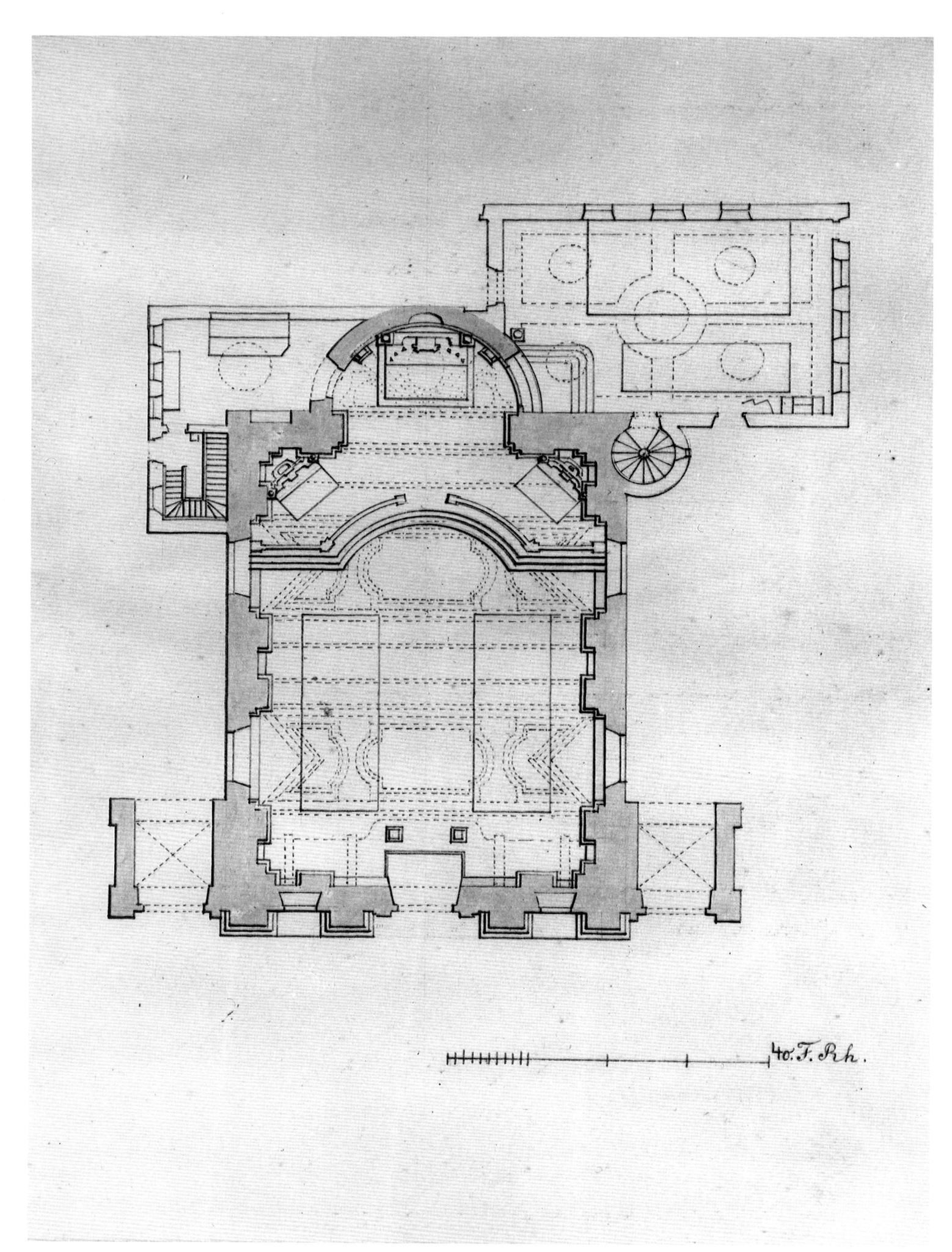

XXIV, 2

XXIV, 4

XXIV, 3

Bd. XXV: Elend Kirche

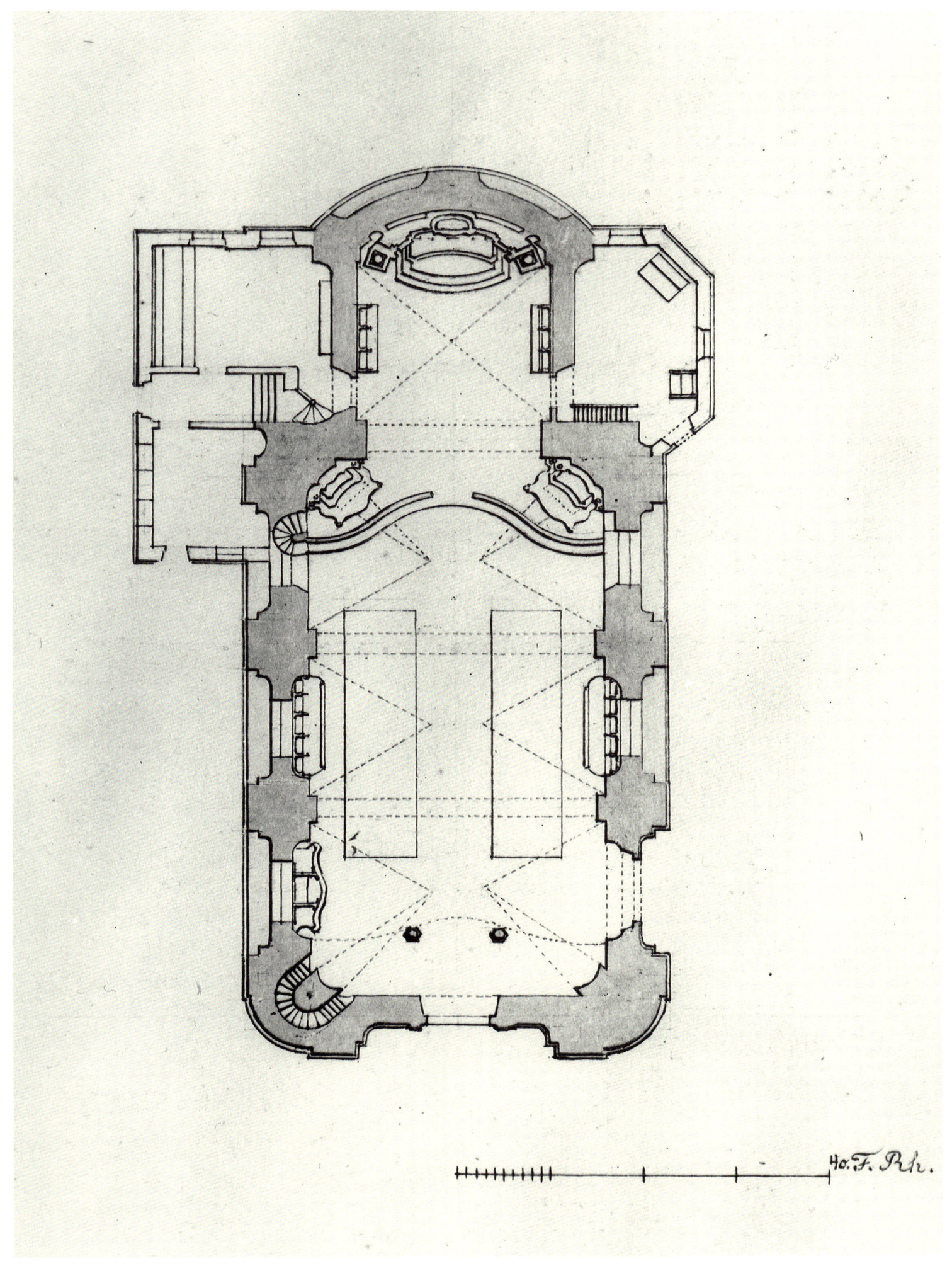

XXV, 2

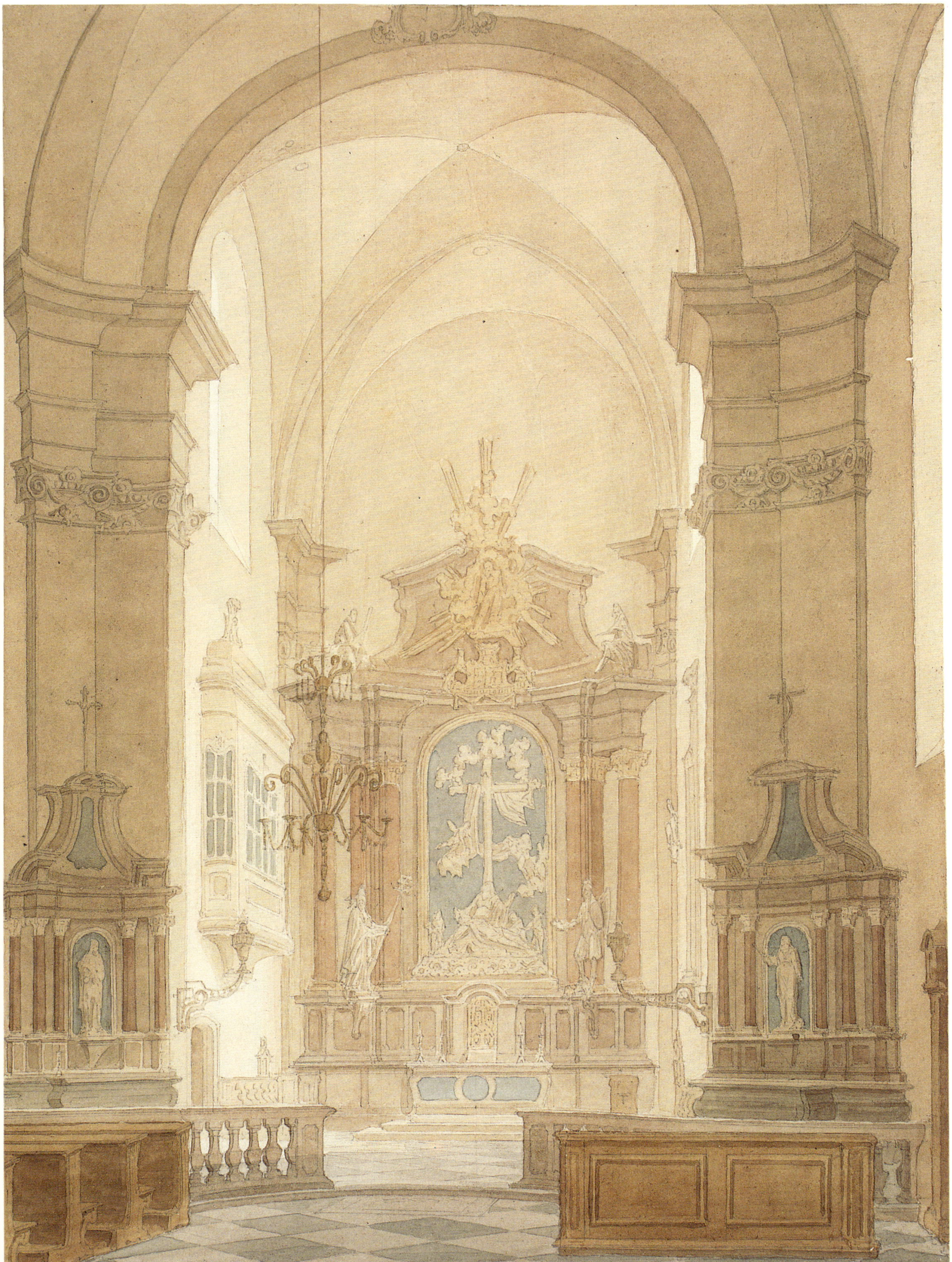

XXV, 3

XXV, 5

XXV, 4

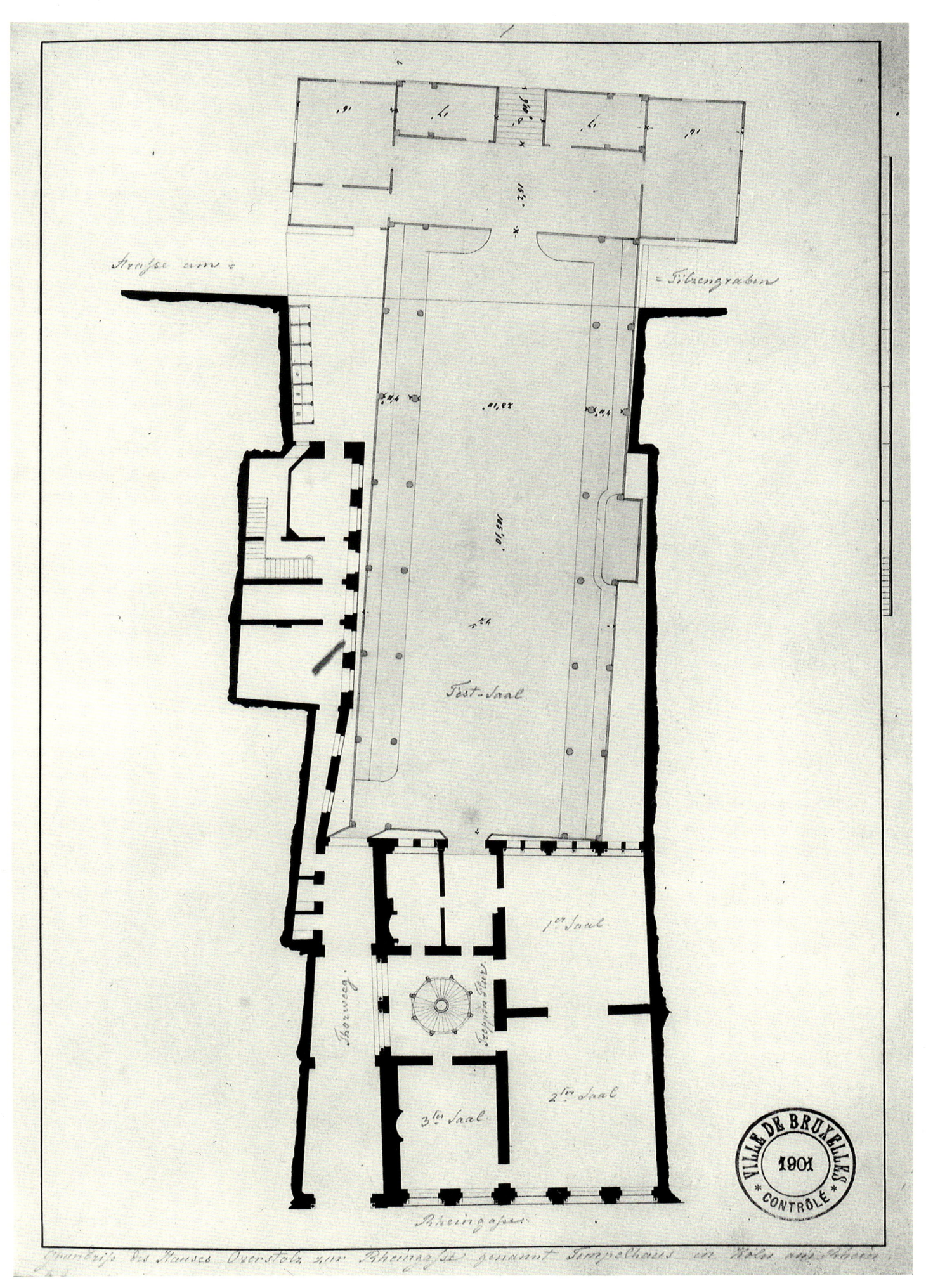

Bd. XXVII: Das Haus Overstolz zur Rheingasse genannt Tempelhaus

XXVII, 1

XXVII, 2

XXVII, 3

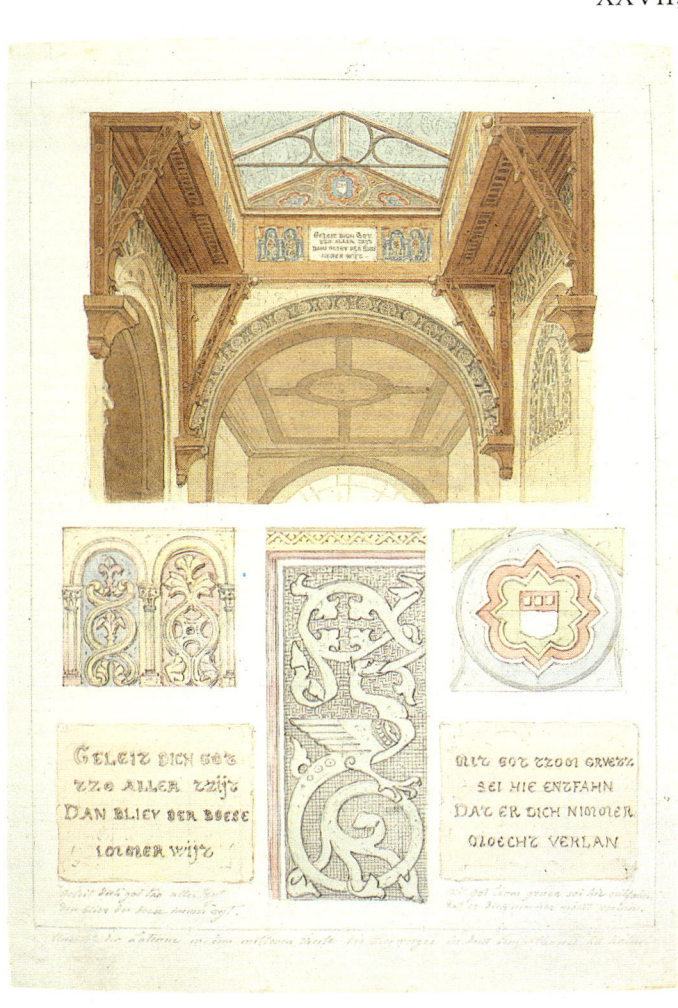

XXVII, 4

XXVII, 5

XXVII, 6

XXVII, 7

XXVII, 8

XXVII, 9

XXVII, 10

XXVII, 11

XXVII, 12

XXVII, 13

XXVII, 14

XXVII, 15

XXVII, 16

XXVII, 17

183

XXVII, 17a [o. Nr.]   XXVII, 18

XXVII, 19

XXVII, 20

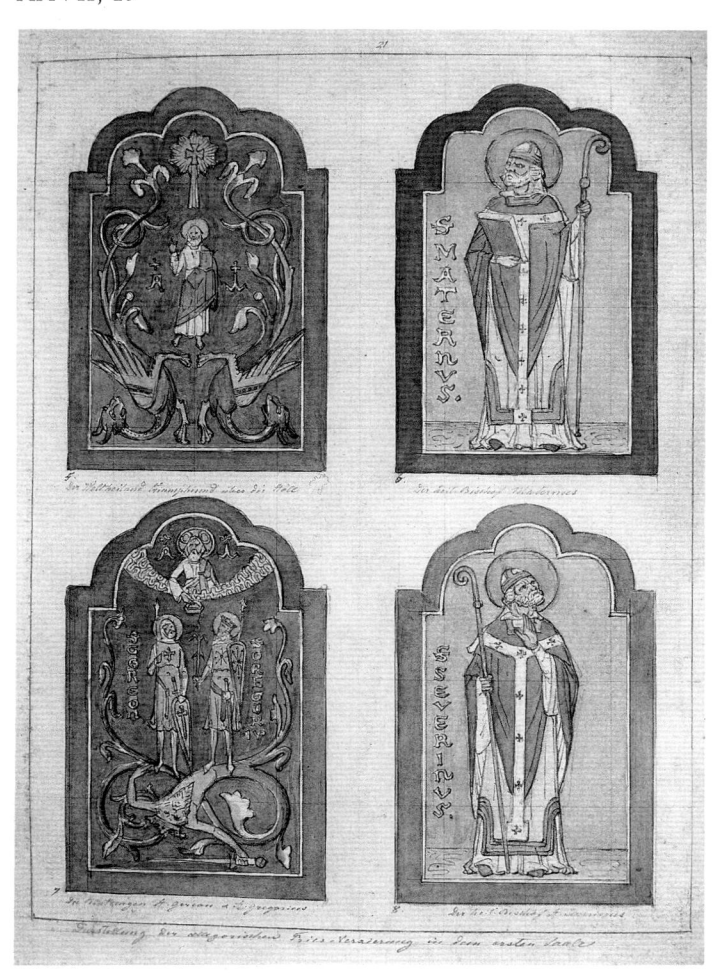

XXVII, 21

XXVII, 22

XXVII, 23

XXVII, 24

XXVII, 25

XXVII, 26

XXVII, 27

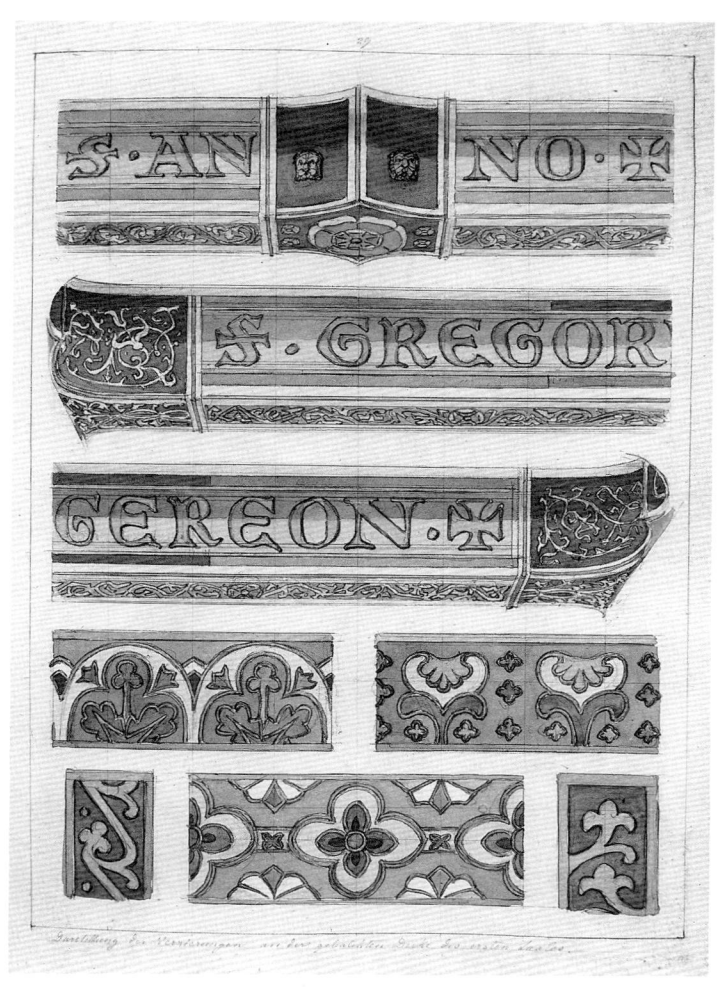

XXVII, 28

XXVII, 29

XXVII, 30

187

XXVII, 31

XXVII, 32

XXVII, 33

188

XXVII, 34

XXVII, 35

OVERSTOLZE — SCHERFFGIN

VAN HORNE — HADERADOCH

SPIEGEL — VAM CVESID

XXVII, 36

VAM HIRTZELIN — VAN DER STESSEN

HARDEFUIST — VAM GRINE

DIE IUEDEN — VAM CHIRE

XXVII, 37

VA. DAVWENHEM — VA. BENESIS

PANTHALEON — MONERSLOCH

XXVII, 38

XXVII, 39

XXVII, 40

XXVII, 41

190

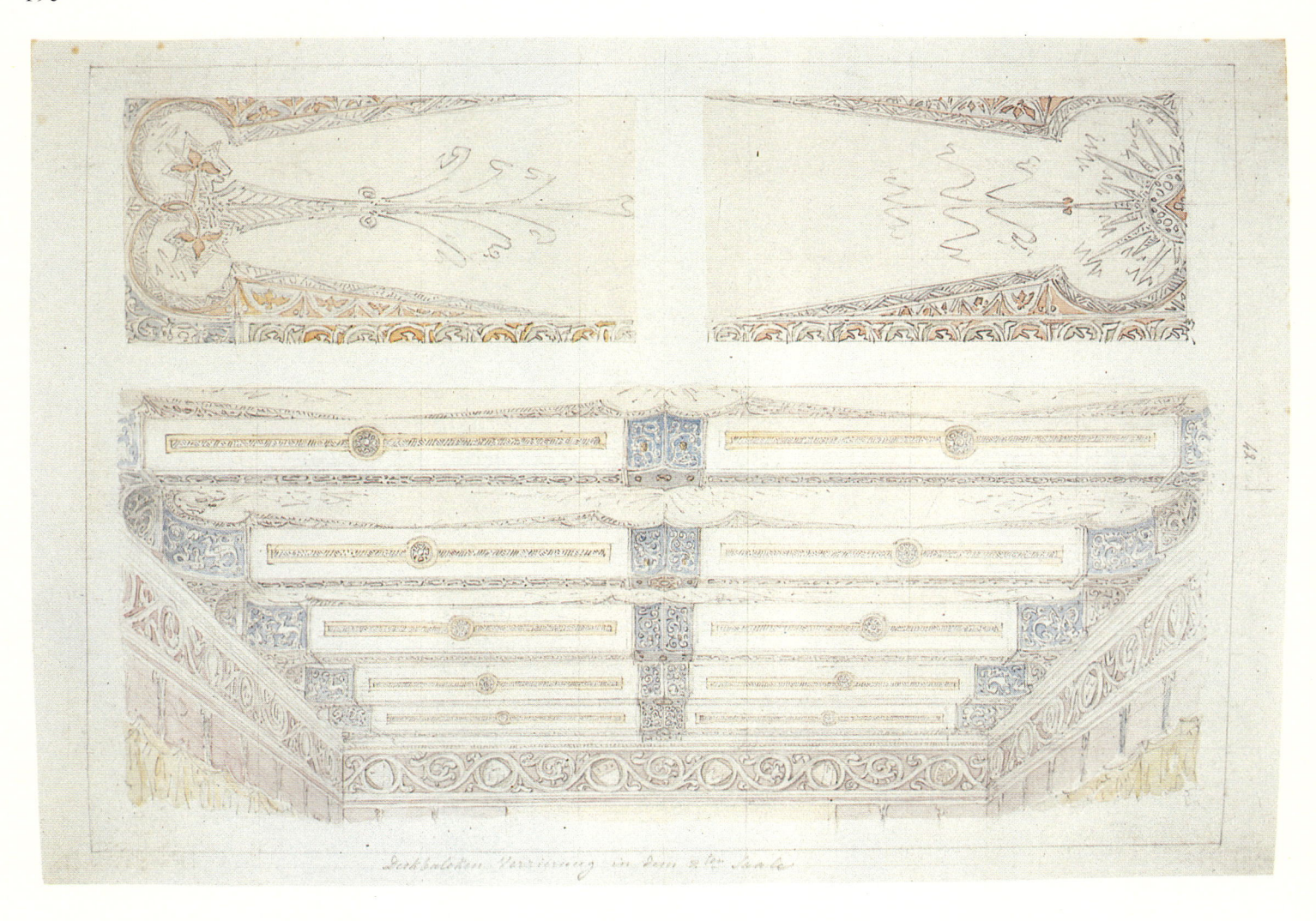

XXVII, 42 XXVII, 43

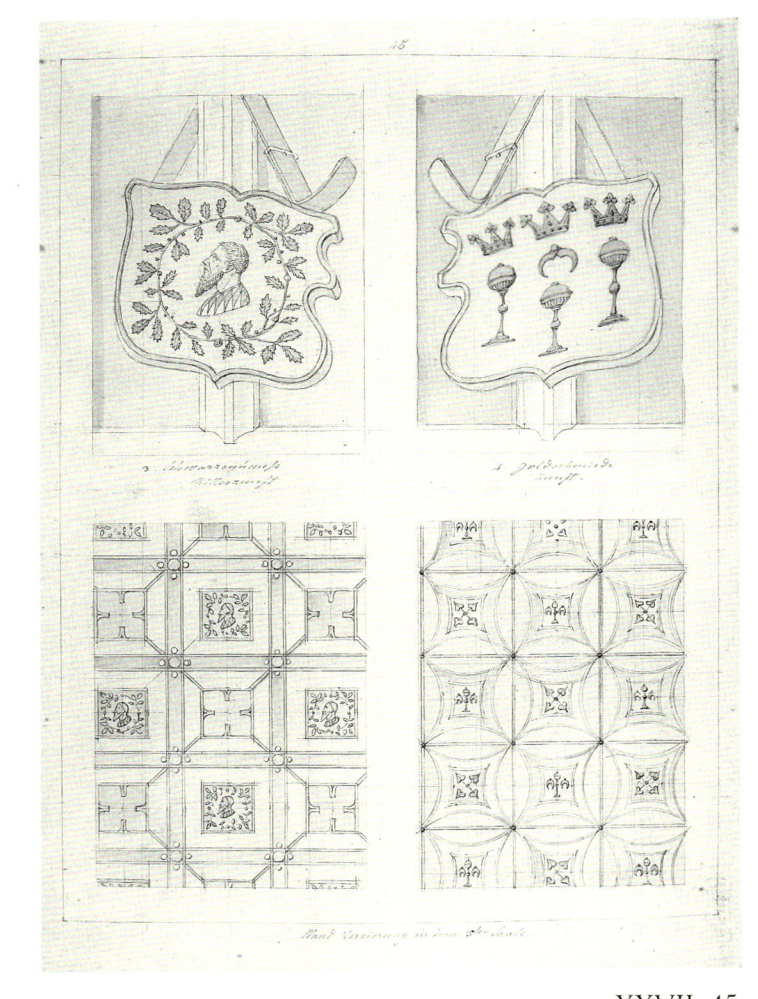

XXVII, 44

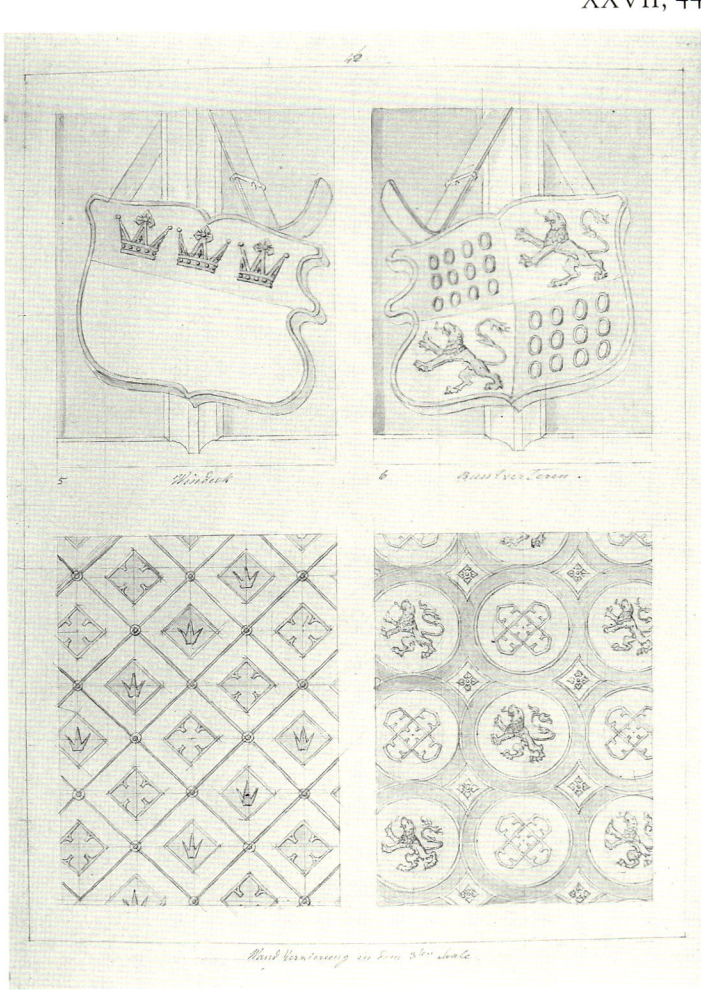

XXVII, 45

XXVII, 46

XXVII, 47

XXVII, 48

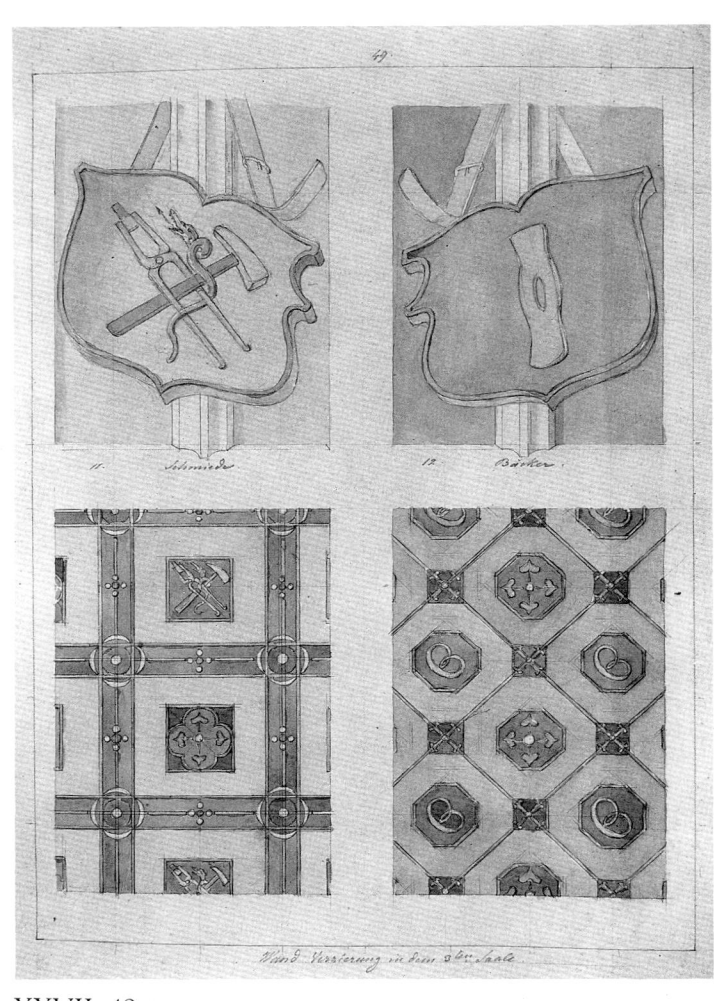

XXVII, 49

XXVII, 50

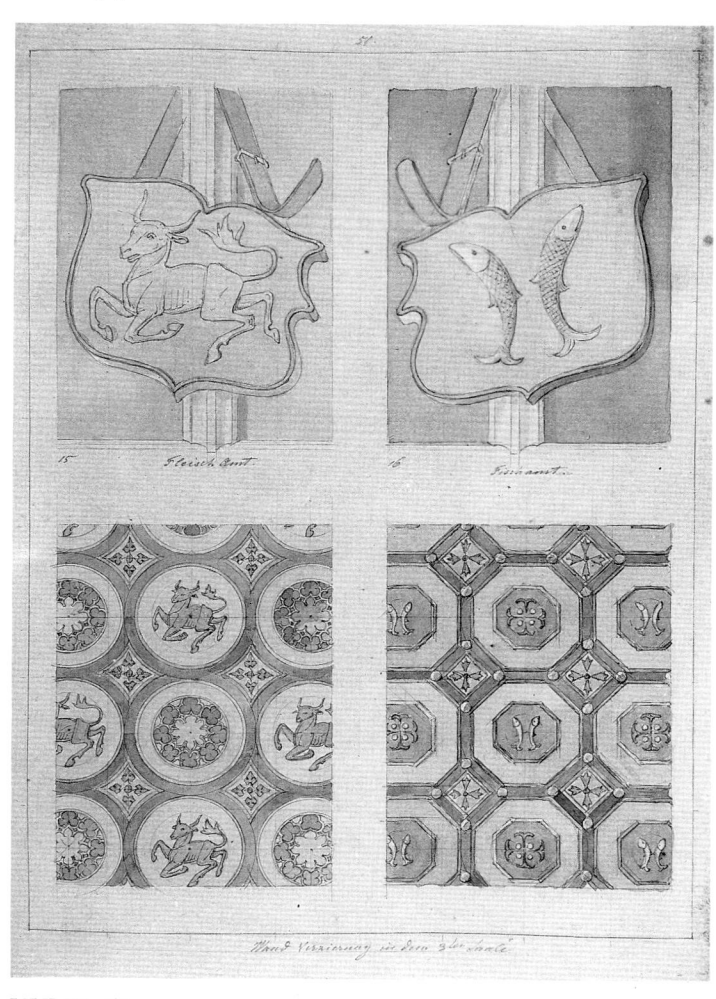

XXVII, 51

XXVII, 52

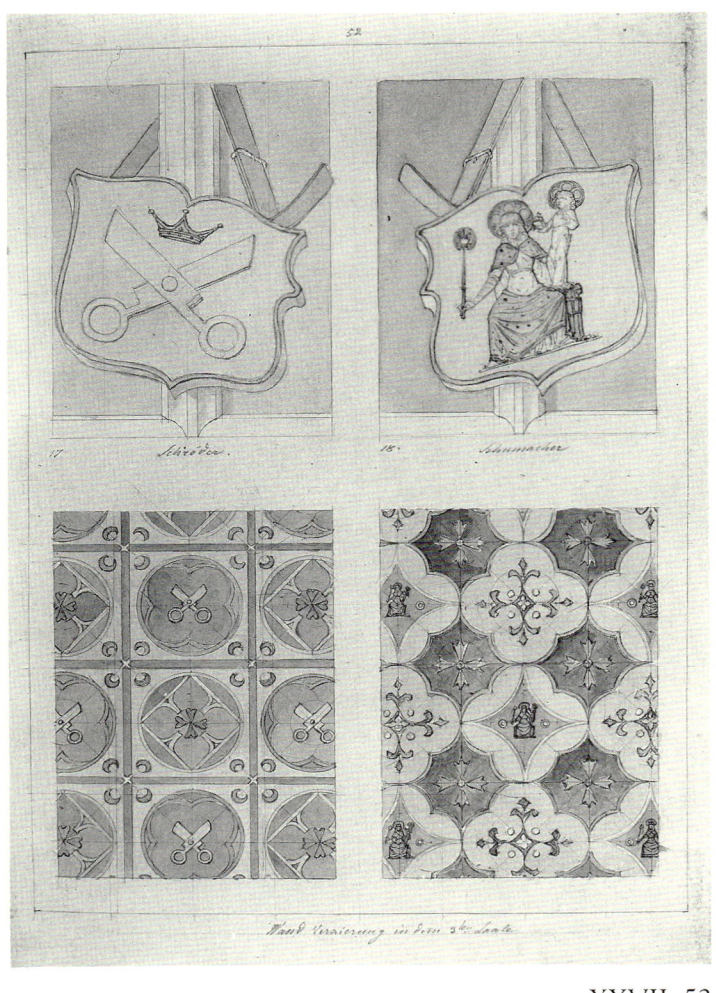

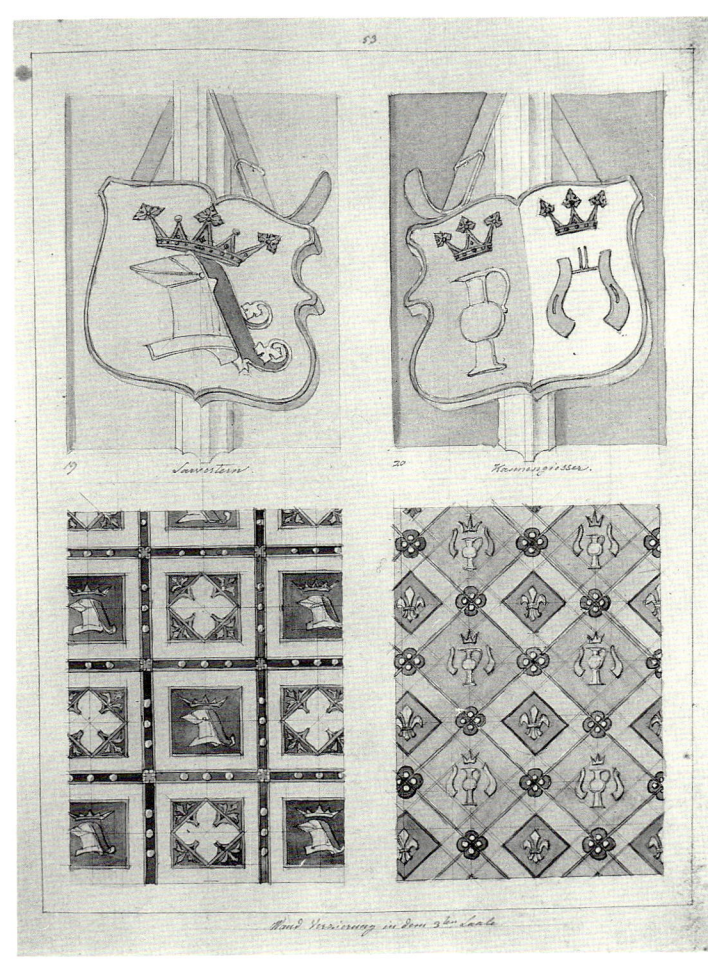

XXVII, 53

XXVII, 54

XXVII, 55

XXVII, 56 [XXVII, 57 ohne Abb.] XXVII, 58

XXVII, 59

XXVII, 60

XXVII, 61

XXVII, 62

XXVII, 63

XXVII, 64

XXVII, 65

XXVII, 66

XXVII, 67

XXVII, 68

XXVII, 69

XXVII, 70

XXVII, 71

Bd. XXVIII: Zeichnungen von architectonischen Details

XXVIII, 1

199

XXVIII, 2

XXVIII, 3

XXVIII, 4

XXVIII, 6

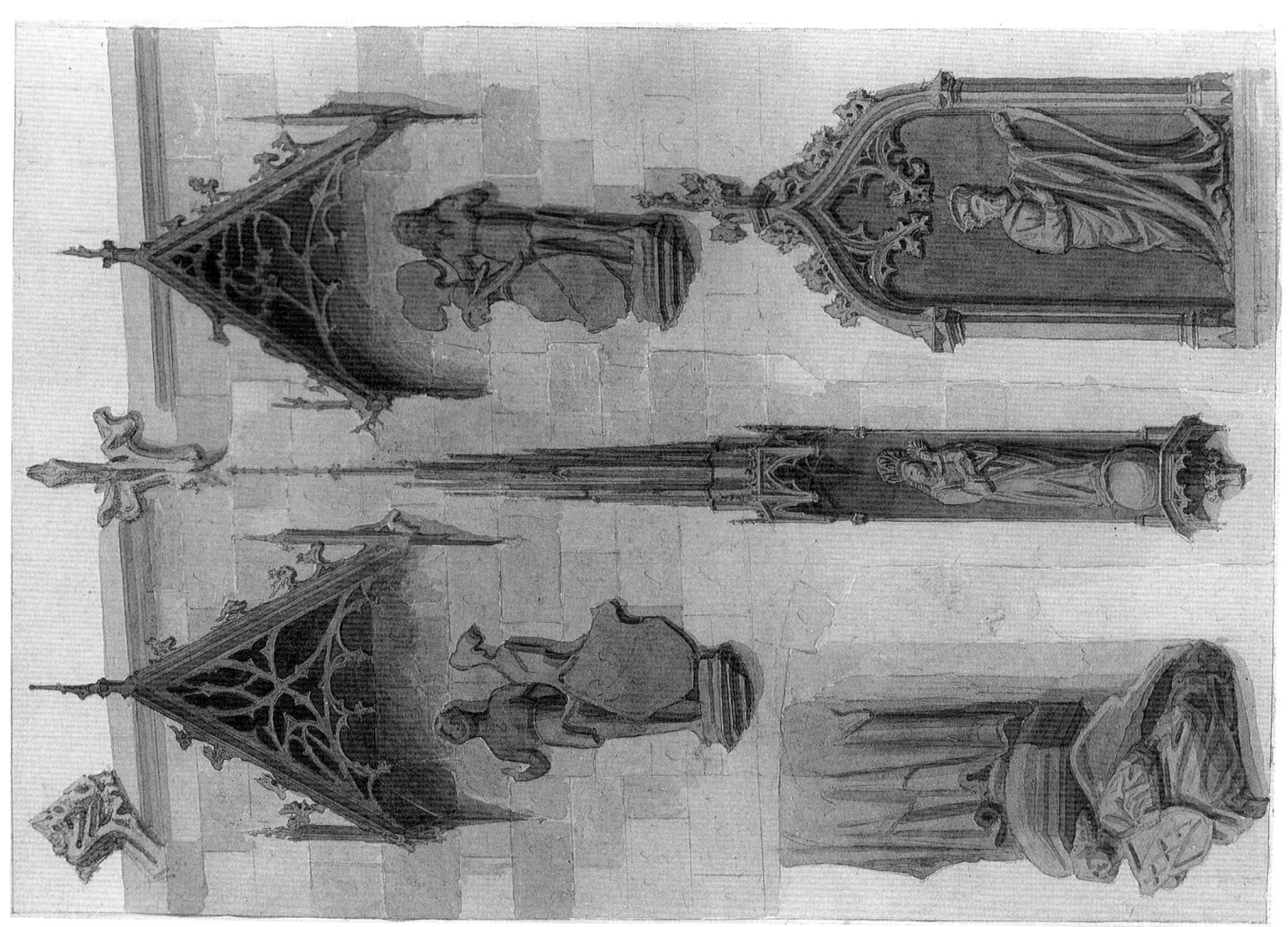

XXVIII, 5

XXVIII, 8

XXVIII, 7

XXVIII, 9

XXVIII, 11

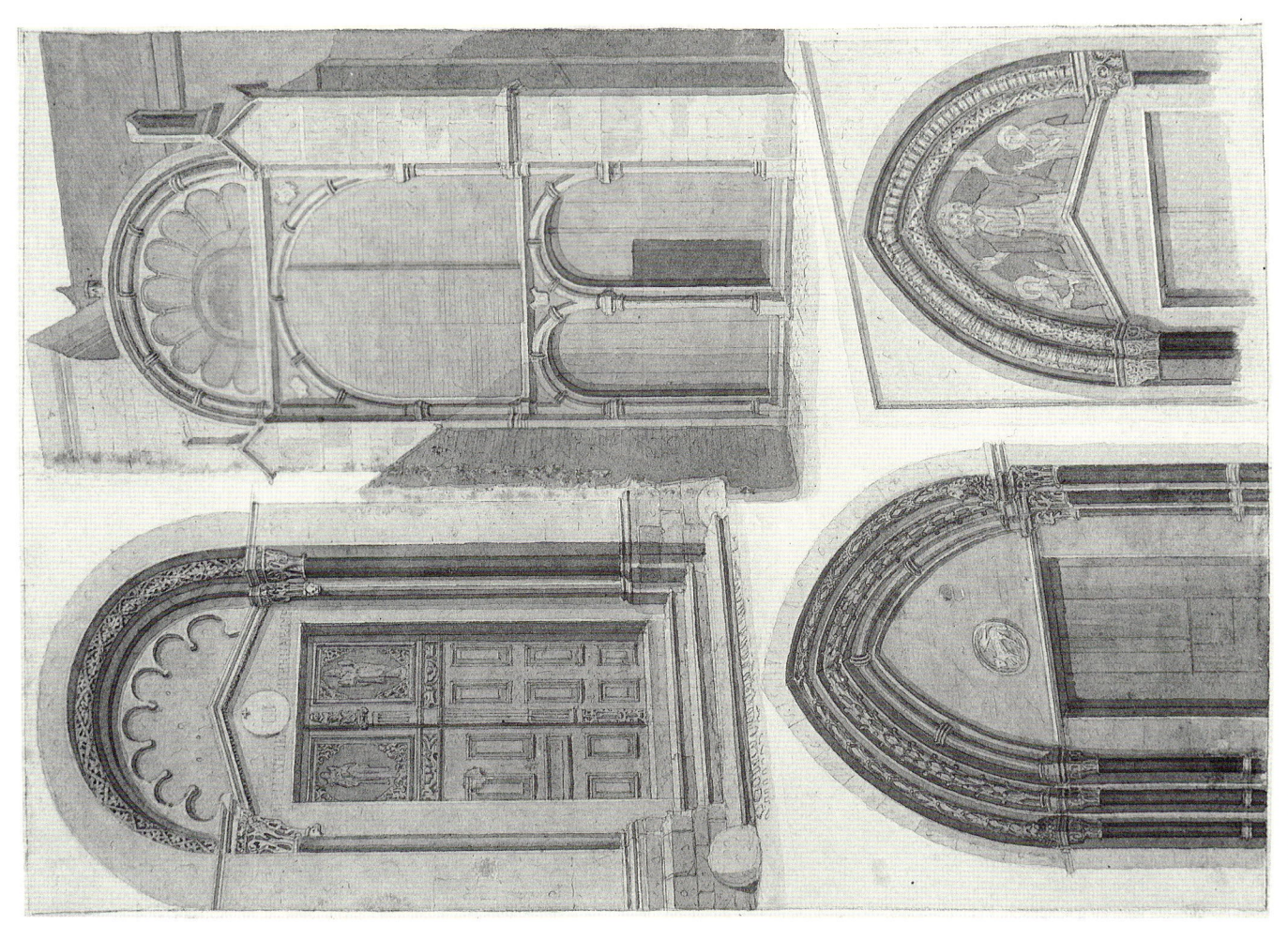

XXVIII, 10

XXVIII, 12

XXVIII, 13

XXVIII, 14

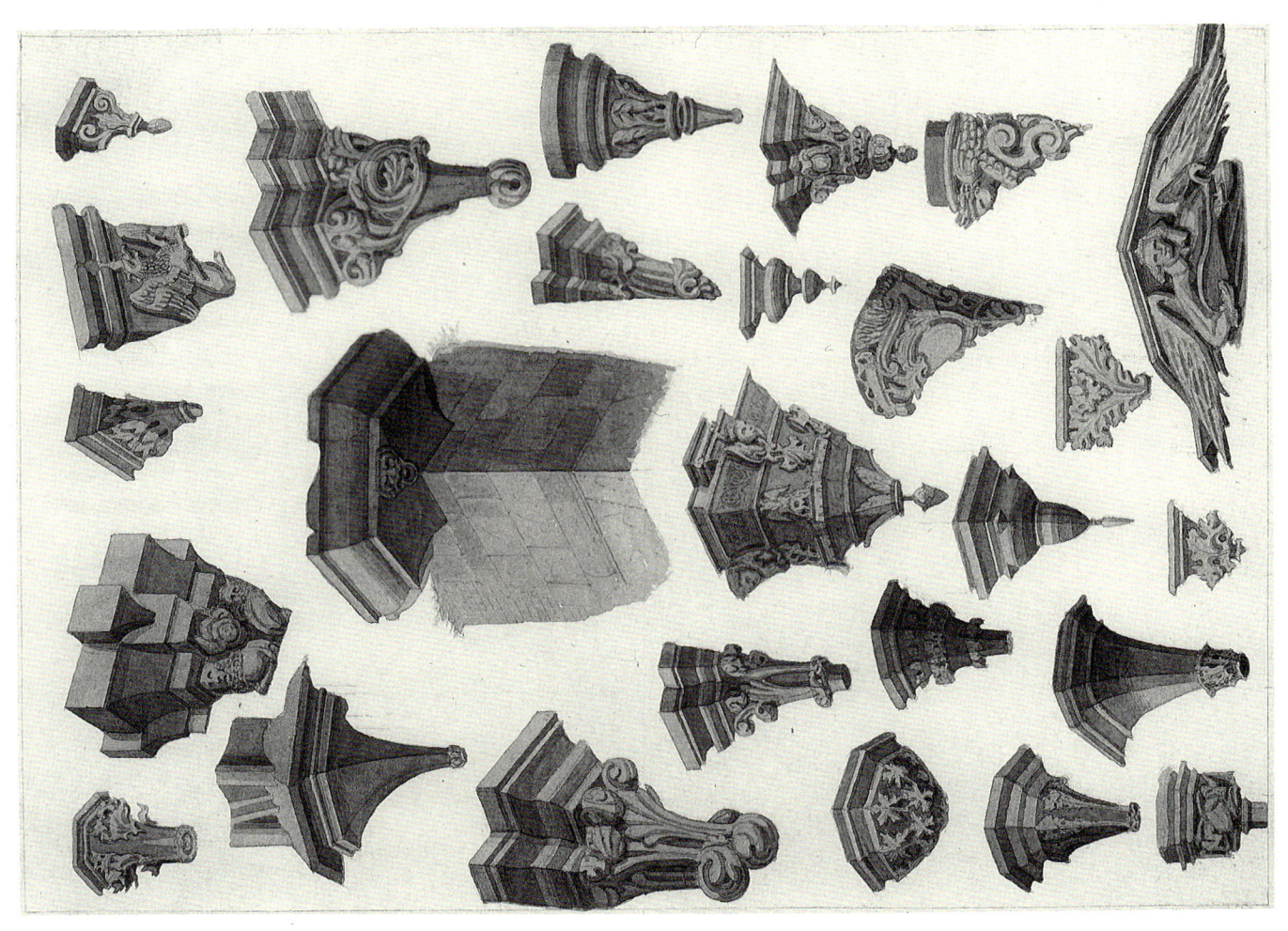

XXVIII, 16

XXVIII, 15

XXVIII, 18

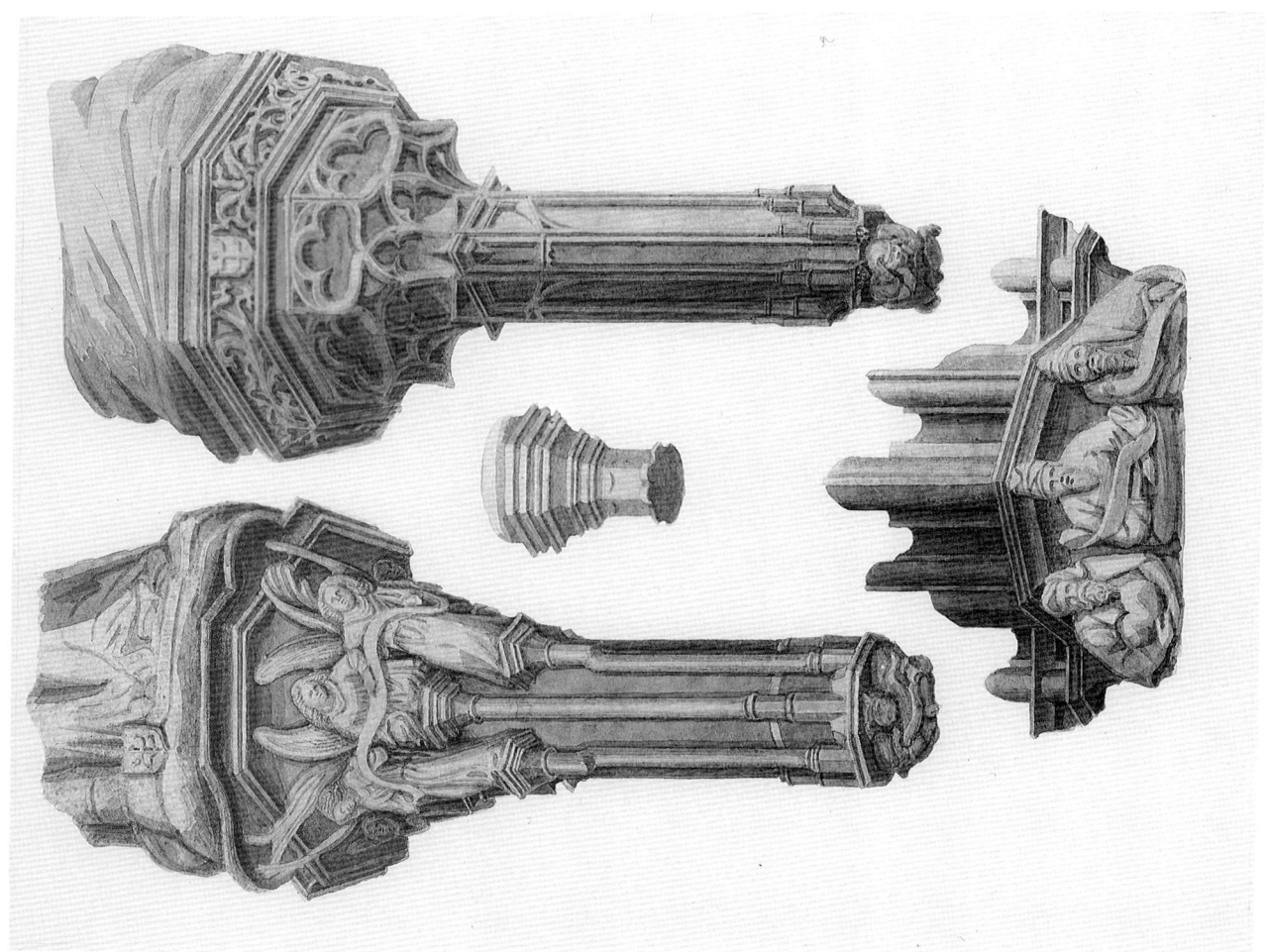

XXVIII, 17

XXVIII, 9

XXVIII, 21

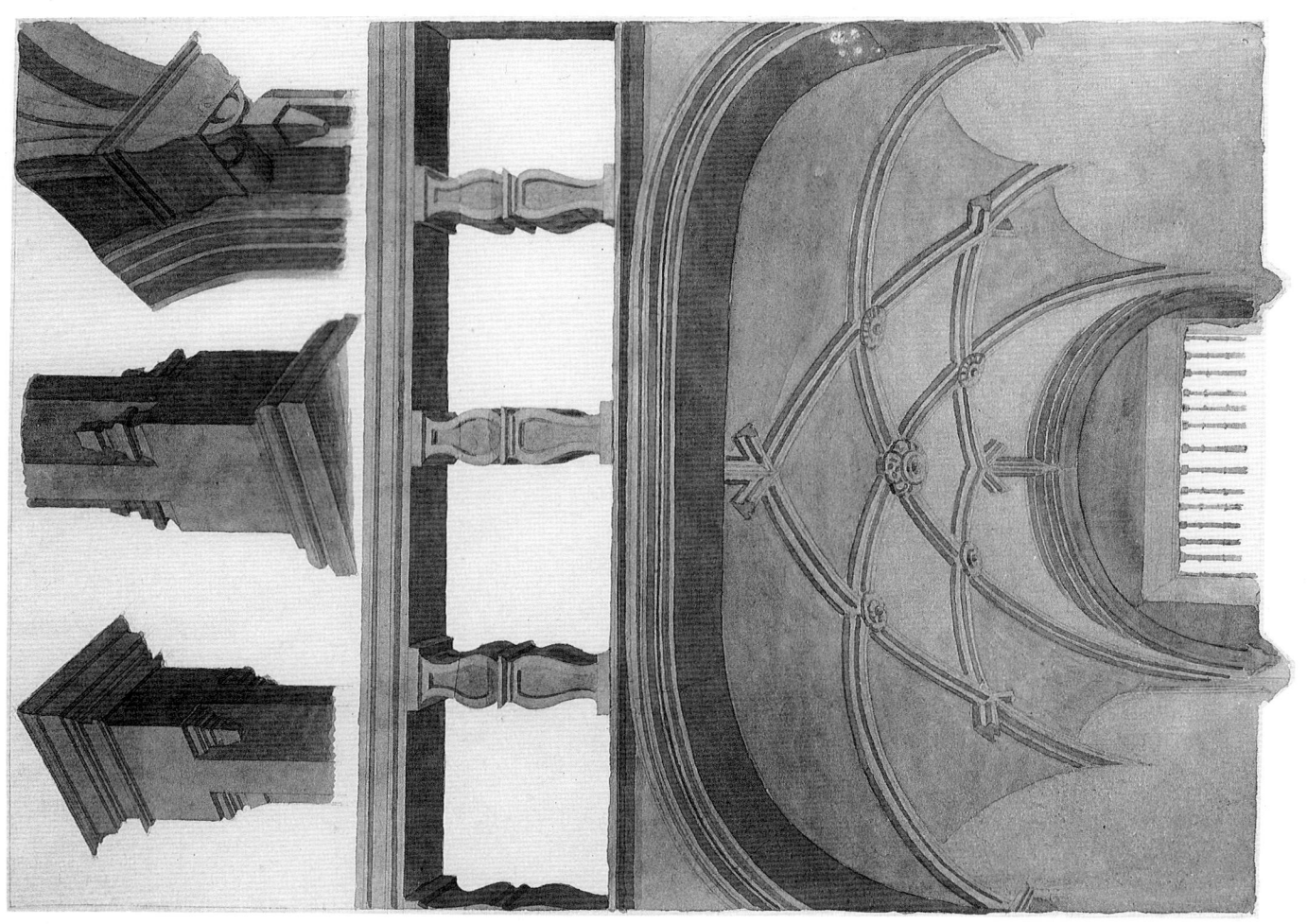

XXVIII, 20

213

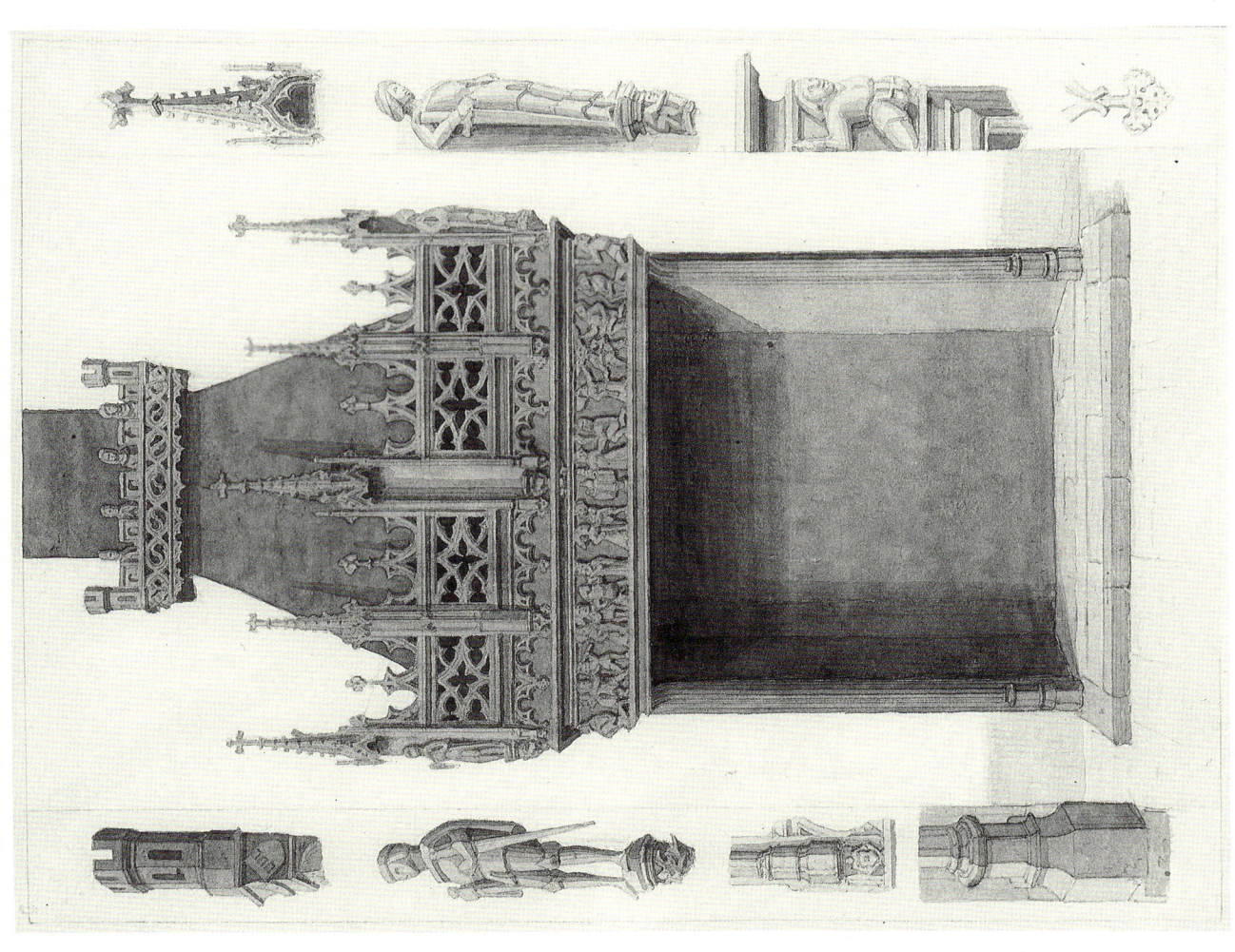

XXVIII, 23

XXVIII, 22

XXVIII, 24

215

XXVIII, 26

XXVIII, 25

XXVIII, 27

XXVIII, 28

XXVIII, 29

XXVIII, 30

XXVIII, 31

XXVIII, 32

XXVIII, 34

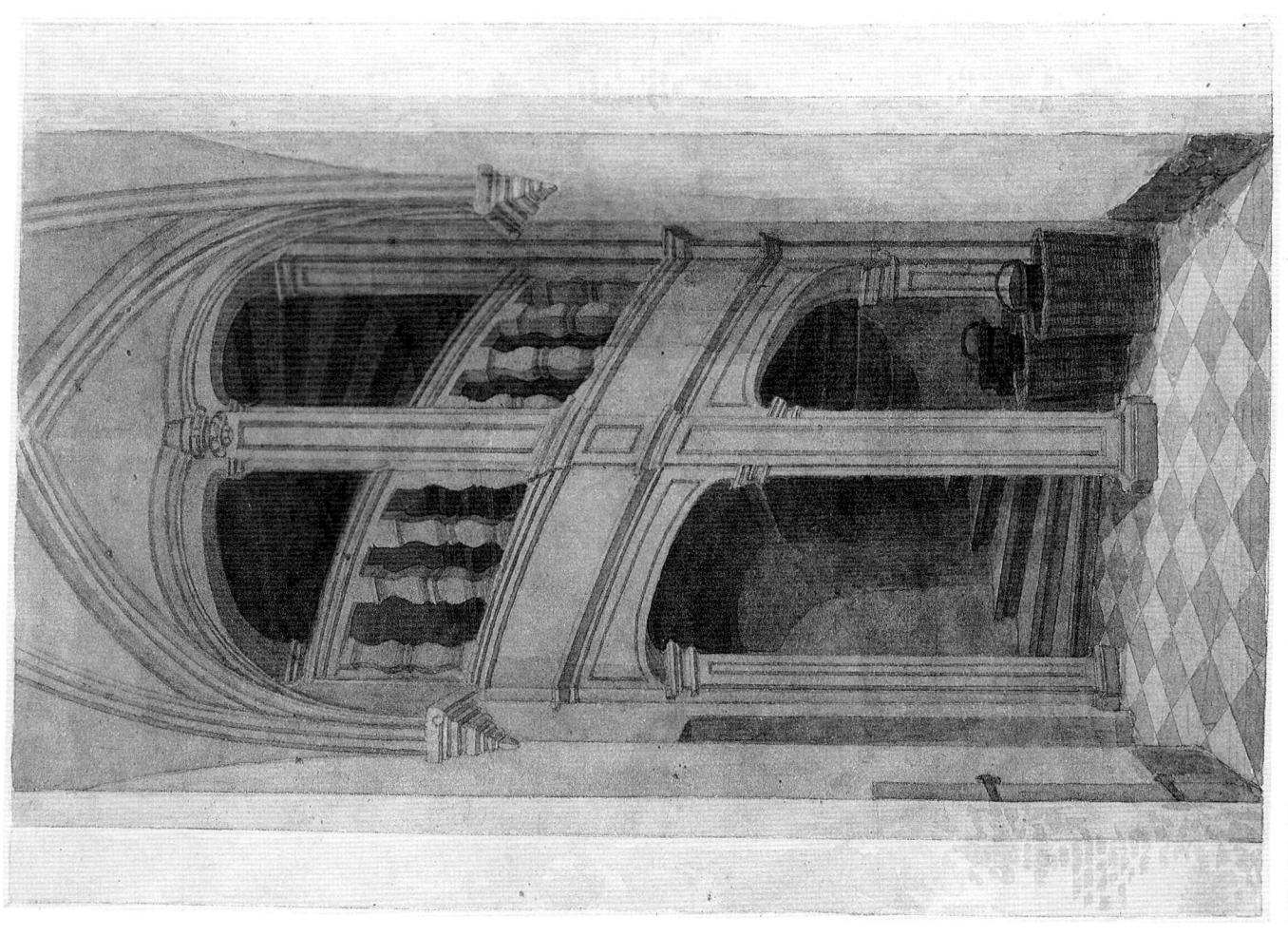

XXVIII, 33

XXVIII, 36

XXVIII, 35

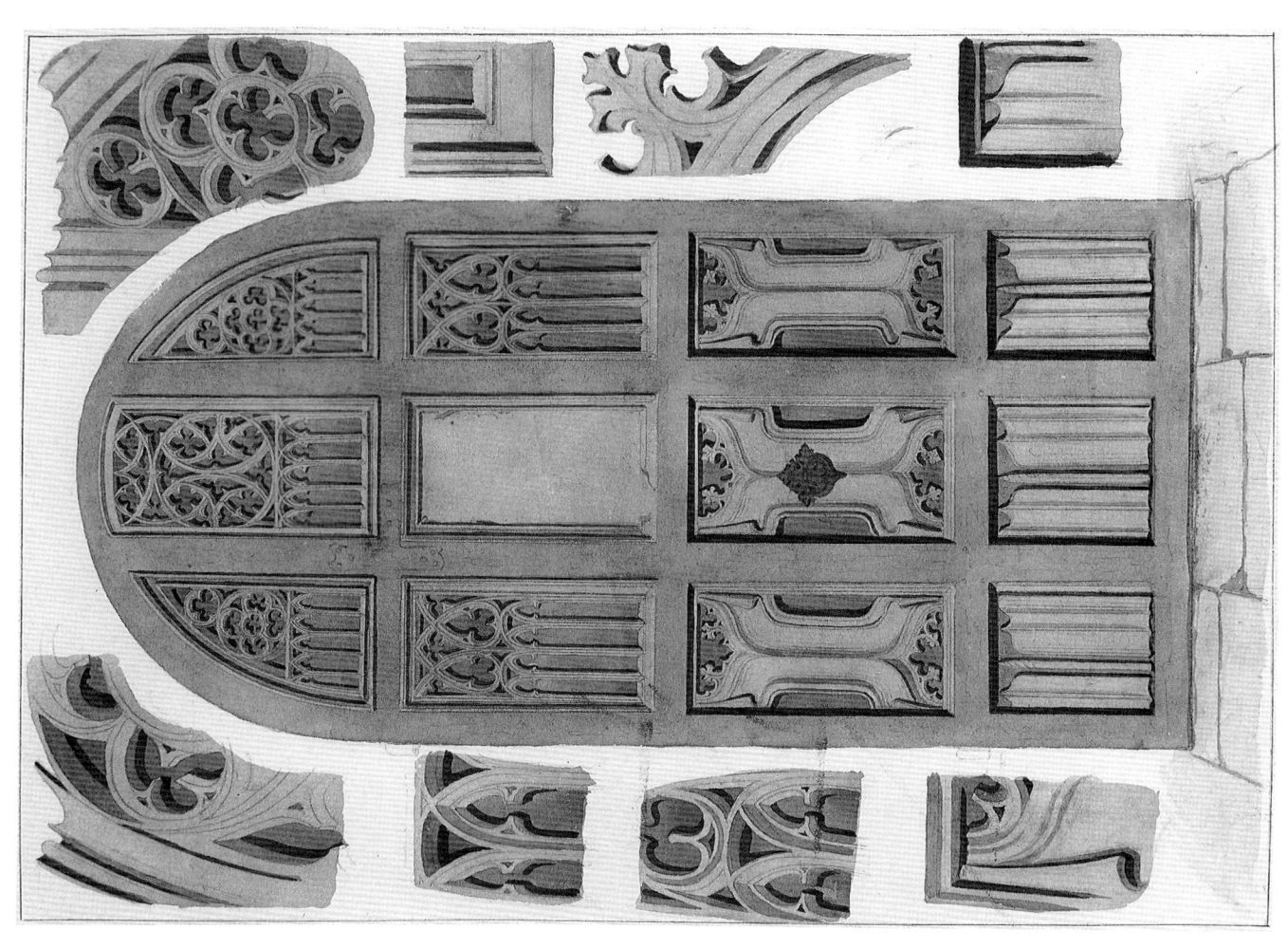

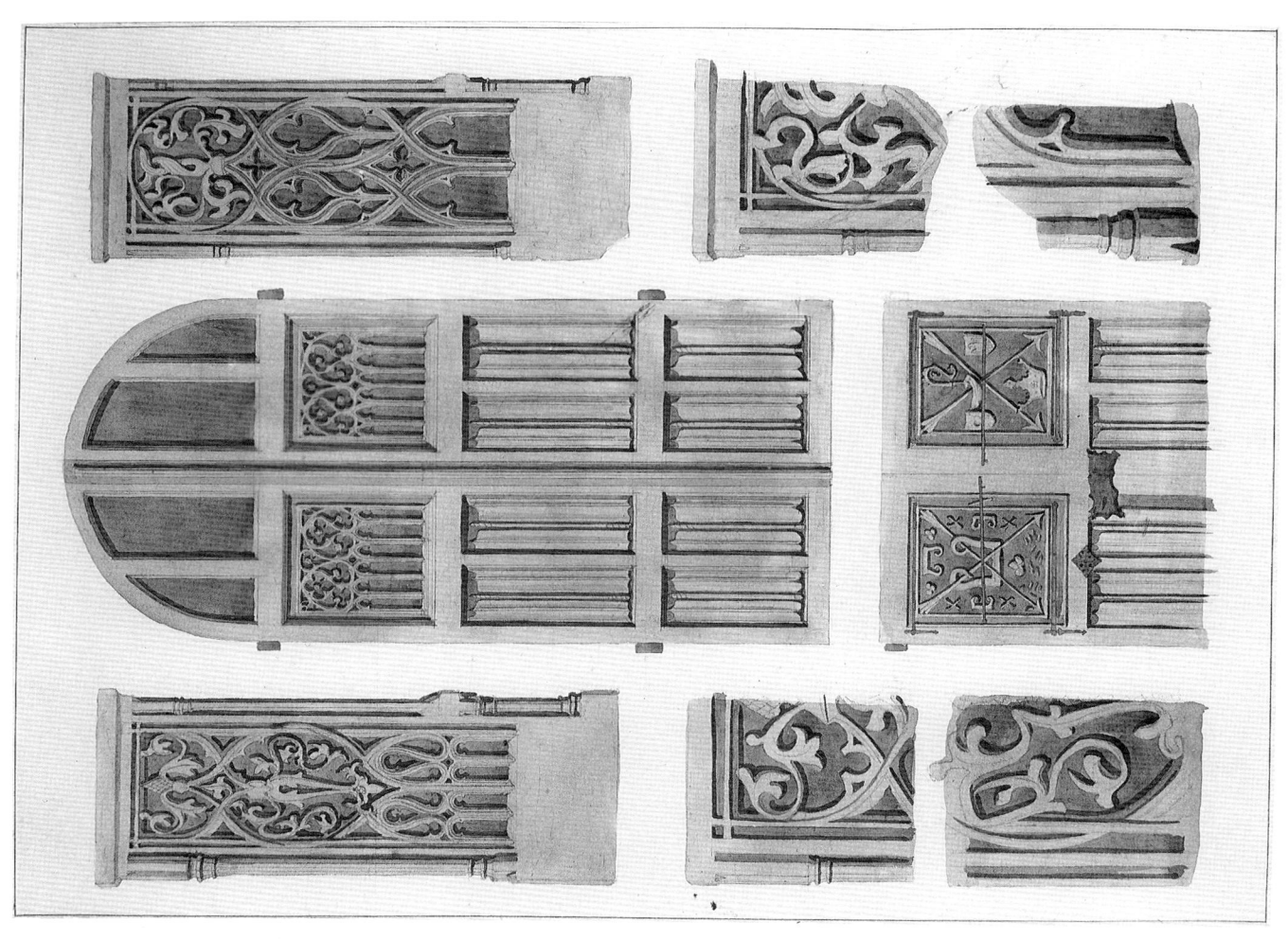

Bd. XXIX: Zeichnungen zu kirchlichen Gegenständen

XXIX, 4

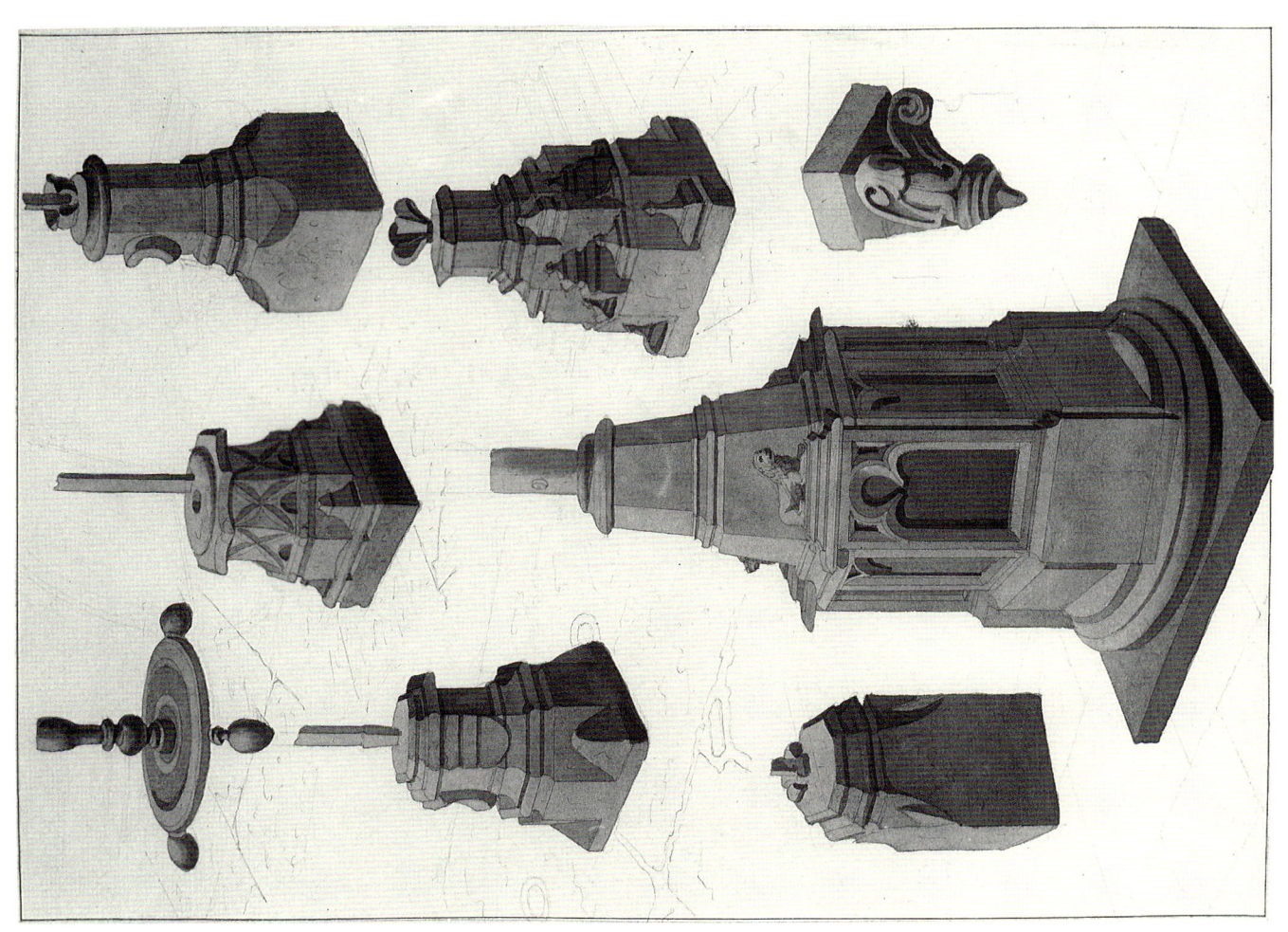

XXIX, 3

XXIX, 6

XXIX, 5

225

XXIX, 7

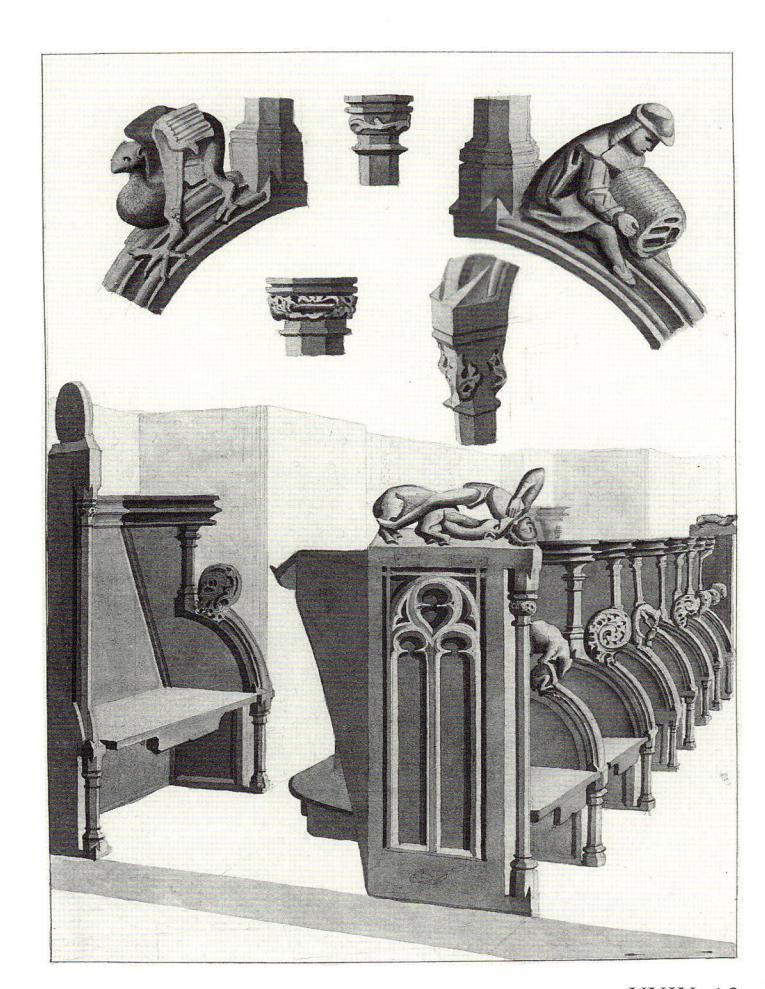

XXIX, 8

XXIX, 9

XXIX, 10

226

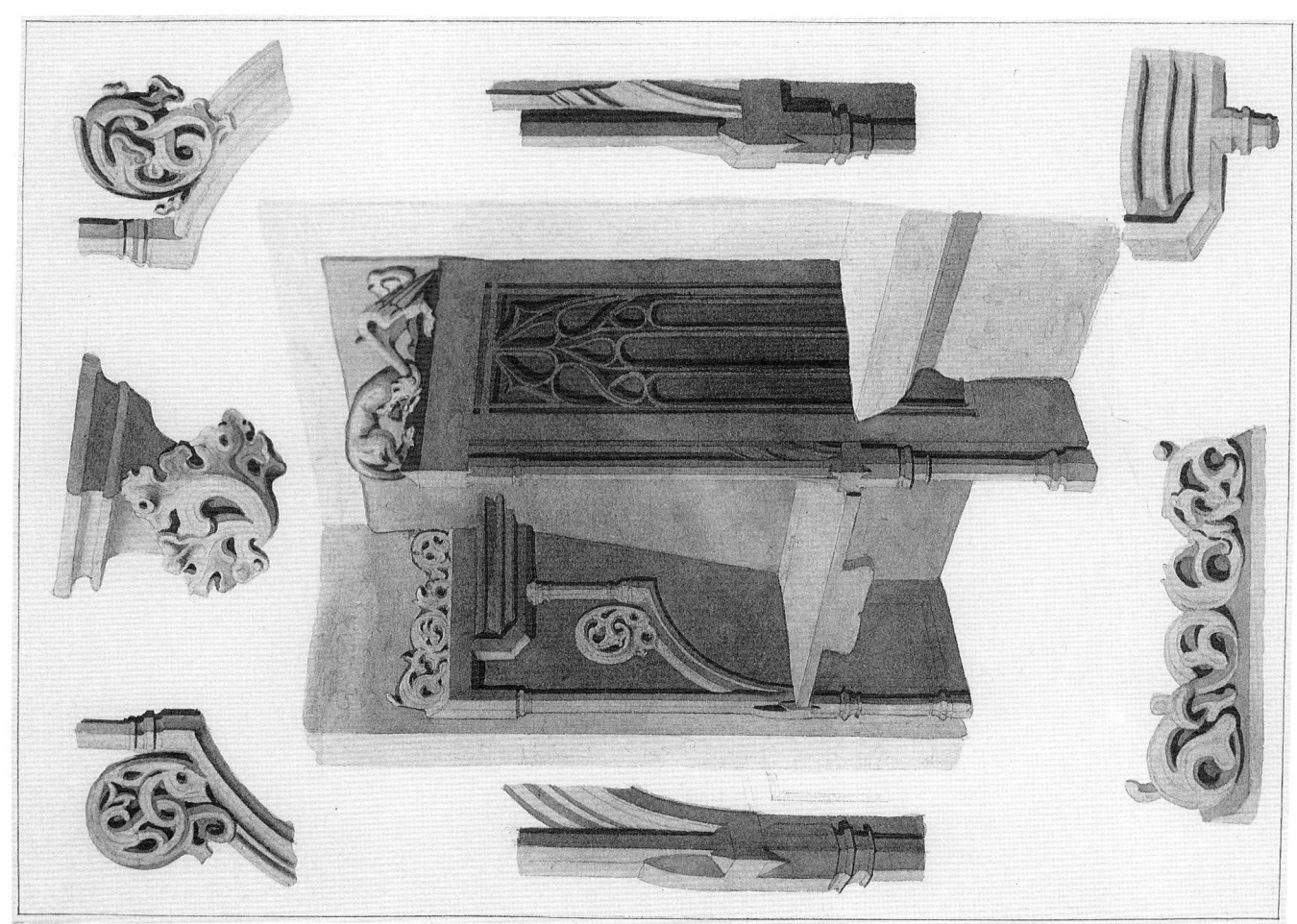

XXIX, 12

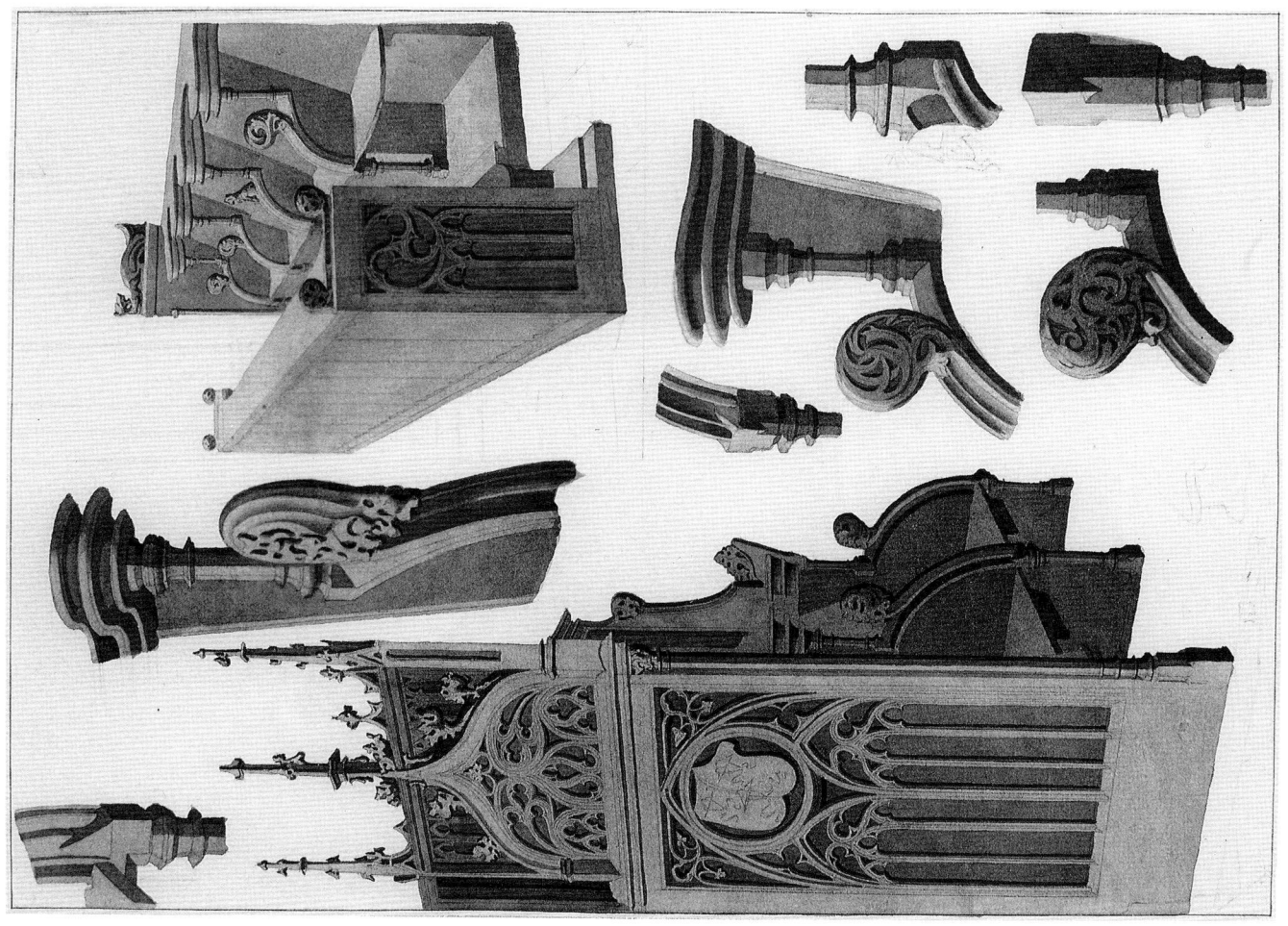

XXIX, 11

227

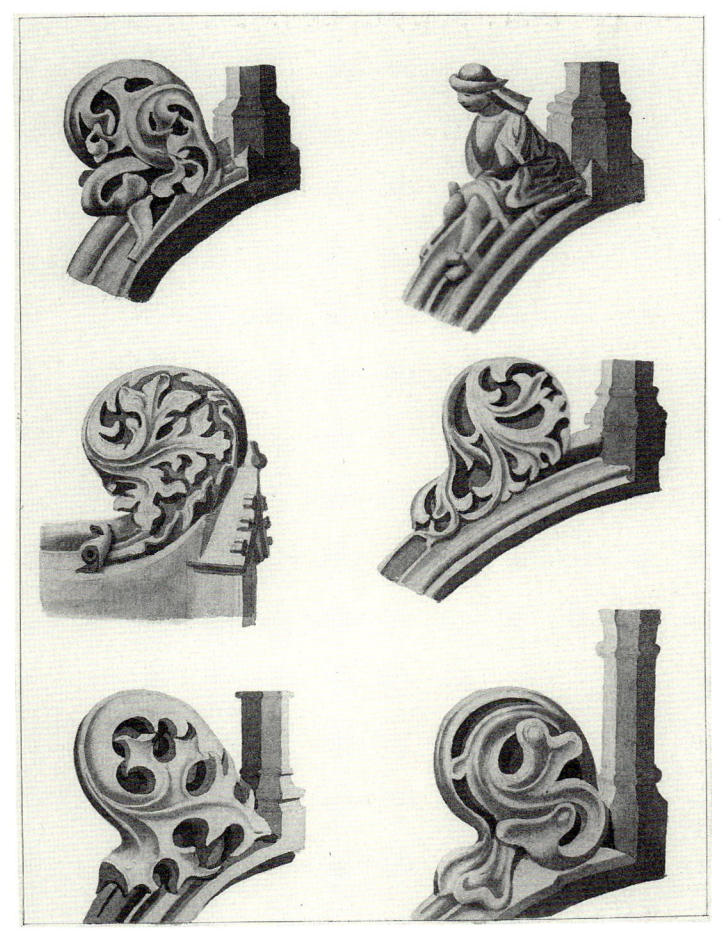

XXIX, 13

XXIX, 14

XXIX, 15

ALEXANDER WISIVS IV.D. ECCLAE HVIS PREB. CANONICVS.
DECOREM DOMVS DEI PROMOTVM CVPIENS
MONVMENTVM HOC ÆRE POST SE RELICTO. F. C.

229

XXIX, 17

XXIX, 18

231

XXIX, 19

XXIX, 20

XXIX, 21

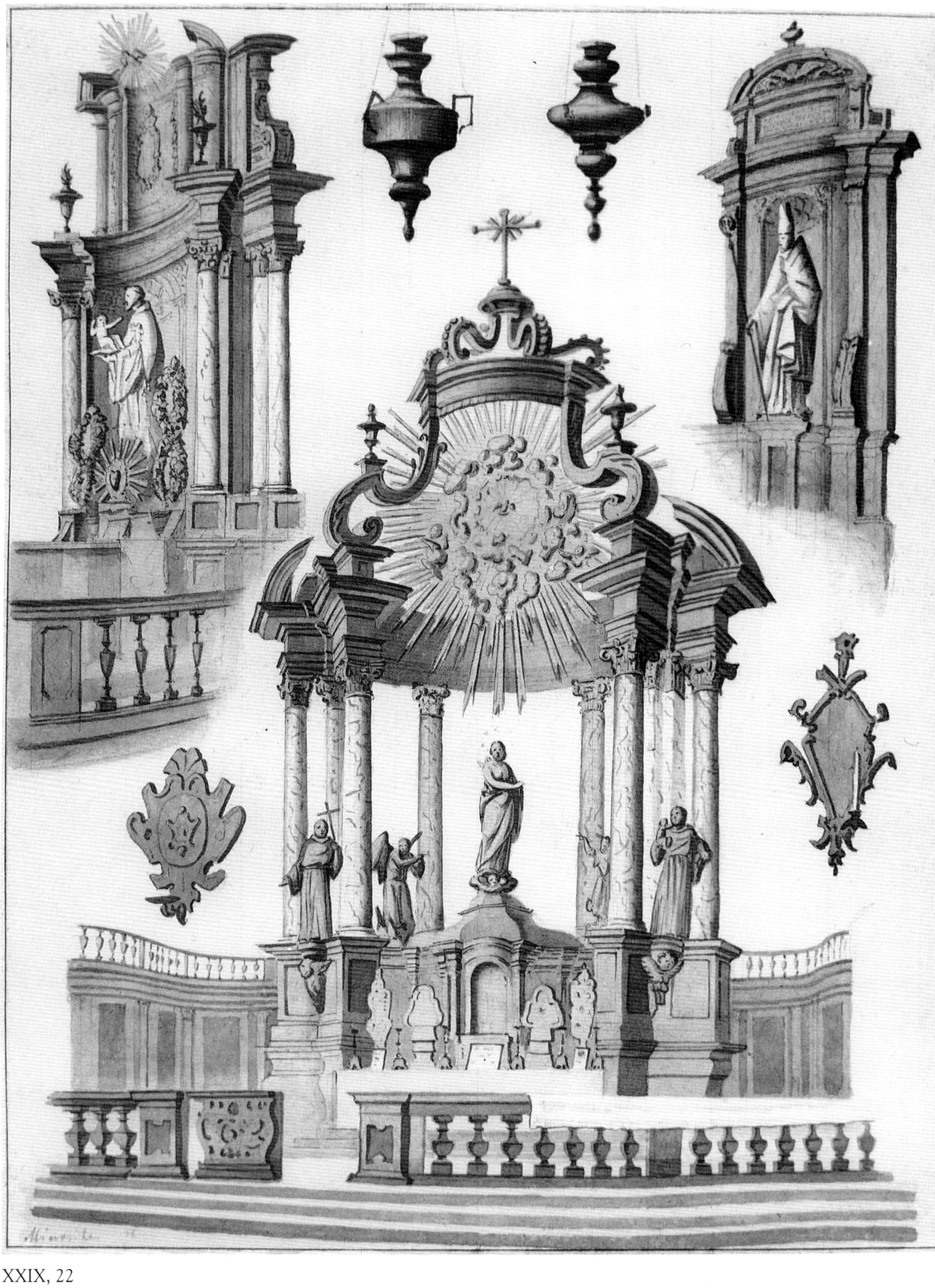

XXIX, 22

XXIX, 24

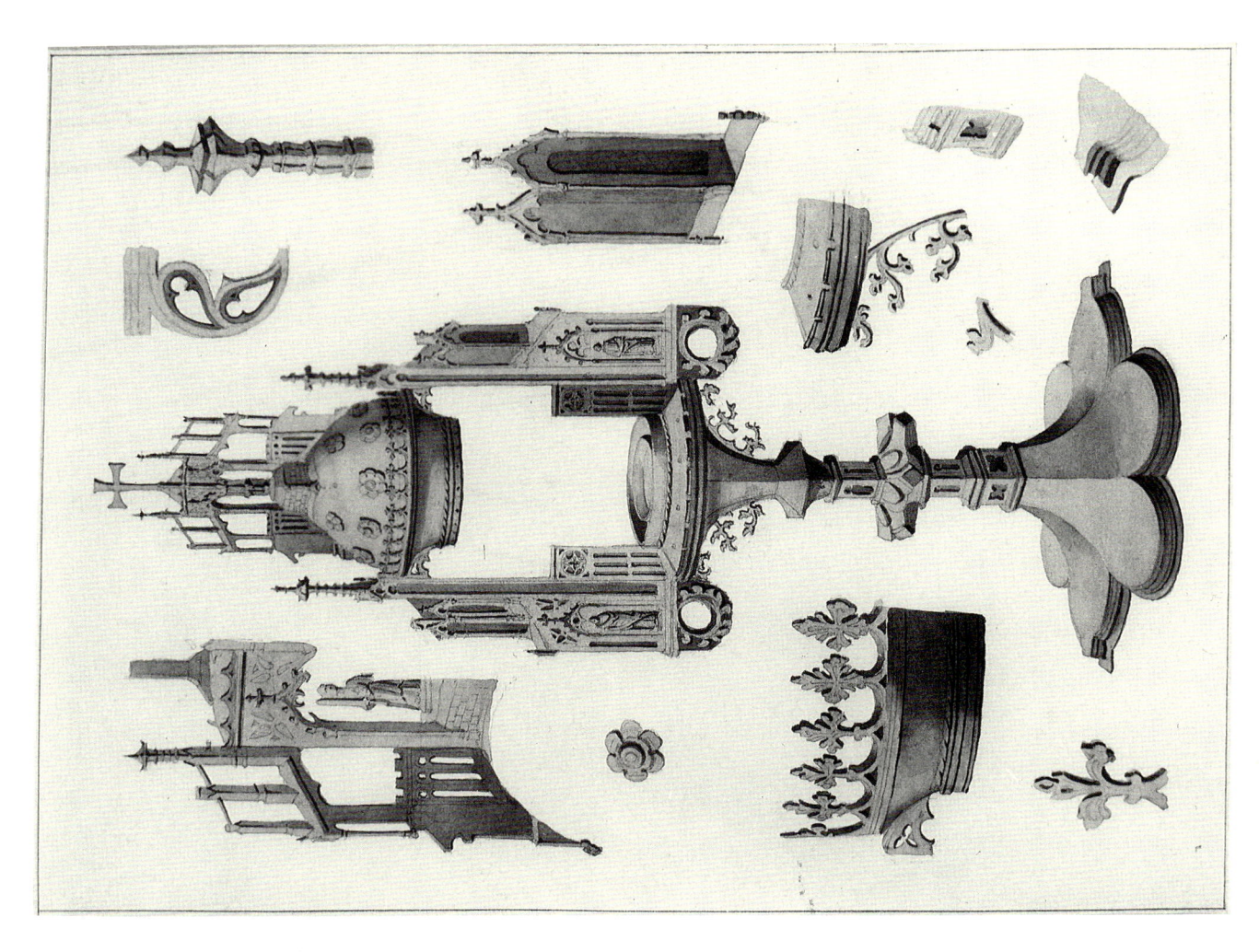

XXIX, 23

Bd. XXX: Zeichnungen von alterthümlichen Gegenständen

XXX, 1

XXX, 2

XXX, 3

XXX, 4

238

239

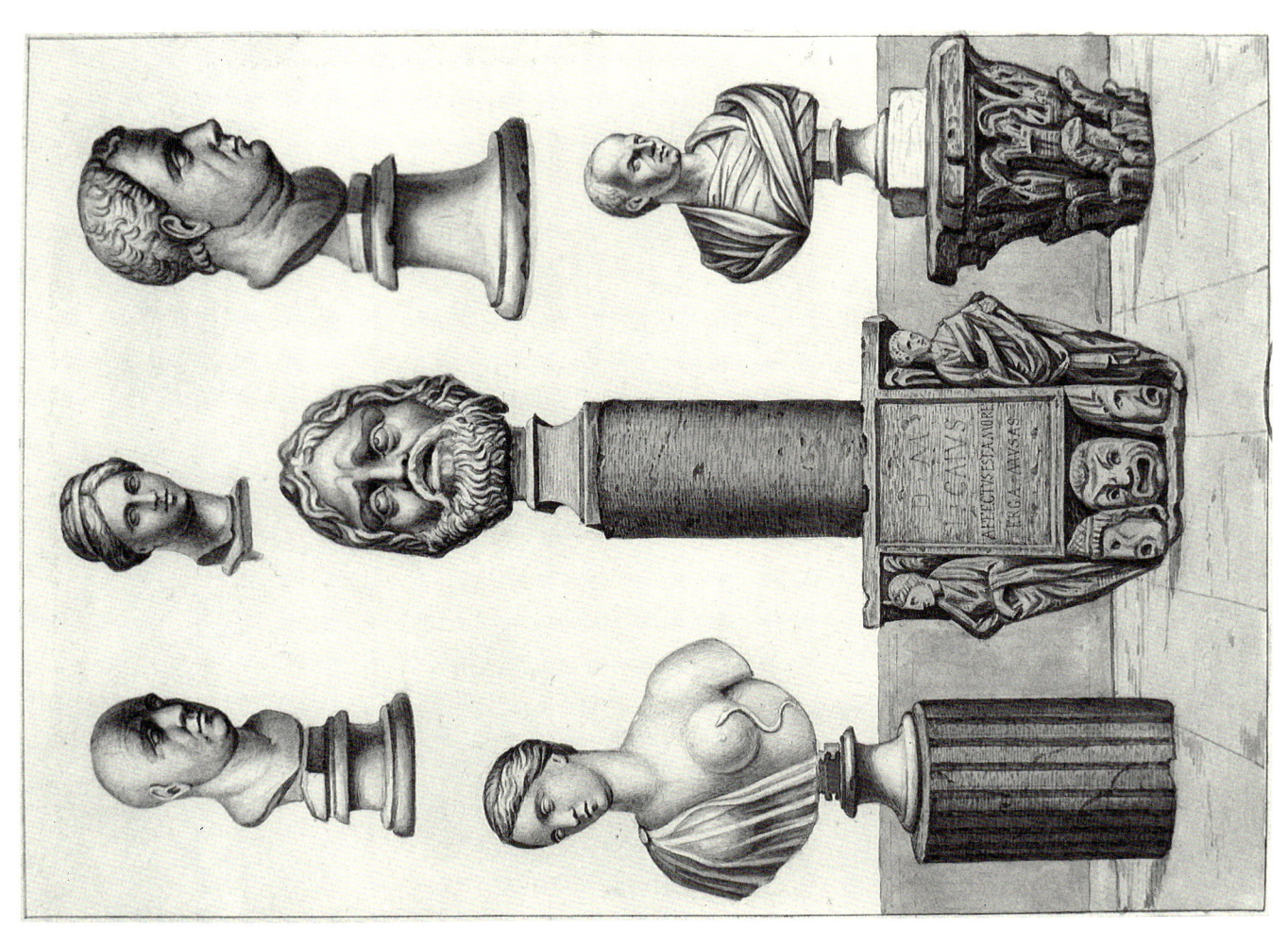

XXX, 7

XXX, 6

240

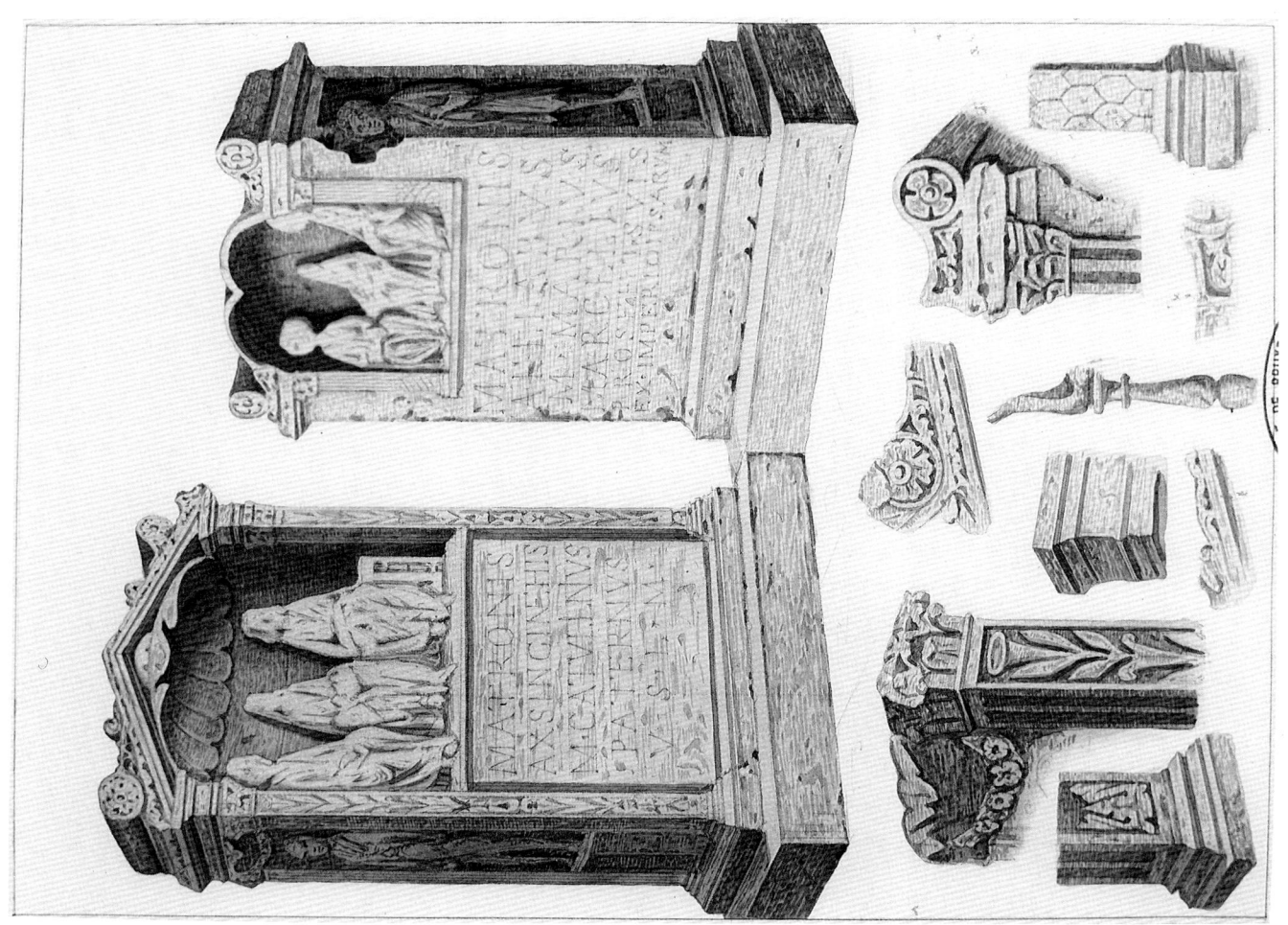

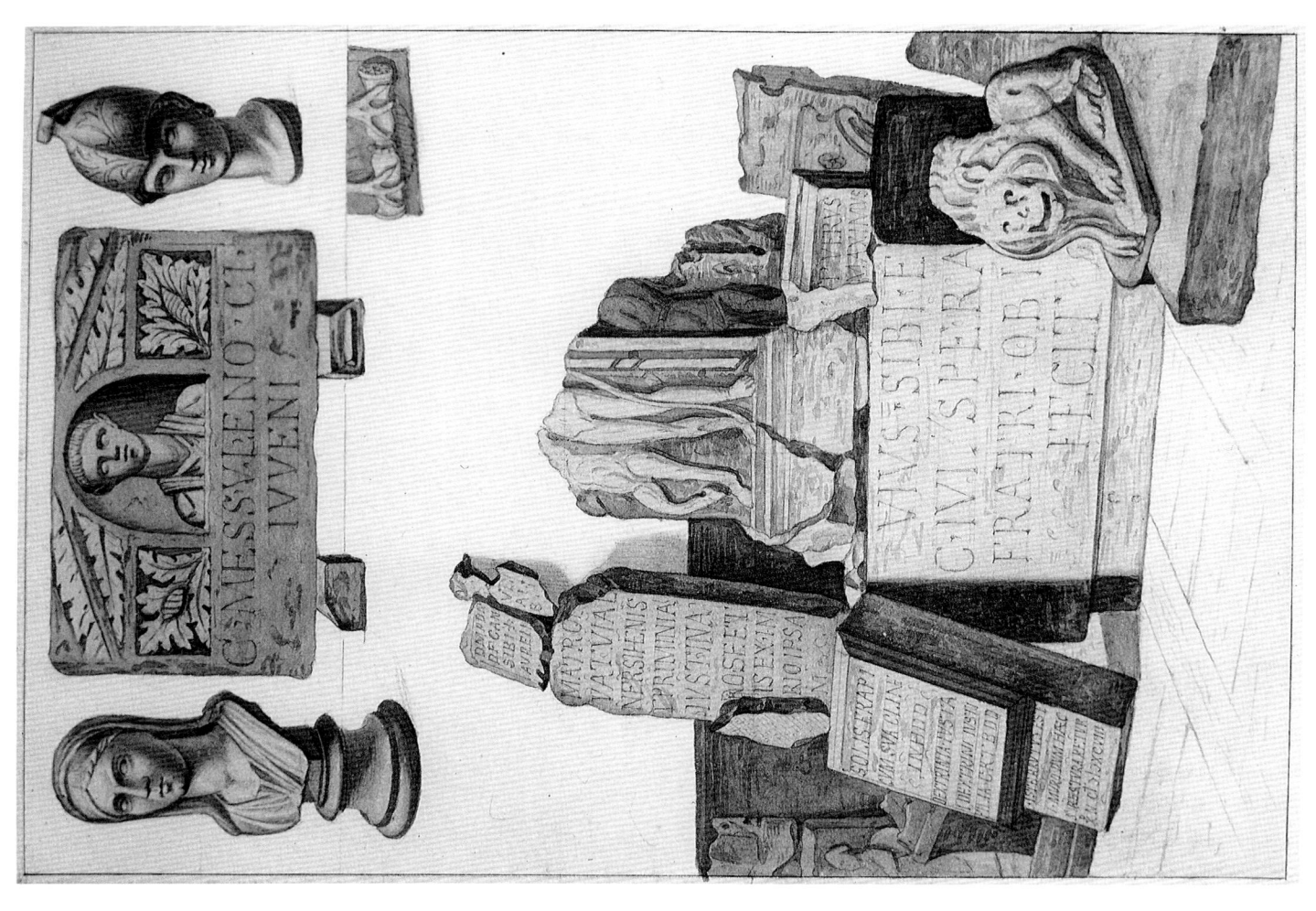

XXX, 9

XXX, 8

XXX, 11

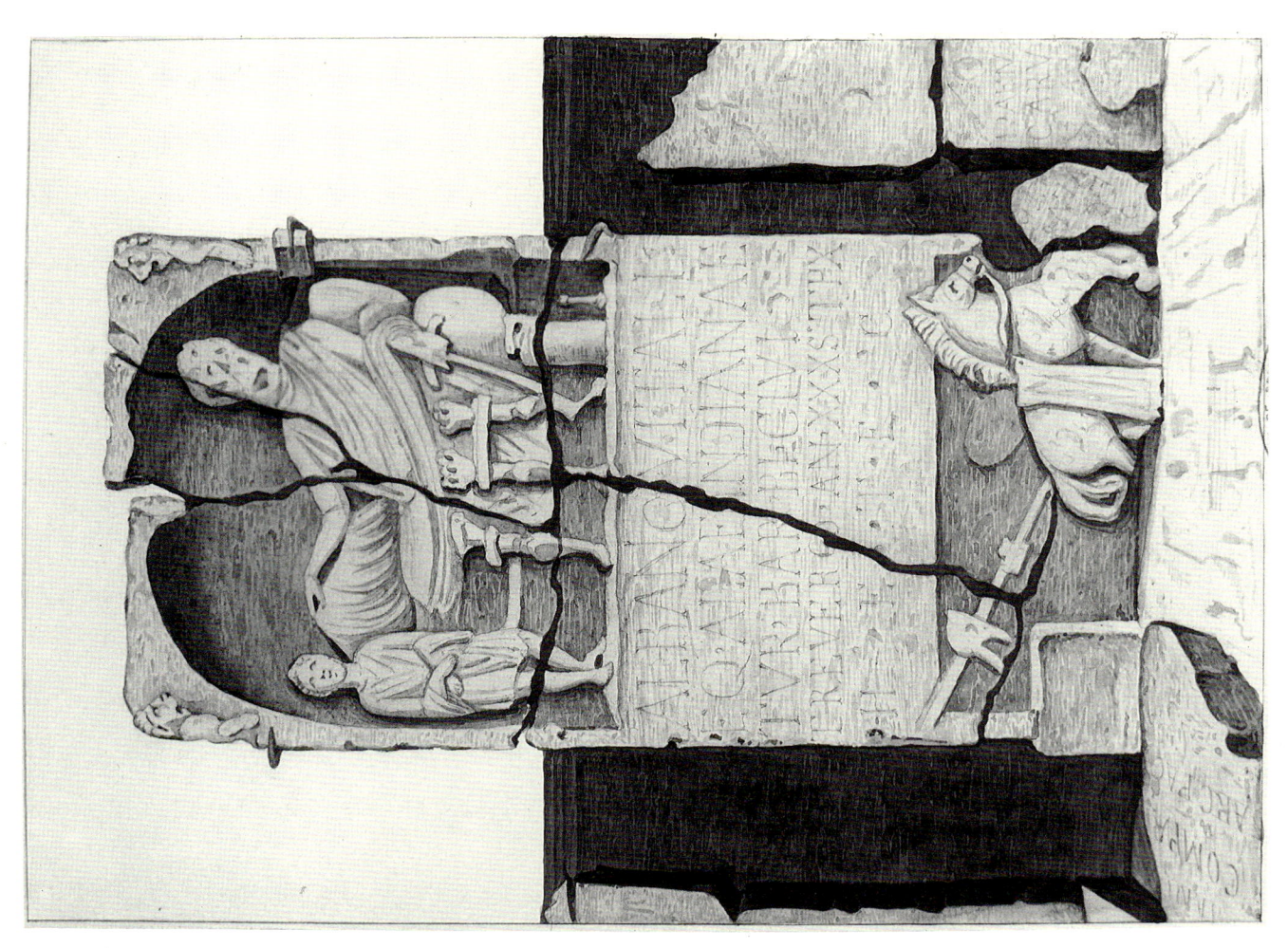

XXX, 10

242

XXX, 13

XXX, 12

243

XXX, 14

XXX, 15

XXX, 16

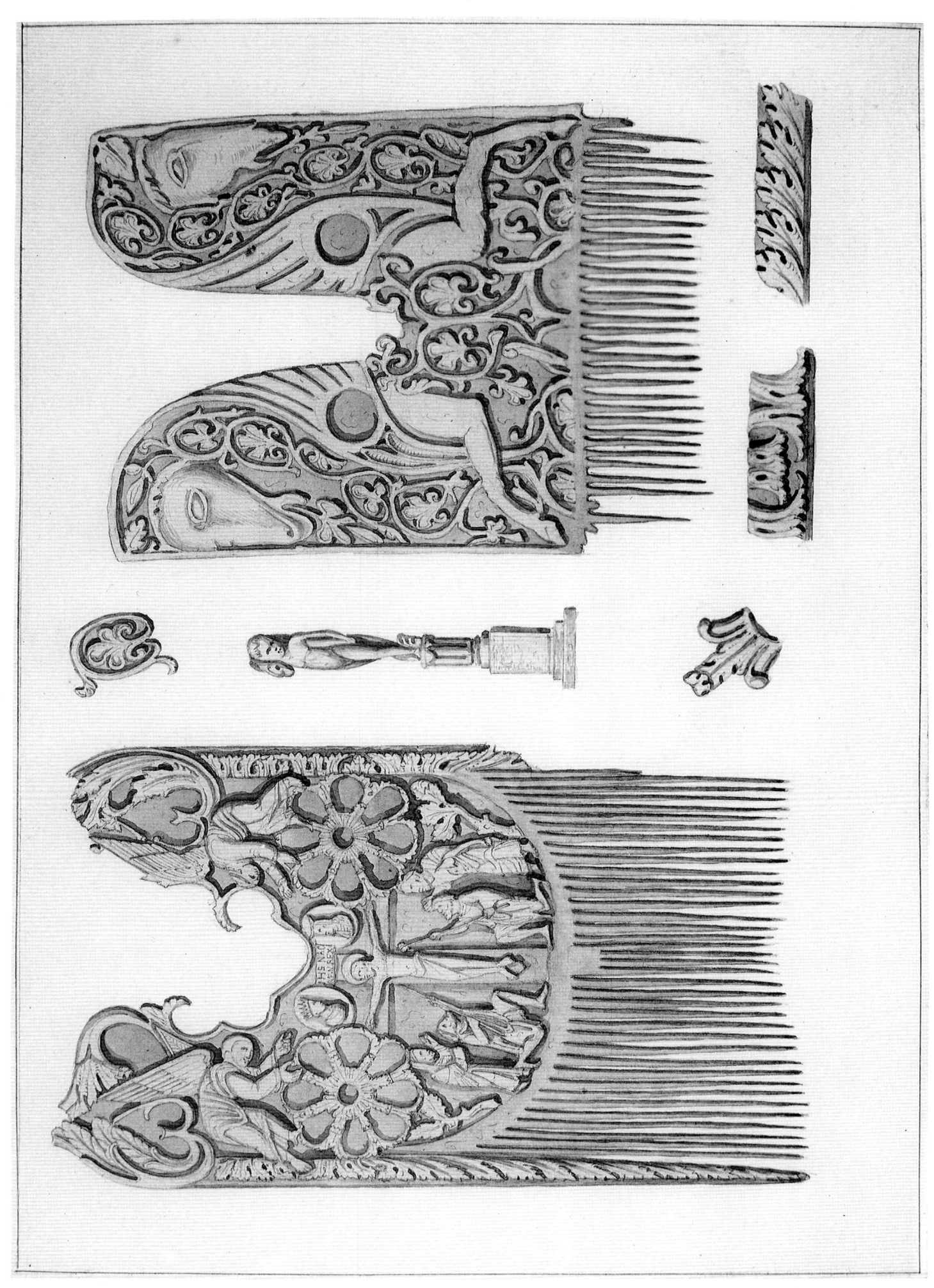

245

XXX, 17

246

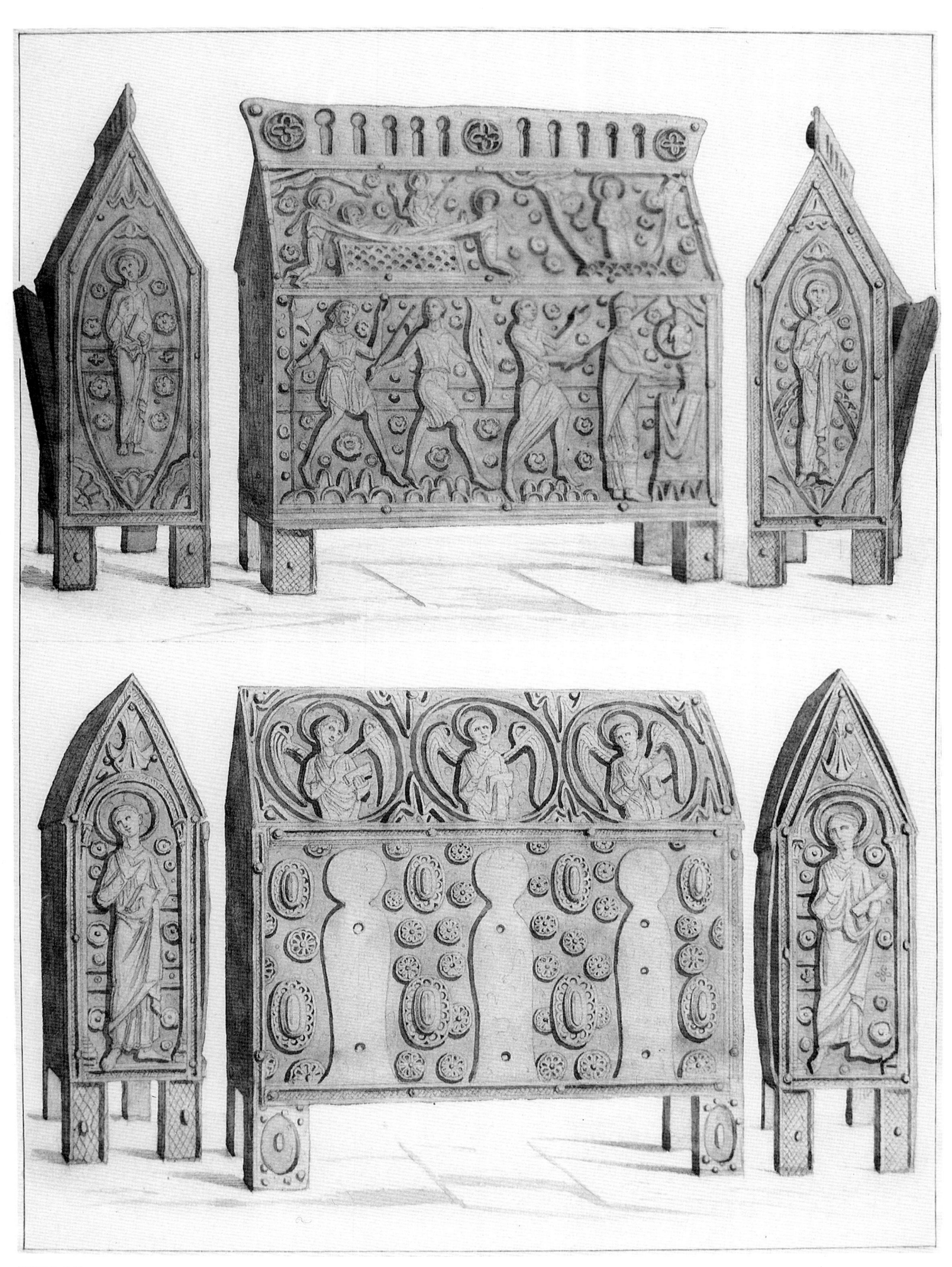

XXX, 18

247

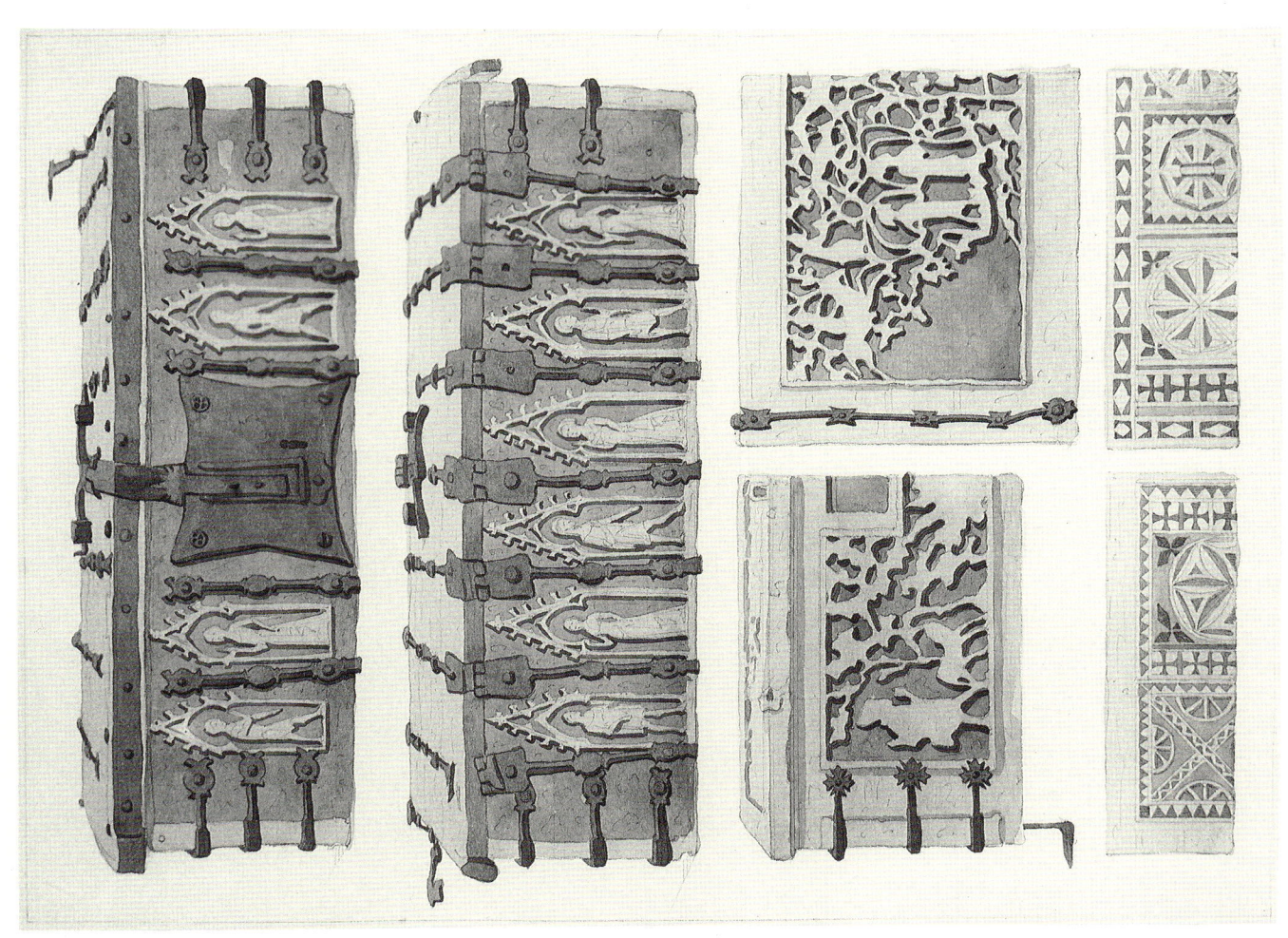

XXX, 20

XXX, 19

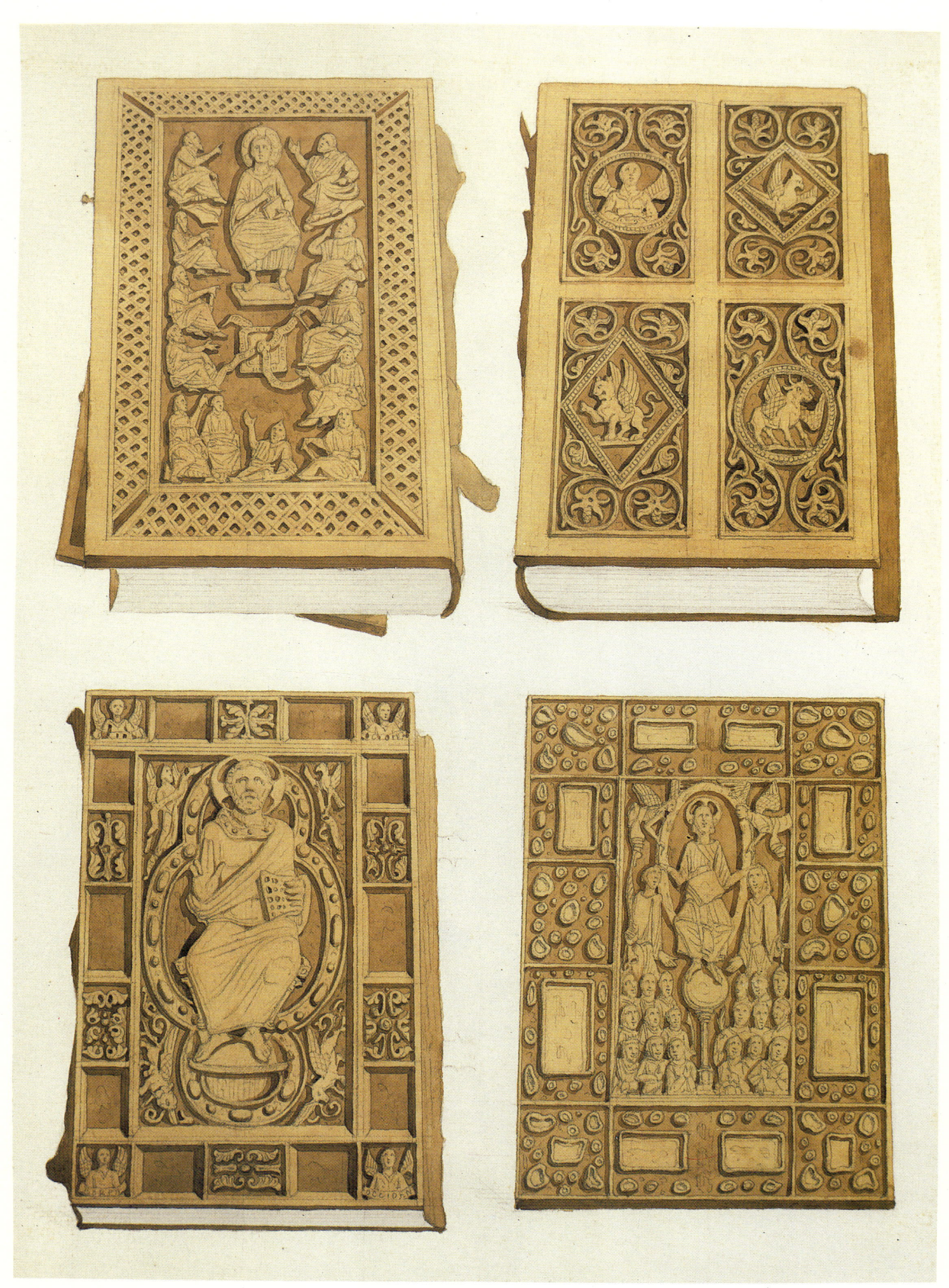

XXX, 21

249

XXX, 24

XXX, 22

250

XXX, 23

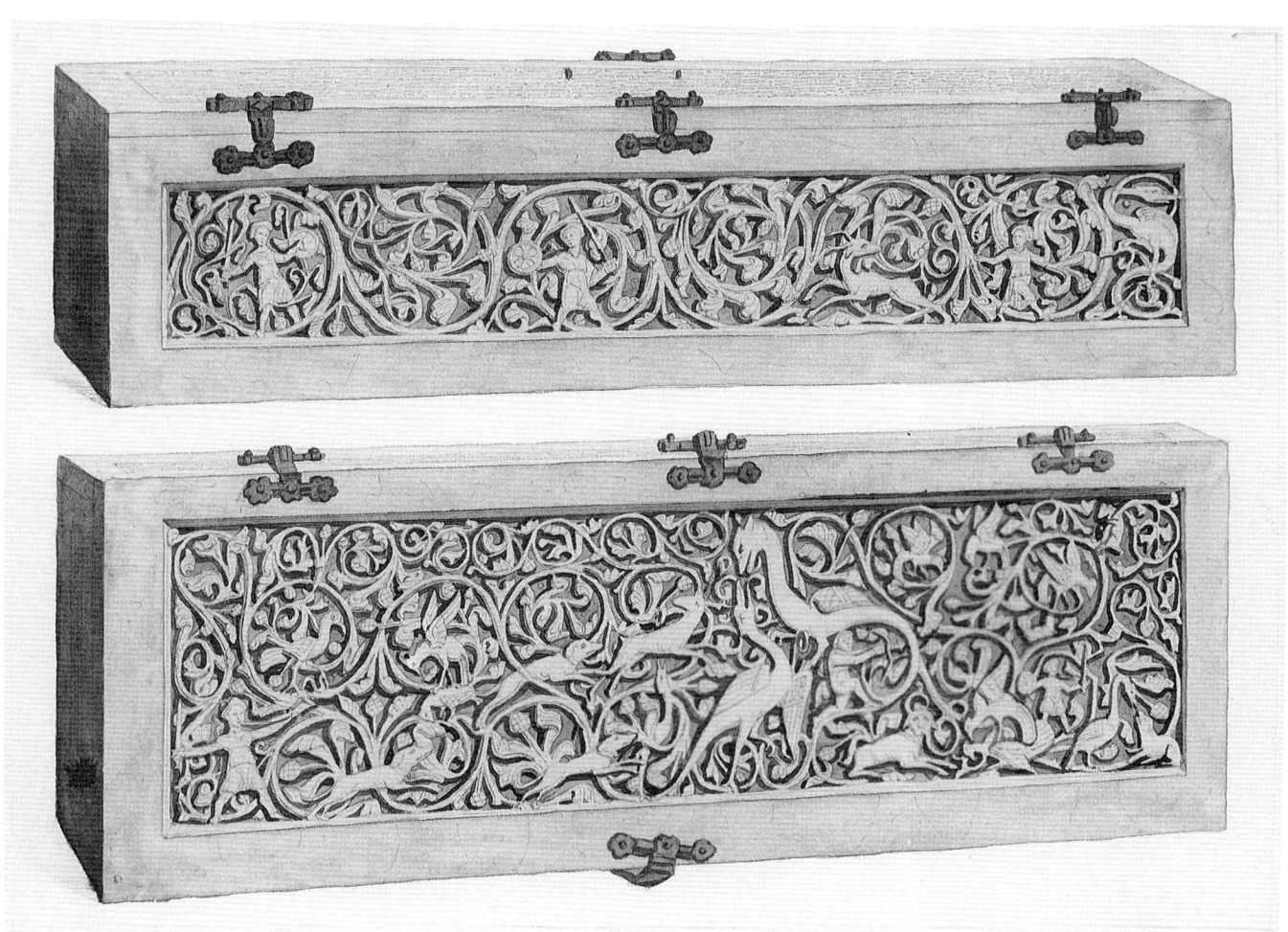

XXX, 25

251

XXX, 27

XXX, 26

XXX, 28

253

XXX, 30

XXX, 29

254

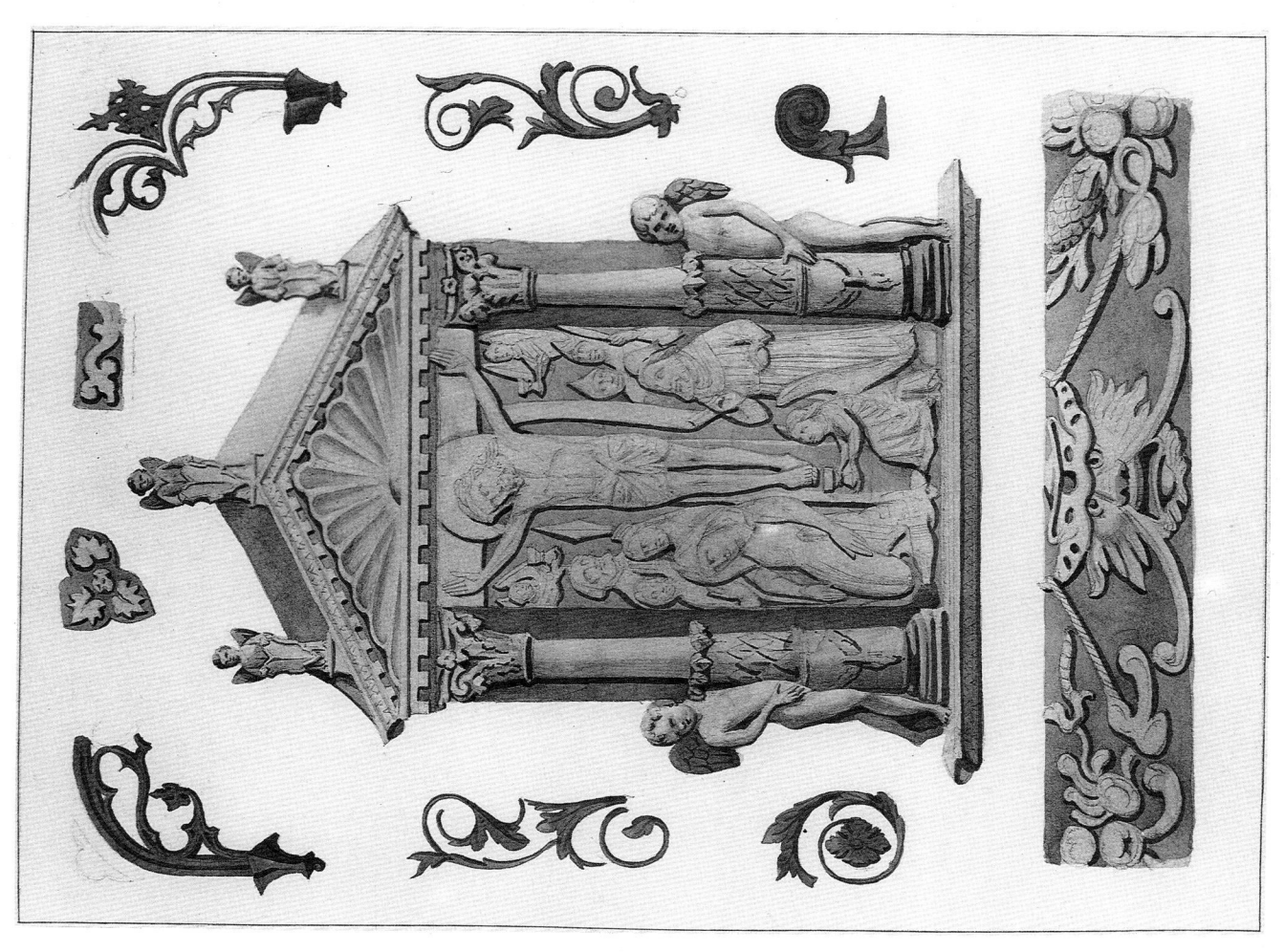

XXX, 32

XXX, 31

255

XXX, 34

XXX, 33

256

XXX, 35

XXX, 37

XXX, 36

XXX, 38

XXXI, 4

XXXI, 3

XXXI, 6

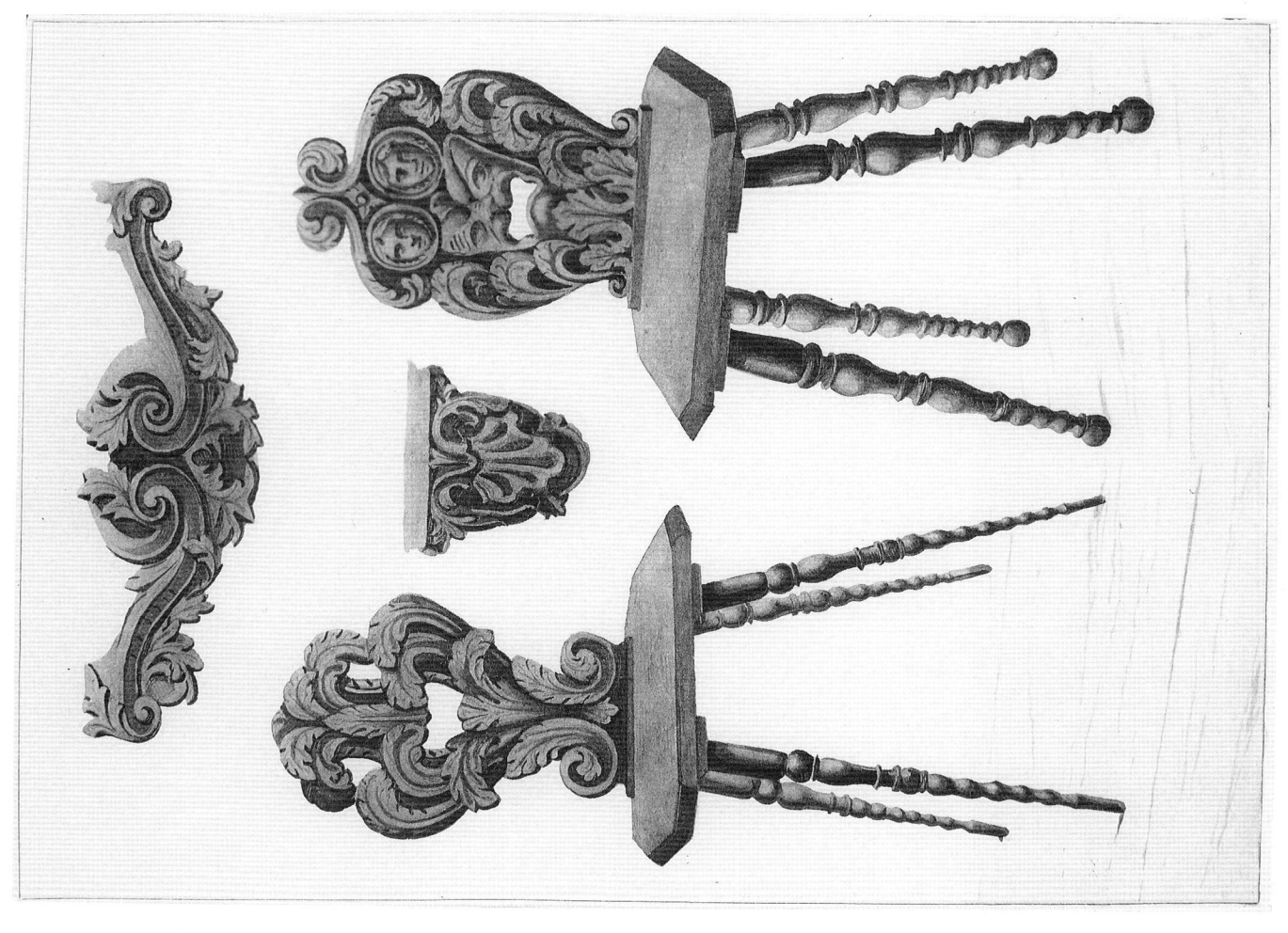

XXXI, 5

XXXI, 7

264

XXXI, 8

XXXI, 9

XXXI, 11

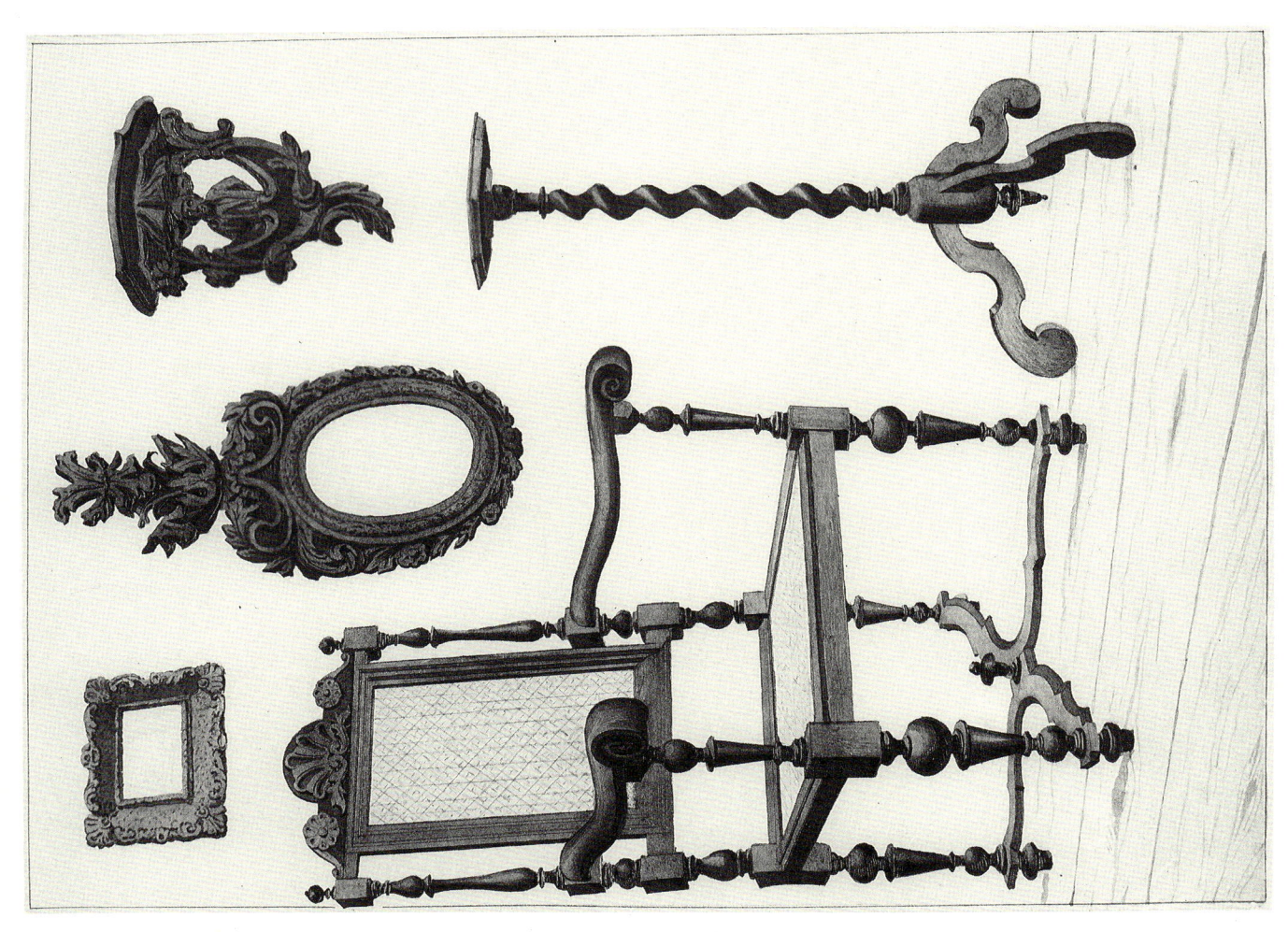

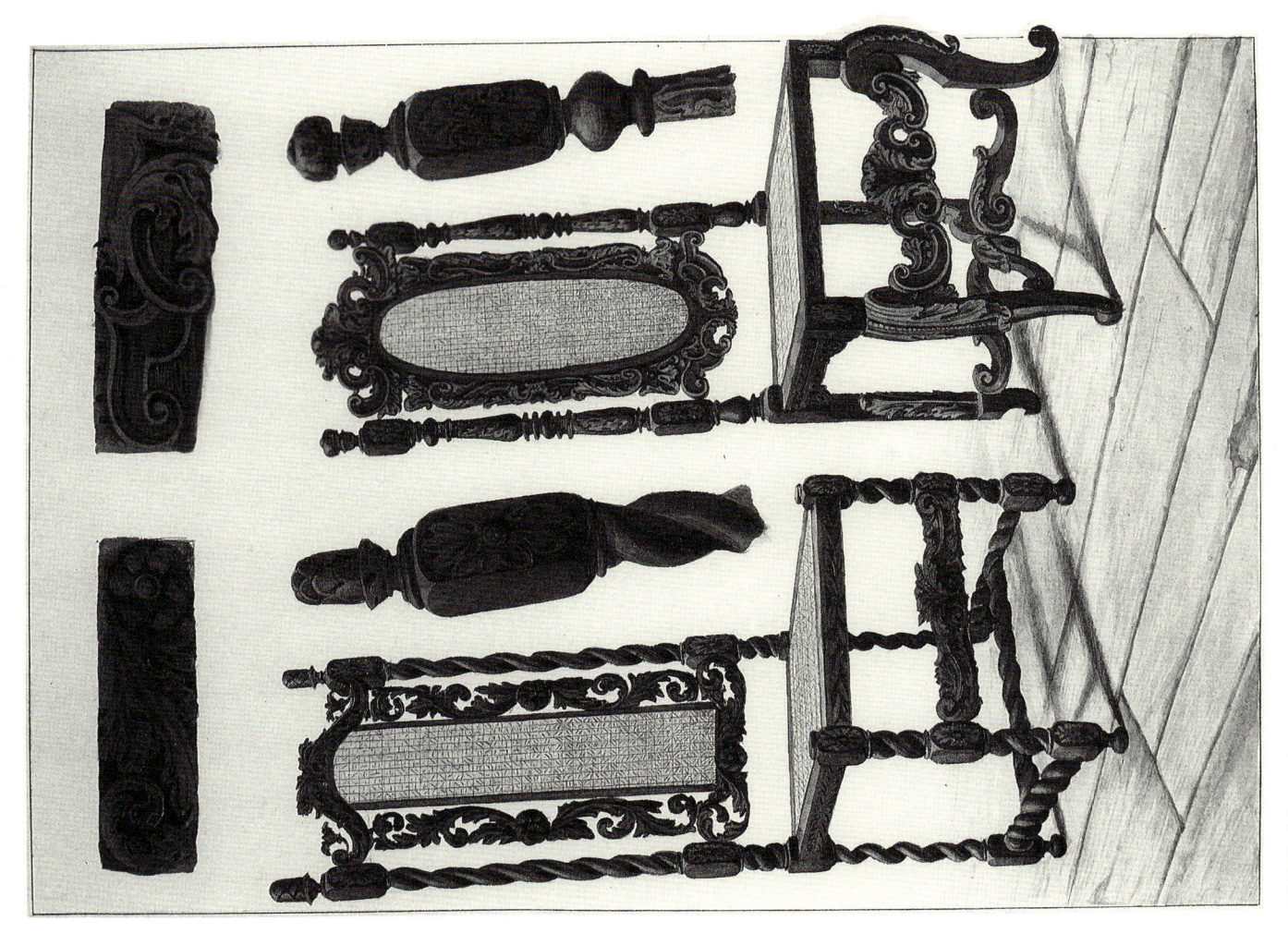

XXXI, 10

266

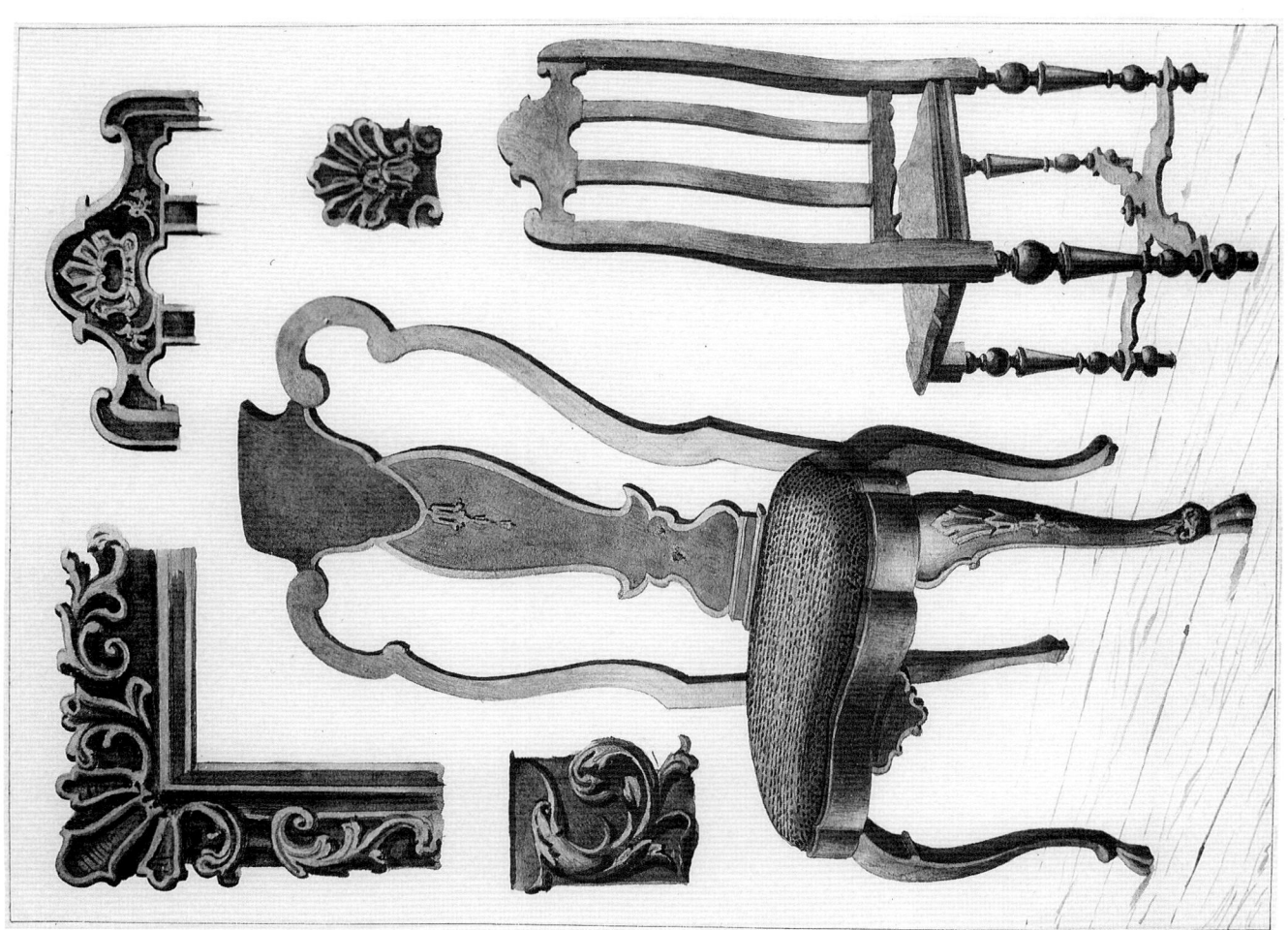

XXXI, 13

XXXI, 12

XXXI, 14

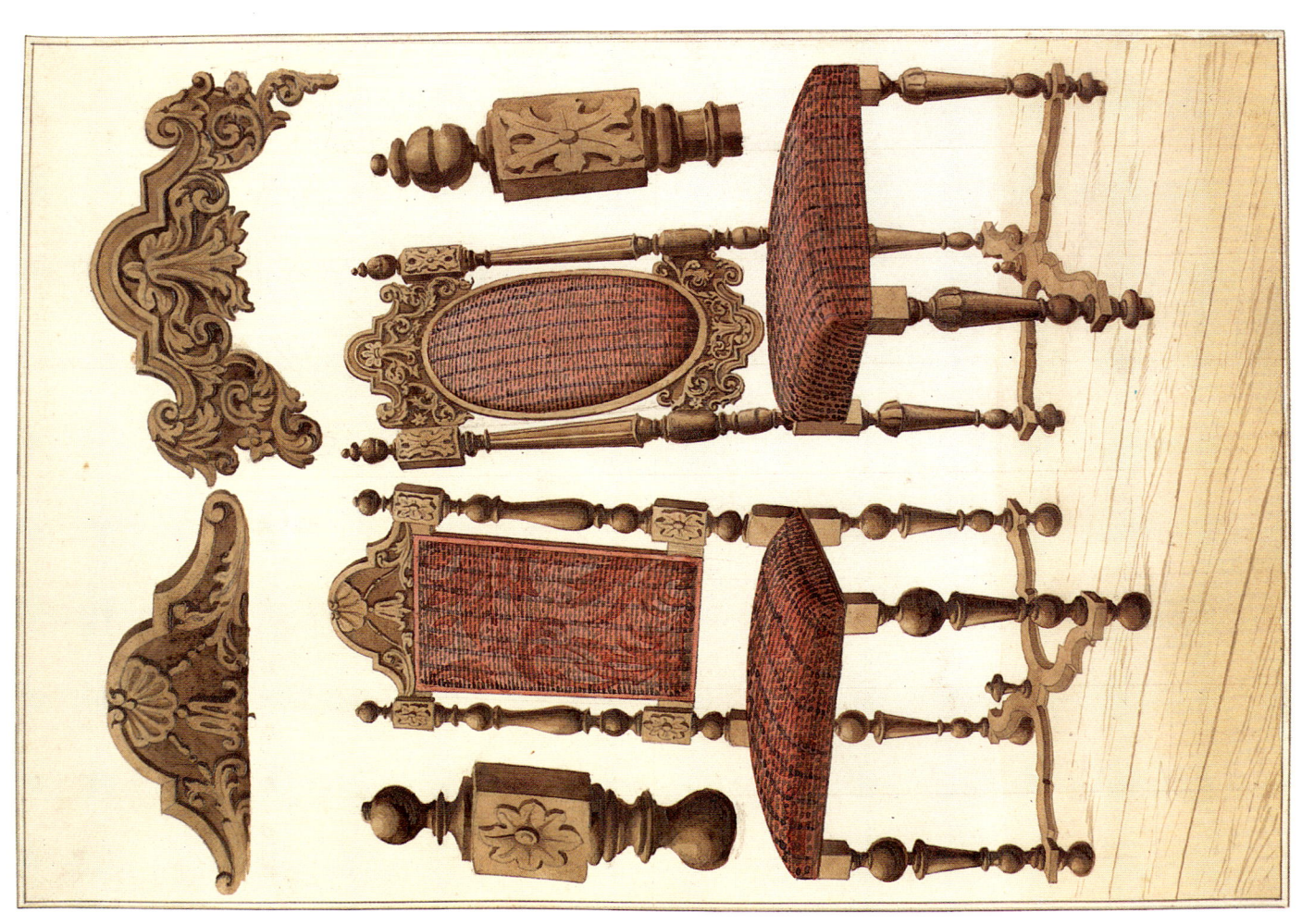

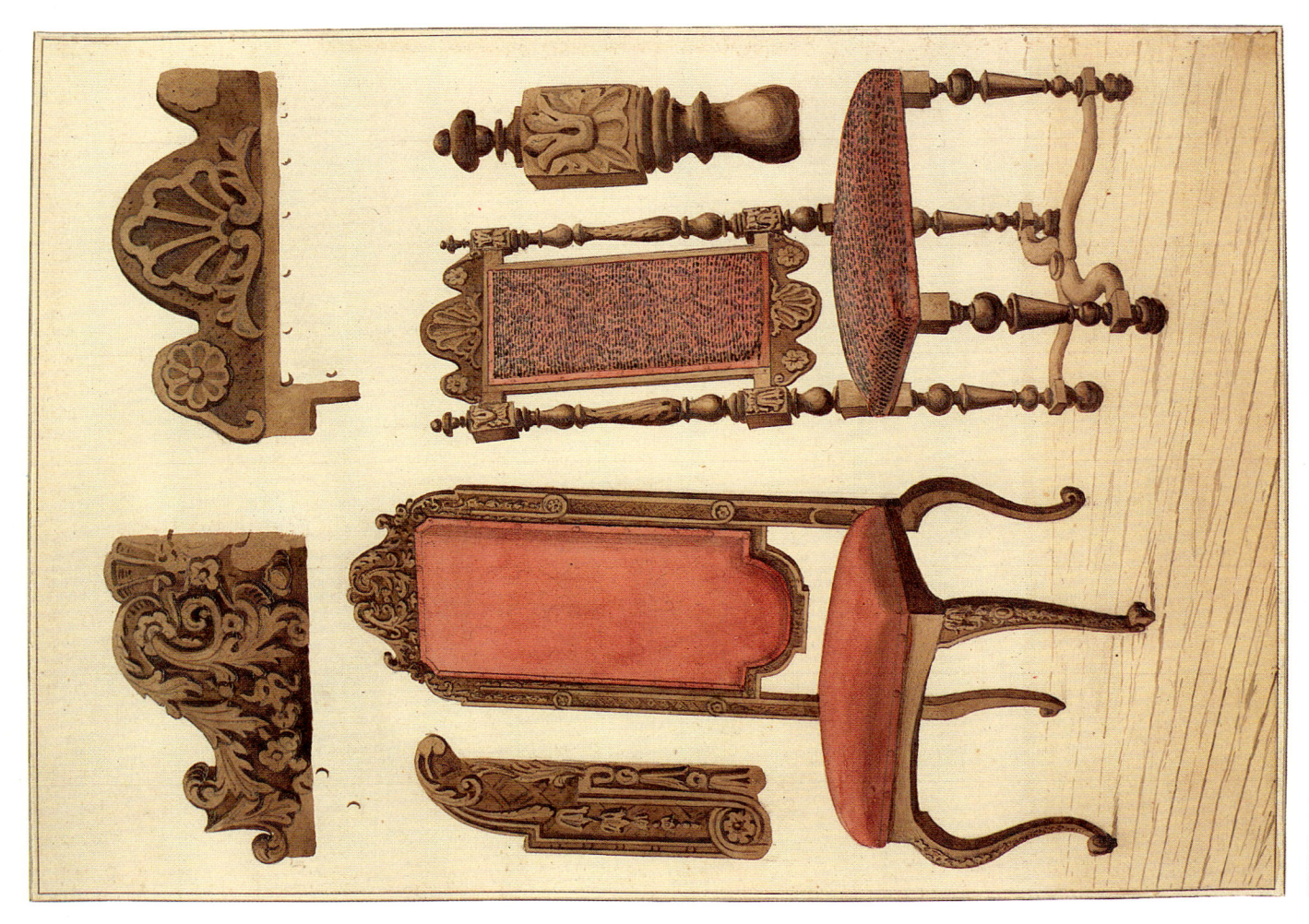

XXXI, 15

XXXI, 17

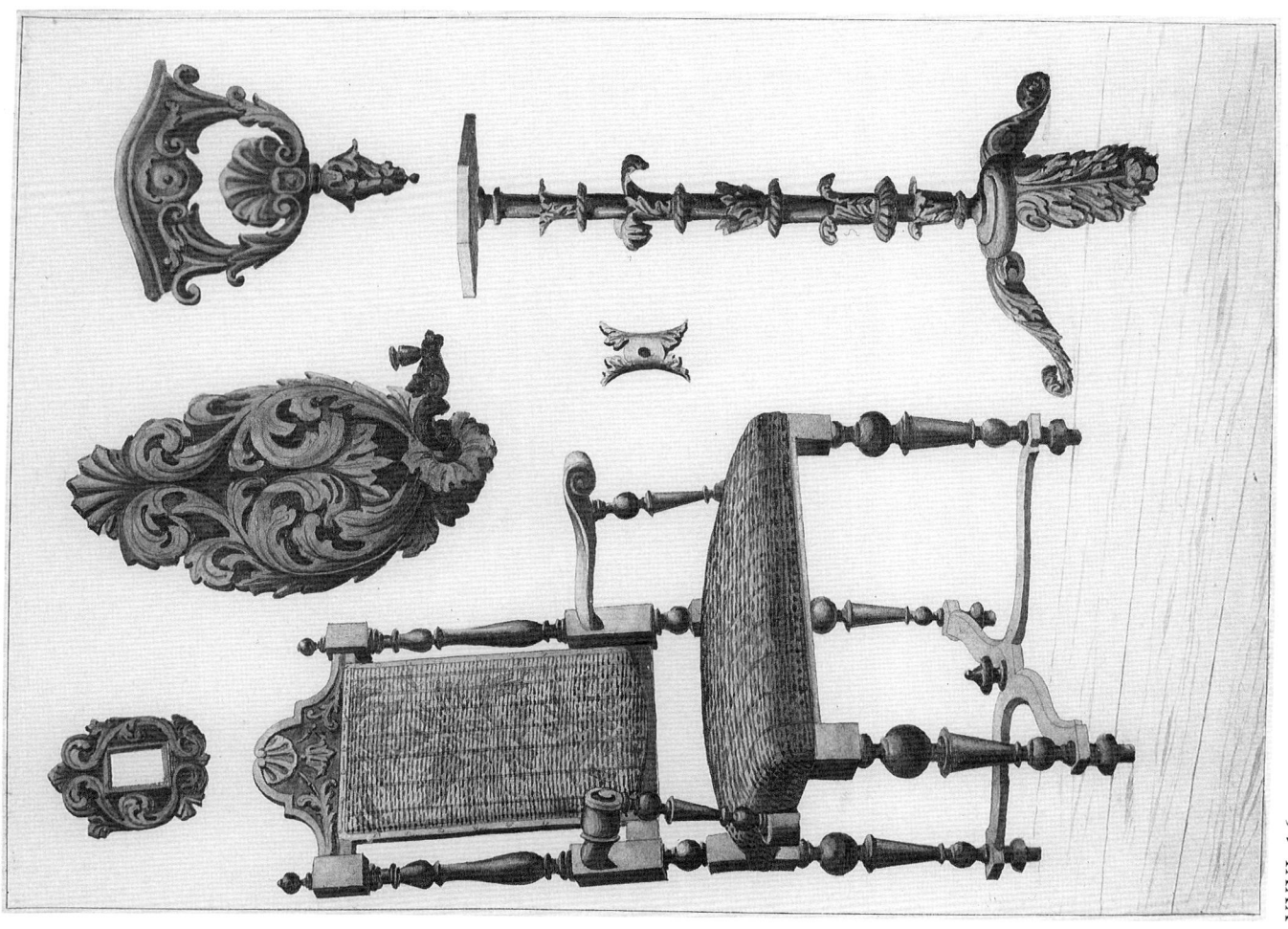

XXXI, 16

269

XXXI, 18

XXXI, 19

271

XXXI, 20

XXXI, 21

XXXI, 23

XXXI, 22

XXXI, 25

XXXI, 24

275

XXXI, 26

XXXI, 28

XXXI, 27

XXXI, 29

XXXI, 30

XXXI, 32

XXXI, 31

XXXI, 33

281

XXXI, 35

XXXI, 34

282

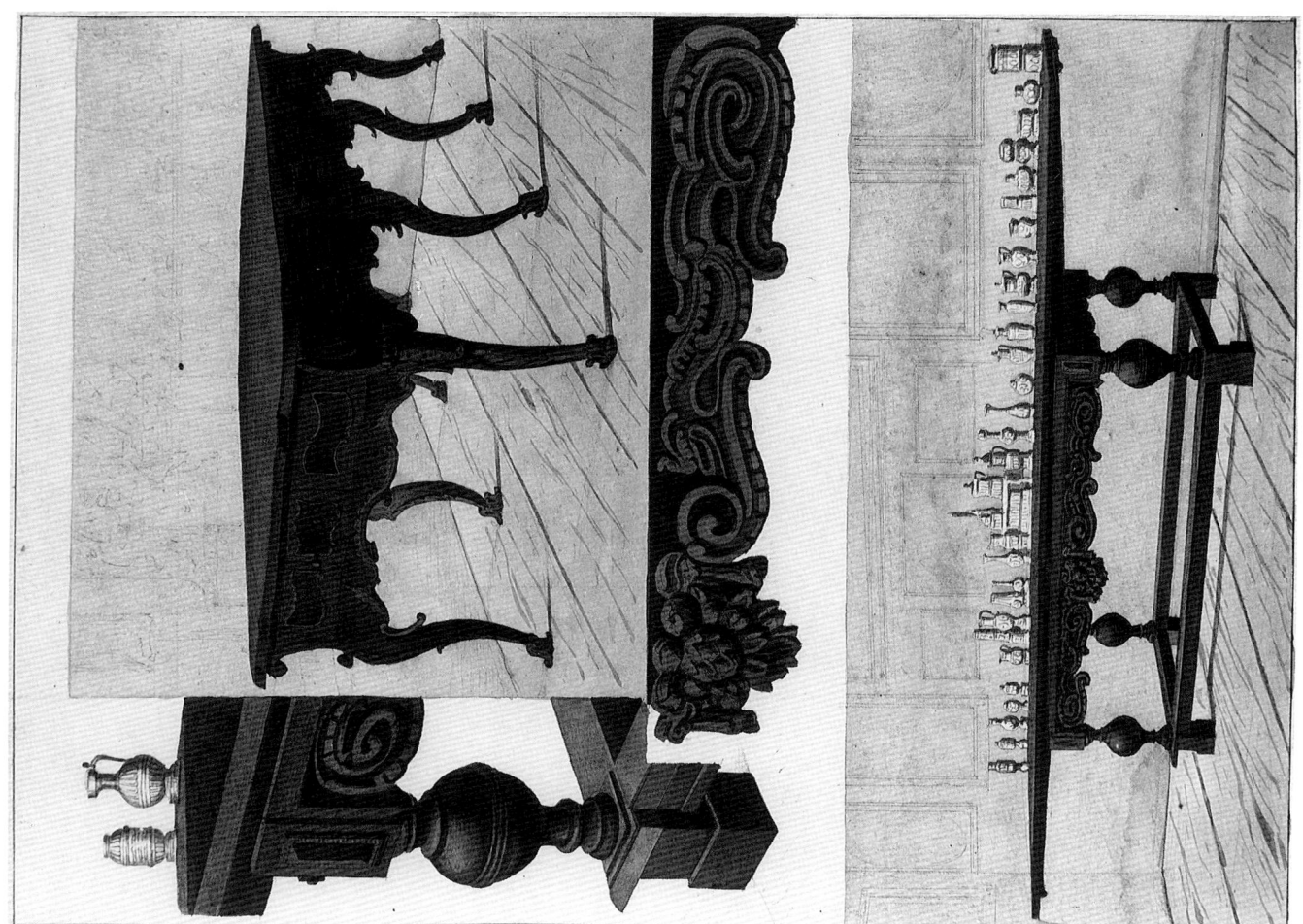

XXXI, 37

XXXI, 36

XXXI, 39

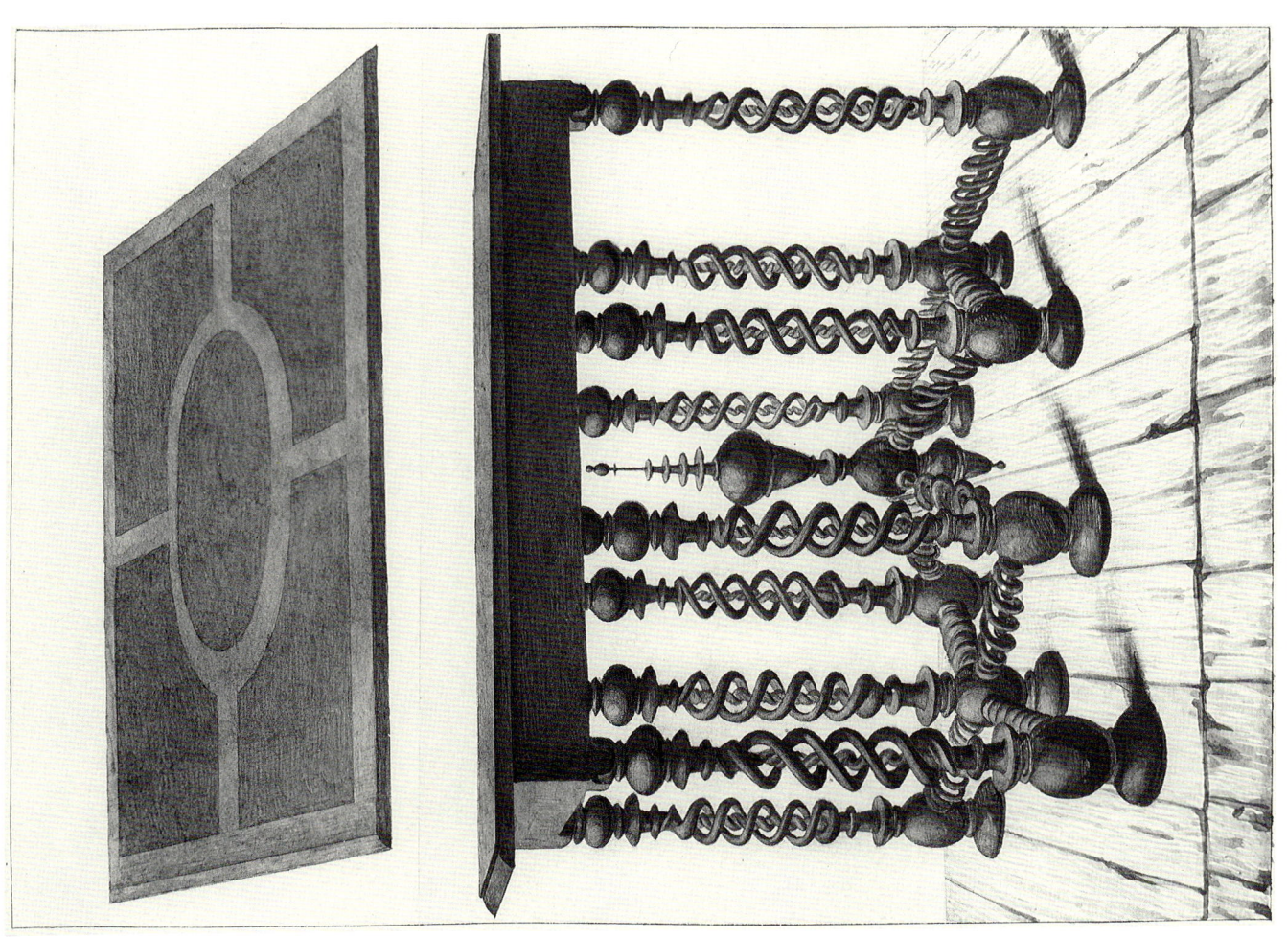

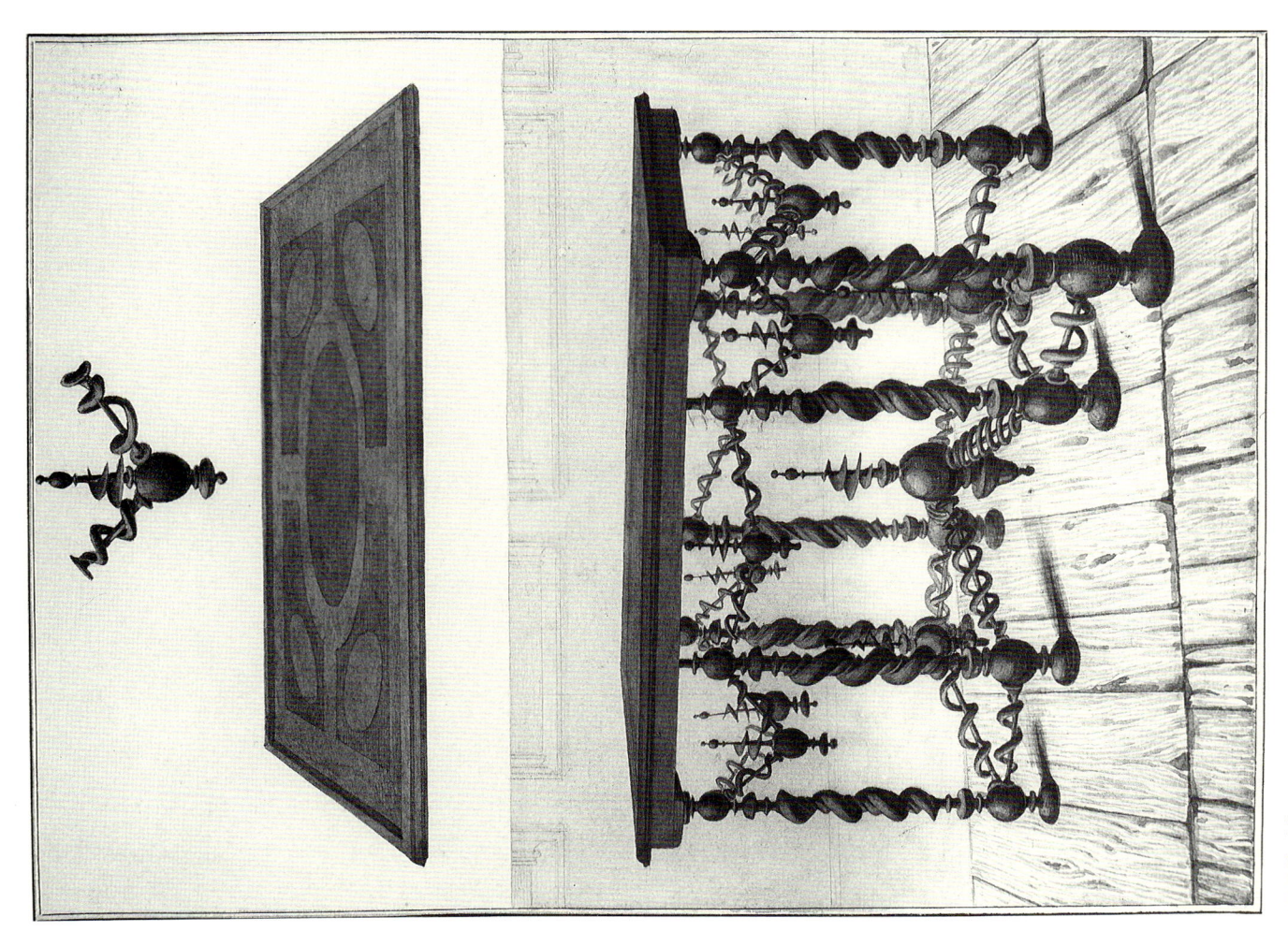

XXXI, 38

XXXI, 40

Die Bildlegenden Weyers zu den Bänden 1–25

I. Bd.: St. Maria auf dem Capitol

1. Grundriß   34
2. Aeußere Ansicht von der Nordost Seite   35
3. Innere Ansicht des Kirchenschiffs in der Richtung nach Osten   36
4. Innere Ansicht in dem nördlichen Seitengange neben dem Chor in der Richtung nach Westen   37
5. Innere Ansicht in dem südlichen Kreutzflügel in der Richtung nach Westen   37
6. Innere Ansicht in dem nördlichen Kreutzflügel in der Richtung nach Osten   37
7. Innere Ansicht in dem Seitengange des nördlichen Kreutzflügels in der Richtung nach Süd Osten   37
8. Innere Ansicht in dem südlichen Seitengange neben dem Chor, in der Richtung nach Süd Ost   38
9. Innere Ansicht an dem Westlichen Ende des Kirchenschiffs in der Richtung nach Nord West   39
[10. Bei Weyer ohne Legende: Blick aus dem Umgang der Südkonche nach Nordosten]   40

II. Bd.: Kirche der heil. Ursula

1. Grundriß   41
2. Aeußere Ansicht von der Nord=Ost Seite   42
3. Aeußere Ansicht von der Nord=West Seite   43
4. Innere Ansicht in dem äußersten südlichen Seitenschiff bei dem Haupt Eingange   44
5. Innere Ansicht in dem Hauptschiffe   45
6. Innere Ansicht in dem südlichen Kreutzschiffe   46
7. Innere Ansicht in dem Hauptschiffe von dem Chor aus   46

III. Bd.: St. Cäcilien

1. Grundriß   47
2. Aeus[s]ere Ansicht von der Nord=Ost Seite   48
3. Innere Ansicht in dem nördlichen Seitengange in der Richtung nach Osten   49
4. Innere Ansicht des Chor   49
5. Innere Ansicht im Kirchenschiff in der Richtung nach Westen   49
6. Innere Ansicht in dem südlichen Seitengange in der Richtung nach Osten   49

IV. Bd.: St. Johann Baptist

1. Grundriß   50
2. Aeußere Ansicht von der südost Seite   51
3. Innere Ansicht des Hauptkirchenschiffs beim Haupt=Eingange   52
4. Innere Ansicht aus dem südlichen Seitenschiff   53
5. Innere Ansicht aus dem ersten Seitenschiffe an der Südseite des Hauptschiffes   54
6. Innere Ansicht aus dem nördlichen Seitenschiff bei dem Seiten=Eingang   54

V. Bd.: St. Pantaleon

1. Grundriss   55
2. Aeussere Ansicht an der Westseite bei dem Haupteingange   56
3. Innere Ansicht bei dem Eintritt   57
4. Innere Ansicht aus dem nordlichen Seitenschiff   58
5. Innere Ansicht aus demselben Seitenschiff   59
6. Innere Ansicht von dem Chor nach dem Haupt=Eingang zur Kirche   60

VI. Bd.: St. Andreas

1. Grundriß   61
2. Aeussere Ansicht an der Nordwestseite   62
3. Innere Ansicht der Vorhalle an der Westseite   63
4. Innere Ansicht im Kirchenschiff in der Richtung nach Osten   64
5. Innere Ansicht in dem Kirchenschiff in der Richtung nach Nord Ost   65
6. Innere Ansicht in dem nördlichen Seitengange in der Richtung nach Osten   66
7. Innere Ansicht in dem nördlichen Kreutzflügel   67
8. Innere Ansicht in dem südlichen Kreutzflügel   67
9. Innere Ansicht in dem Chor in der Richtung nach Westen   68

VII. Bd.: St. Martin

1. Grundriss   69
2. Aeussere Ansicht an der Nordost Seite   70
3. Innere Ansicht in dem nördlichen Seitengange   71
4. Innere Ansicht in dem südlichen Kreutzflügel   72
5. Innere Ansicht in dem Schiffe in der Richtung nach Westen   73
6. Innere Ansicht in dem südlichen Seitengange in der Richtung nach Westen   74
7. Innere Ansicht in dem südlichen Seitengange in der Richtung nach Nordosten   74
8. Bruchstück des alten Kreutzganges vom Kloster, welches bei dem Abbruch der Gebäude aufgefunden worden ist   74

VIII. Bd.: St. Aposteln

1. Grundriß   75
2. Äussere Ansicht an der Nordost Seite   76
3. Äußere Ansicht an der Südwest Seite   77
4. Innere Ansicht in dem Südwestlichen Kreutzflügel, in der Richtung nach Osten   78
5. Innere Ansicht in dem Hauptschiffe in der Richtung nach Osten   78
6. Innere Ansicht in dem Nordwestlichen Flügel, in der Richtung nach Süden   79
7. Innere Ansicht in dem nördlichen [südlichen!] Seitengange, in der Richtung nach Südwesten [Nordwesten!]   80

8. Innere Ansicht in dem nördlichen Seitengange in der Richtung nach Südosten 80
9. Innere Ansicht in dem Südöstlichen Kreutzflügel [im Hauptschiff!] in der Richtung nach Nordosten 81
10. Innere Ansicht in dem Südöstlichen Kreutzflügel, in der Richtung nach Nordwest 81

IX. Bd.: St. Severin
1. Grundriß 82
2. Aeussere Ansicht von der Südost Seite 83
3. Innere Ansicht des Hauptschiffs in der ganzen Länge nach dem Chore hin 84
4. Innere Ansicht in dem südlichen Seitenschiffe nach Osten hin 84
5. Innere Ansicht in demselben südlichen Seitenschiff nach Westen hin 85
6. Innere Ansicht in dem Oestlichen Theile des nördlichen Seitenschiffes, in der Richtung nach (nach) Südost 85
7. Innere Ansicht in demselben östlichen Theile des nördlichen Seitenschiffes, in der Richtung nach Westen 86
8. Innere Ansicht von dem erhöhten östlichen Theile des Kirchenschiffes nach dem Hochaltare hin 86
9. Innere Ansicht des ganzen Schiffes von dem Chor aus nach der west Seite oder nach dem Haupt Kirchen=Eingange hin 87
10. Ansicht im Inneren des Kreutzganges an der Südost Ecke 87

X. Bd.: St. Gereon
1. Grundriß 88
2. Aeussere Ansicht an der Südwestseite 89
3. Aeussere Ansicht an der Nordost Seite 90
4. Innere Ansicht in dem Kuppelgebäude in der Richtung nach Osten 91
5. Innere Ansicht in dem Kuppelgebäude an der Nordseite 92
6. Innere Ansicht des Chors, in der Richtung nach Westen 93
7. Innere Ansicht in dem oberen Bogengange des Kuppelgebäudes, an der Südseite 94
8. Innere Ansicht der Sacristei 94

XI. Bd.: St. Georg
1. Grundriß 95
2. Aeussere Ansicht an der Südost=Seite 96
3. Innere Ansicht des Chors 97
4. Innere Ansicht in dem südlichen Seitengange in der Richtung nach Nordwest 97
5. Innere Ansicht in dem südlichen [nördlichen!] Seitengange, in der Richtung nach Südwesten 97
6. Innere Ansicht des Schiffs aus dem Thurmbau, in der Richtung nach Osten 98

XII. Bd.: St. Maria bei Lyskirchen
1. Grundriß 99
2. Aeussere Ansicht von der Nordwestseite 100
3. Aeussere Ansicht von der Nordostseite 101
4. Innere Ansicht in dem Hauptschiff bei dem Eingang 102
5. Innere Ansicht in dem Nördlichen Seitenschiffe vor dem Eingange zum Chore auf welchem der Thurm steht 103
6. Innere Ansicht in dem Hauptschiff nach der Richtung von Südwest 103
7. Innere Ansicht in dem Südlichen Seitenschiff bei dem Nebeneingang 103

XIII. Bd.: St. Mauritius
1. Grundriß 104
2. Aeussere Ansicht von der Südostseite 105
3. Innere Ansicht aus dem südlichen Seitenschiffe 106
4. Innere Ansicht in dem Hauptschiffe nach der Seite des Hochaltar 107
5. Innere Ansicht in dem Hauptschiff von dem Chor nach dem Hauptthurme 107

XIV. Bd.: St. Kunibert
1. Grundriß 108
2. Aeusse[re] Ansicht an der Südost Seite 109
3. Innere Ansicht des Kirchenschiffs in der Richtung nach Osten 110
4. Innere Ansicht in dem nördlichen Seitengange in der Richtung nach Südost 111
5. Innere Ansicht in dem Schiffe vor dem östlichen Kreutzflügel 112
6. Innere Ansicht in dem nördlichen Seitengange in der Richtung nach Südost 113
7. Innere Ansicht in dem südlichen Seitengange, in der Richtung nach Nord Osten 114
8. Innere Ansicht in dem südlichen Seitengange, in der Richtung nach Norden 114

XV. Bd.: Kirche der Minoriten
1. Grundriß 115
2. Aeußere Ansicht von der Nordwest=Seite 116
3. Innere Ansicht bei dem Haupt=Eingang 117
4. Innere A[n]sicht aus dem südlichen Seitenschiffe 118
5. Innere Ansicht aus dem nördlichen Seitenschiffe 119
6. Innere Ansicht in dem Hauptschiff von dem Chor aus, in der Richtung nach dem Haupt=Eingange 120
7. Innere Ansicht aus dem Kreutzgang an der Nordwestseite 120

XVI. Bd.: Dom
1. Grundriß, mit Angabe der Standpunkte der folgenden inneren Ansichten 121
2. Aeussere Ansicht von der Nordwestseite 122
3. Aeussere Ansicht von der Westseite 123
4. Aeussere Ansicht von der Südostseite 124
5. 1te Innere Ansicht in dem nördl. Seitengange, neben dem Hauptschiff, in der Richtung nach Osten 125
6. 2te Innere Ansicht in dem nördlichsten Seitengange neben dem Schiff in der Richtung nach Südost 126
7. 3te Iñere Ansicht in dem nördlichen Seitengange in der Richtung nach Nordost 127
8. 4te Innere Ansicht in dem nördlichen Seitengange in der Richtung nach Nordwest 128

9. 5ᵗᵉ Innere Ansicht in dem nördlichen Kreutzflügel, in der Richtung nach Südost — 129
10. 6ᵗᵉ Innere Ansicht in dem nördlichen Seitengange neben dem Chor, die Kümmerniß=Capelle benannt, mit dem Grabmal des Engelbert III. — 130
11. 7ᵗᵉ Innere Ansicht aus der Kümmerniß Capelle bei dem Ausgang aus der Sacristei, in der Richtung nach Süden — 130
12. 8ᵗᵉ Iñere Ansicht aus dem nördl. Seitengange neben dem Chor mit der Einsicht in die Capellen der h. Engelbert, Maternus und Johannes — 131
13. 9ᵗᵉ Iñere Ansicht aus dem nördlichen Seitengange hinter dem Chor in nordwestlicher Richtung — 131
14. 10ᵗᵉ Innere Ansicht aus der Johannes Capelle in südwestlicher Richtung — 132
15. 11ᵗᵉ Innere Ansicht in dem südl. Seitengange hinter dem Chor mit Ansicht der Capellen der drei Könige und des Johannes — 133
16. 12te Innere Ansicht in dem südlichen Seitengange hinter dem Chor mit Einsicht in die Capelle des Stephanus und der Maria — 134
17. 13ᵗᵉ Innere Ansicht aus der Michaels Kapelle in nordwestlicher Richtung — 134
18. 14ᵗᵉ Innere Ansicht in dem südlichen Seitengange neben dem Chore in Westlicher Richtung — 135
19. 15ᵗᵉ Innere Ansicht in dem südlichen Seitengange neben dem Chor in nordwestlicher Richtung — 136
20. 16ᵗᵉ Innere Ansicht in dem südlichen Seitengange neben dem Chore mit Ansicht der Agnes Capelle — 137
21. 17ᵗᵉ Innere Ansicht beim Eintritt in das Chor von dem Kreutzschiffe aus [fehlt]

XVII. Bd.: Kirche der Antoniter
1. Grundriß — 138
2. Aeussere Ansicht von der Südostseite — 139
3. Innere Ansicht in dem Hauptschiff — 140
4. Innere Ansicht in demselben Hauptschiff an der Südseite — 141
5. Innere Ansicht in demselben Hauptschiff vom Chore nach Westen hin — 142

XVIII. Bd.: St. Columba
1. Grundriß — 143
2. Aeussere Ansicht von der Südost Seite — 144
3. Innere Ansicht in dem Südlichen Seitenschiffe — 145
4. Innere Ansicht aus dem Mittelpunkt des Hauptschiffs — 146
5. Innere Ansicht aus dem nördlichen Seitenschiffe — 146
6. Innere Ansicht aus dem Chor nach dem Haupteingange hin — 147

XIX. Bd.: St. Peter
1. Grundriß — 148
2. Aeussere Ansicht von der Südwestseite — 149
3. Innere Ansicht bei dem südlichen Eingange — 150
4. Innere Ansicht in dem Hauptschiffe in der Richtung nach Osten — 151
5. Innere Ansicht in dem nördlichen Seitengange, in der Richtung nach Süden — 152
6. Innere Ansicht in dem Hauptschiffe, in der Richtung nach Westen — 152

XX. Bd.: St. Maria Himmelfahrt
1. Grundriß — 153
2. Aeußere Ansicht der Hauptfaçade an der Westseite — 154
3. Innere Ansicht bei dem Eintritt durch die südliche Thüre — 155
4. Innere Ansicht bei dem Eintritt durch die nördliche Thüre — 156
5. Innere Ansicht aus dem südlichen Seitenschiffe in den südlichen Kreutzflügel — 156
6. Innere Ansicht bei dem Eintritt durch die Hauptthüre in der Mitte des Schiffes — 157
7. Innere Ansicht von dem Chor nach der Hauptthüre — 158
8. Innere Ansicht von der Altarnische aus dem südlichen Kreutzflügel nach den Kirchen=Eingängen — 158
9. Innere Ansicht des Vestibül von den Gebäulichkeiten des Collegiums — 159

XXI. Bd.: St. Alban
1. Grundriß — 160
2. Aeussere Ansicht von der Südwest=Seite — 161
3. Innere Ansicht bei den südlichen Eingange — 162
4. Innere Ansicht an der Südseite — 162
5. Innere Ansicht von dem Mittelpunkte aus — 162
6. Innere Ansicht an der Nordseite — 162

XXII. Bd.: St. Maria in der Kupfergasse
1. Grundriß — 163
2. Aeussere Ansicht von der Nordost Seite — 164
3. Innere Ansicht des Chores — 165
4. Innere Ansicht in der Richtung nach Nordwest — 165

XXIII. Bd.: St. Maria in der Schnurgasse
1. Grundriß — 166
2. Aeussere Ansicht von der Südost Seite — 167
3. Innere Ansicht bei dem Eingange — 169
4. Innere Ansicht von dem Chore nach dem Eingange — 169

XXIV. Bd.: Kirche der Ursulerinnen
1. Grundriß — 170
2. Aeussere Ansicht — 171
3. Innere Ansicht der Kirche nach der Richtung des Chores — 172
4. Innere Ansicht der Kirche nach der Richtung des Eingangs — 172

XXV. Bd.: Elend Kirche
1. Grundriß — 173
2. Aeussere Ansicht von der Südwestseite — 174
3. Innere Ansicht des Chors — 175
4. Innere Ansicht in dem Chor — 176
5. Innere Ansicht aus dem Chore nach dem Haupt=Eingange hin — 176

9783927396562